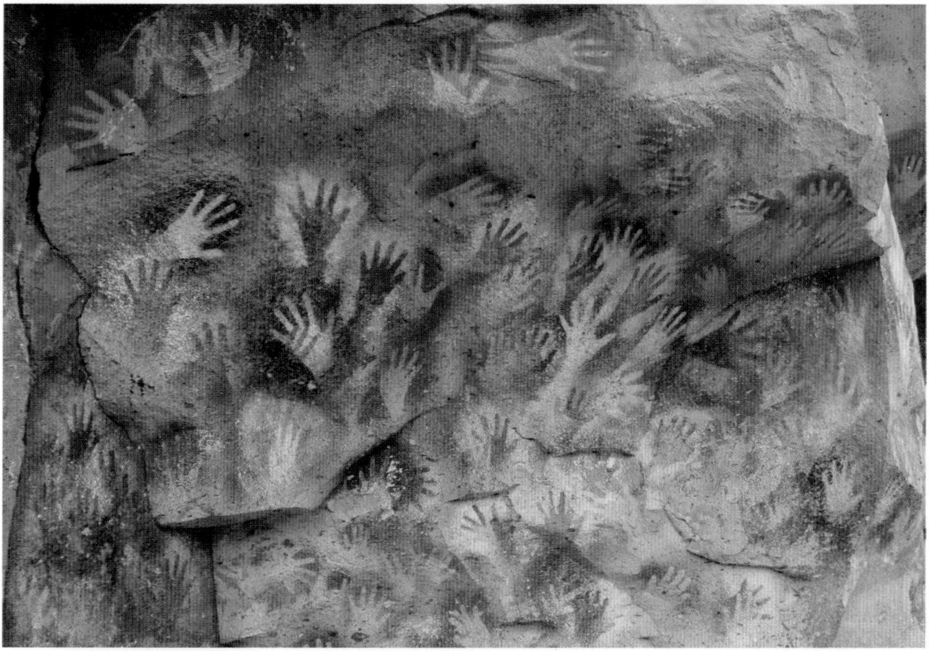

在阿根廷聖克魯斯（Santa Cruz）手洞（Cueva de las Manos）發現的負像和正像手印（大約公元前一萬五千年至一萬一千年）。

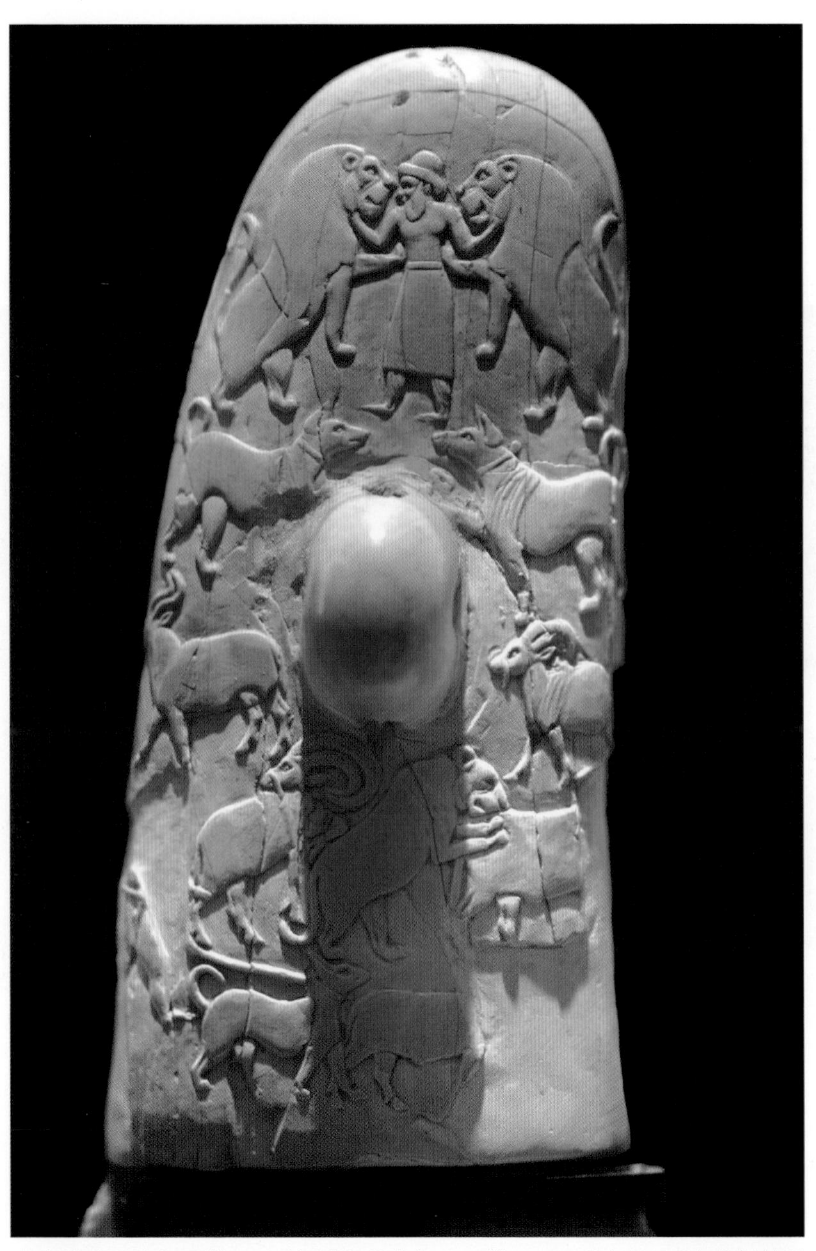

出土於埃及的象牙燧石刀（打造年代約為公元前三四五〇年），刀上篆刻萬獸之王的圖像。

尼安德塔人的環形石頭祭壇，位於法國亞維宏的布呂尼屈厄洞穴（Bruniquelcave）（大約距今十七萬六千五百年）。

古人建構哥貝克力石陣（大約從公元前一萬二千五百年到公元前一萬年）的示意圖。
Fernando G. Baptista／National Geographic Creative

哥貝克力石陣的T形石柱，擁有人類的手並繫著腰帶（大約創作於公元前一萬二千五百年到公元前一萬年之間）。
圖片來源：達志影像

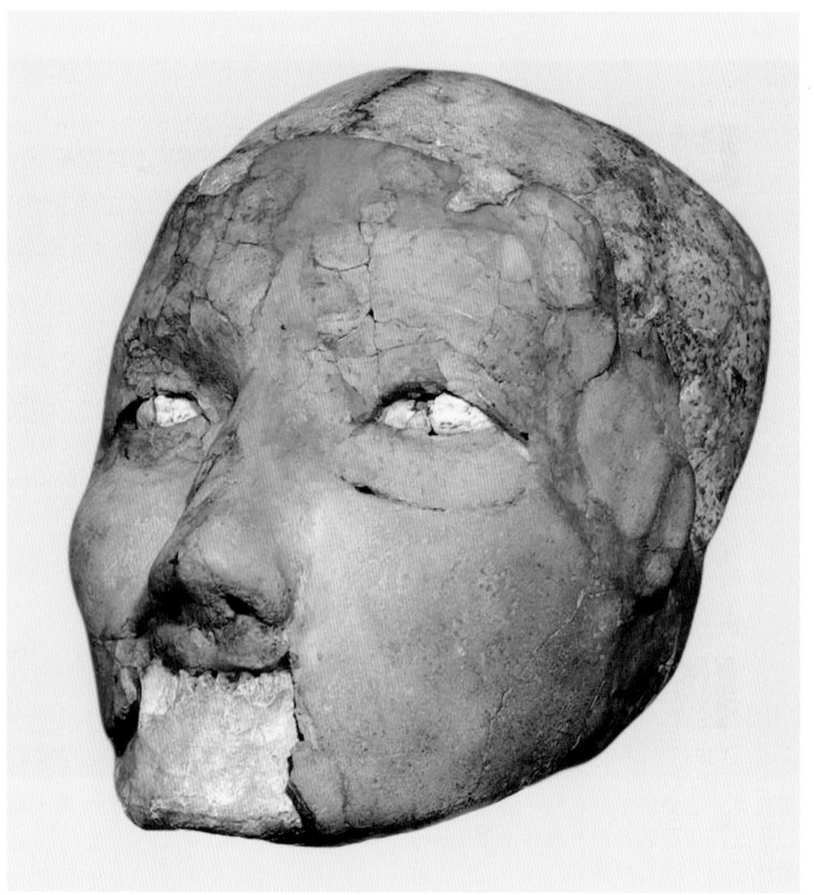

塗覆灰泥的人類頭骨，出土於耶利哥。
圖片來源：達志影像

亞達（Adda）圖章上的美索不達米亞神祇，包含伊絲塔（Ishtar，有一對翅膀的）、沙瑪什（持劍起立者）和恩基。
圖片來源：達志影像

義大利畫家拉斐爾（Raphael）及其門徒所描繪的眾神集會，羅馬法爾內西納別墅（Villa Farnesina）的賽姬涼廊（Loggia di Psiche）（大約公元一五一七年到公元一五一八年）。

這塊石碑出土於阿瑪納圓丘（Tell el Amarna）（大約公元前一三四〇年），描繪艾基納登法老和娜芙蒂蒂皇后崇拜「阿頓」。

某間伊朗神廟（公元五世紀）門上的瑣羅亞斯德／查拉圖斯特拉浮雕。
圖片來源：Getty Images

摩西與燃燒的荊棘。
（埃及）西奈半島的聖凱薩琳修道院（Saint Catherine' s Monastery）藏。

埃爾坐像
圖片來源：芝加哥大學東方研究所
（Oriental Institute of the University of Chicago）

使徒約翰和西諾普的馬吉安（後者被人故意毀容）。圖像出自於一本以希臘文撰寫的義大利古抄本福音書（典藏登記號：MS M.748；頁碼：150v，成書於公元第十一世紀）。

J. Pierpoint Morgan Library藏。

選自哈菲茲・艾・阿布魯（Hafiz-i Abru）《歷史綱要》（*Majma al-Tararikh*）（大約公元一四二五年）的〈先知穆罕默德之旅〉（Journey of the Prophet Muhammad）。大都會藝術博物館（Metropolitan Museum of Art）藏。

魯米（騎馬者）遇見沙姆斯。出自穆罕默德・塔希爾・蘇拉瓦德（Mohammad Tahir Suhravardî）《*Jâmi al-Siyar*》的書頁。
托普卡匹皇宮博物館（Topkapi Palace Museum）藏。

各界好評推薦

「（雷薩．阿斯蘭）這本薄薄一冊但企圖心宏大的著作《造神：人類探索信仰與宗教的歷史》，講述人類如何創造出大寫的『神』的故事，實在令人嘆為觀止。」

——《洛杉磯書評》

「及時，引人入勝，啟蒙人心的必讀之書。」

——《赫芬頓郵報》

「阿斯蘭流利的行文風格，令讀者想拋下任何盤桓不去的疑惑，接受他所提出有關信仰的主張。從考古學到腦神經科學，他運用各個領域的學術研究材料，讓讀者可以接觸到這些原本不容易理解的資訊，並用引人入勝的方式將這些不同的材料組織在一起。無論神是甚麼，至少阿斯蘭已經讓我們看見，在漫長的歷史中人類用我們自己的形象創造神，而非神用祂的形象來造人。」

「如果你想要閱讀一本既挑釁顛覆，又激發靈感，甚至也會激怒人的小書，這本就是了。」

——《華盛頓郵報》

——*The Arts Desk* 網站

「在阿斯蘭的優雅與好奇心驅使之下，《造神》至少幫助我們成功地跨出困境，使我們開始思索一種對當代生活而言十分奢侈的有關神的觀點……這本書令你渴求更多。」

——《西雅圖時報》

「阿斯蘭的文筆清晰，精簡，而且充滿吸引力。他聰明知性，擁有一種不尋常的能力，能整合統御看似無關的資訊，呈現出事件的背景，並且有高度的技巧能將複雜的想法提煉成為簡短、讀來毫不費力的段落。」

——《觀察家報》（英國）

「阿斯蘭是天生的說故事好手，閱讀這本聰明知性的研究實在太享受。」

——《舊金山紀事報》

「阿斯蘭努力並且成功地讓複雜的理論變得可以理解，書中並且涵蓋了廣袤的時間和宗教傳統。」

——《悉尼先鋒早報》

「本書極為動人，尤其可能特別打動『追尋者』，書中包含了從原始泛靈論到今日的多元信仰世界，一段引人入勝的宗教簡史。」

——《澳洲人報》

「雷薩・阿斯蘭的新書《造神：人類探索信仰與宗教的歷史》中有許多美好，聰明，充滿洞見的內容，用阿斯蘭那種清晰易懂的文風寫成。」

——《奧斯丁美國政治家報》

「阿斯蘭的優雅流暢極為知名，而他也以這份優雅流暢切換於他自身信仰的發言人，與其他傳統的客觀研究學者之間。」

——《紐約客》

人類探索信仰與宗教的歷史

A HUMAN HISTORY

雷薩・阿斯蘭 Reza Aslan 著

吳煒聲 譯

給我的兒子們

賽勒斯、雅斯培，與阿薩

他們正啟程踏上屬於自己的精神旅程

目錄

前言

按照我們的形象造神

我幼時認為，神（God）是生活在天庭的長者，體型壯碩，法力無邊，如同我的父親，但更為壯碩且擁有神奇力量。我把祂幻想成英俊耆老，長長白髮披於寬闊的肩膀上。神端坐於寶座，四週雲霧圍繞，說話時嗓音雄渾，響徹天際，發怒時更是聲如洪鐘，驚天動地。祂經常生氣，卻熱情善良，仁慈溫柔。祂快樂時會歡笑，傷心時會哭泣。

我不確定這種神的形象來自何方。或許我曾在某處見過它，可能是繪於彩色玻璃或印在書上的圖案，也可能我天生便會如此幻想。研究指出，孩童無論來自何處或生長於何種宗教信仰環境，都無法從行動（action）與能動作用（agency）上區分人與神。他們被詢問心目中神的形象時，總會將祂描述成具備超能力的人。[1]

隨著年齡的增長，我拋棄了許多幼稚觀點。然而，神的形象仍然深植於心。我的家庭並非信仰特別虔誠，但我對宗教（religion）和靈性（spirituality）總是著迷不已，腦袋充滿不成熟的理論，解釋神是什麼、祂來自何方，以及祂的外貌為何（奇怪的是，祂仍然長得跟我父親一樣）。我不想只是單純了解神；我還想體驗神，在生活中感受祂。然而，我這樣嘗試時，便忍不住想像我和神之間隔著一條巨大鴻溝：神位於一邊，我在另一邊，彼此無法跨越隔閡。我的父母來自伊朗，信奉伊斯蘭教卻不甚熱衷，而我在十幾歲時，便跟隨狂熱的美國朋友改信基督宗教。我從小便把神想成一個威力強大的人類，改信基督之後，這種欲望便突然具體化成為對耶穌基督的崇拜，因為祂是「道成肉身的神」（God made flesh）。起初，這種經歷就像搔到了我生命中的癢處。多年以來，我尋尋覓覓，不停探尋如何消除神與我之間的鴻溝。而現在，在我眼前的這個宗教宣稱神與人並無隔閡。如果想知道神的模樣，就去想像最完美的人。

這樣做頗為合理。除了讓神化身為人，還有什麼方法更能消除人與神之間的障礙？基督教描摹神的形象時極為成功，著名的德國哲學家路德維希·費爾巴哈（Ludwig Feuerbach）如此解釋：「唯有本身構成全人（whole man）的存有（being）才能滿足全人。」[2]

我念大學時首次讀到這段引文，當時我正想投入畢生精力去研究全球宗教。費爾巴哈似乎在說：人類有根深蒂固的需求，想要從經歷神（experience the divine）來反映自身，因此舉止模樣和思考感受像人類一樣的神幾乎受到普世的歡迎。這種說法如同晴天霹靂，一語驚醒夢中人。我年幼時是因為這樣才著迷於基督教嗎？我是否一直在建構屬於自己的上帝形象，然後將其當作一面鏡子，從中反映自己的特質和情感？

我一想到這點，便深感痛苦且幻滅。為了尋找對神更加寬廣的概念，我離棄了基督教並回歸伊斯蘭教，後者激進的破偶像主義（iconoclasm），也就是神不受任何形象所限制，無論是人類或其他，深深吸引了我。然而，我很快又發現，伊斯蘭教雖不用人的形象描繪神，卻以人的用語思考神。穆斯林如同其他信仰的信徒，會將他們自己的美德和惡習，以及自己的感情和缺陷歸給神。他們在這件事上別無選擇，我們大部分人亦是如此。

人類會將人性賦予神，這種欲望在我們的大腦中是硬線連接的（hardwired[1]）。因此在全球已知的宗教中，這種現象幾乎都是宗教傳統的核心特徵。人類在演化中得出神的概念的過程本身，就驅使著我們有意或無意地用自己的形象造神。其實，人類追求靈性的整部歷史可以視為人們長期理解神的過程，期間人們協同一致，彼此關聯，與時俱進，共同將我們的情感與個性賦予神，也將我們的特質和欲望、優點和弱點（甚至我們的身軀）都加諸於祂。簡言之，我們把神塑造成自己。我要說的是，無論我們是否意識到這一點，也無論我們是否為信徒，多數人想到神時，通常是想像神聖版本的我們自己：是一個人，但是具備超人類的能

---

1 譯注：又譯固線式。電腦術語，泛指內建於系統硬體，並非使用軟體操控。

力。[3]

這並非否定神的存在，也不是在說我們所謂的神全然是人類捏造的。就算這兩種否定論述都有可能是對的，但本書的重點不在此。我不想證明神是否存在，道理非常簡單：沒有任何證據足以證明神存在與否。信仰就是選擇；提出不同論點的人就是想改變你的信仰。你可以相信在物質界（真實可知的事物）之外還有別的，也可以不信。如果你跟我一樣相信有，就必須捫心自問：你希望經歷它嗎？你想和它溝通嗎？你想要了解它嗎？如果想要，可能就會需要有一種語言，能表達這種從根本上很難表達的經歷。

宗教就是在這種情況之下誕生的。除了數千年來將人類劃分成不同且經常互相爭戰陣營的各種神話與儀式，廟宇和教堂，規範和禁忌，宗教幾乎就是一套由象徵和隱喻構成的「語言」，讓信者可以用來對彼此、也對自己溝通那些無法言詮的信仰體驗。不過，綜觀宗教的歷史，有一個象徵特別鮮明，普世而且超群——那是一個關於神的宏大隱喻，幾乎全世界的宗教都是從它再進一步發展出其他所有象徵和隱喻，那個隱喻就是：我們，人類。

這個我把它稱為「人性化的神」（humanized God）的概念，在我們首度想到神的觀念時，便深植於我們的意識之中。人類由此發展出我們最早關於宇宙的本質，以及人類在其中扮演角色的理論。這個概念告訴我們如何具體描述我們之上的世界。人類對人性化的神的信仰，引導了我們的狩獵和採集生活，數萬年之後又引領我們收起長矛而改用犁，耕種謀生。人類的第一座神殿是由那些將眾神視為「超級人類」的人們所建，人類的第一批宗教也是如此。美索不達米亞人、埃及人、希臘人、羅馬人、印度人、波斯人、希伯來人和阿拉伯人，皆用人的條件和人的形象去設計自身的有神論體系（theistic system）。非有神論信仰也不例外，譬如耆那教（Jainism[2]）或佛教的神學體系中有諸多靈魂（spirit）和天神（deva），是跟人類一樣受到業報（karma[3]）束縛的超級人類。[4]

就算是當代的猶太人、基督徒和穆斯林，他們戮力傳揚神學上「正確的」信念，主張只有一位唯一、單獨，無形體、無謬誤，昔在、今在、永在，知曉一切的神，然而，他們似乎也只能以人的形象想像神，用人的說法描述神。心理學家和認知科學家所做的研究指出，當我們讓最虔誠的信徒表達他們對神的看法時，他們幾乎壓倒性地都將神當作可能會在街上遇到的某個人來談論。[5]

不妨想想，信徒經常說上帝是良善或慈愛的、殘忍或嫉妒的，寬恕或仁慈的。這些當然是人的屬性。人們不斷用自身情感去描述某種完全非人類（nonhuman）的存在（無論它是什麼），只是進一步證明了我們將自己的人性投射到神身上的存在需求，我們不僅將高貴的人

2　譯注：源於古印度的古老宗教。
3　譯注：主導眾生輪迴的善惡行為，不單影響現世，也會延伸到來世。

性特質賦予神（譬如：我們無窮的愛的能力、我們的同理心和表達同情的渴望，我們伸張正義的欲望），也將人的邪惡特質加諸於祂身上（我們的好鬥和貪婪、我們的偏見和固執，以及我們對於極端暴力行為的偏好）。

可想而知，人類出於自然天性而將神人性化，難免有些後果。因為，當我們將人的屬性賦予神，實際上就是在將這些屬性神聖化（divinize），因此我們的宗教的好壞只是反映我們的好壞。我們的欲望變成了神的欲望，但少了限制。我們的行為變成了神的行為，但無須承擔後果。我們創造了一位被賦予人類特質的超人，但祂沒有人類的限制。我們根據自身的要求形塑我們的宗教和文化、我們的社會和政府，同時說服自己那些是神的要求。

這便足以解釋為何在整部人類的歷史之中，宗教的力量雖不斷行百善，卻也一直作萬惡；為何在同一位神的信仰中，有些信徒被激起了愛和同情，另一些信徒則被激起仇恨與暴力；為何兩個人同時讀同一篇經文，卻帶著截然相反的詮釋離去。的確，大多數持續翻攪我們世界的宗教衝突，都源自我們潛意識的天生欲望，要將自己神化，成為神的模樣、神所要的、神所愛的，以及神所恨的。

我經過許多年的追尋才發覺，我在尋找的神的概念從根本上過於廣大，沒有辦法用任何一種宗教傳統去定義祂。我若想真正體驗神，唯有在我的靈性意識中，將神去人性化（dehumanize）。

因此，本書不僅是一部關於人類如何將神人性化的歷史。本書也是一個呼籲，希望我們停止將人類的強迫性強加於神，發展一種更接近泛神論的觀點（pantheistic view[4]）來認識神。本書也是一個提醒，無論你是遵奉一神（one God）、信仰眾神（many gods），或者是無神論者，都是我們在用自己的形象造神，而非神照著祂的形象造人。在這個真理當中，埋藏著關鍵的鑰匙，能助我們進入更成熟、更和平，且更本初的靈性。

4 譯注：一種哲學觀點，強調大自然至高無上，神即萬物，萬物即神。

第一部分

賦予形體的靈魂

The Embodied Soul

第一章
在伊甸園的亞當和夏娃

起初一切空無。黑暗。混沌。無垠空虛，無形無物。沒有天，沒有地，水也沒有分開。沒有神祇顯現，沒有宣稱物名，沒有頒布天命，直到……一道閃光，光線亮起，空間與時間、能量與物質、原子與分子突然膨脹，化成千億個星系的建構物質，每個星系皆羅列上千億顆恆星。

在這些恆星之中，某顆恆星附近有一顆尺寸僅微米（micrometer）的塵埃撞上了另一顆塵埃。經過數億年的撞併，它開始旋轉，聚集質量，形成地殼，造成海洋和陸地，並且意外衍生出生命：起初簡單，進而複雜；原本只能滑行，爾後會直立行走。

冰河在地表前進後退，數千年時光轉瞬即逝。冰帽融化，海洋升起。大陸冰蓋軟化，朝著歐亞的低矮山丘和山谷滑動，鏟平廣袤的森林，形成不見樹木的平原。前往此處避難的乃是人類物種的先祖——不妨將其稱為「歷史上的」亞當和夏娃：牠們就是「智人」（Homo sapiens）。

亞當和夏娃身材高大，四肢挺直，筋強骨健，鼻子寬闊，額頭不傾斜，於公元前三十萬年與二十萬年之間開始演化，成為人類基因樹的最後一個分支。十萬年之前，撒哈拉並非如今空曠荒蕪的沙漠，而是湖泊遍布、植物茂密的大地，而亞當和夏娃的祖先大約就在此時從非洲向外遷徙，移居他處。他們分批橫渡阿拉伯半島，然後向北擴散，橫越中亞大草原，向東進入印度次大陸，橫越海洋抵達澳大利亞，向西穿越巴爾幹半島，最終抵達西班牙南部和歐洲邊緣。

智人向外遷移時遇到了更早遷徙的人屬物種：「直立人」（Homo erectus），他們在幾十萬年之前便已遷移到歐洲；健壯的「丹尼索瓦人」（Homo denisova），他們徜徉於西伯利亞與東亞的平原上；胸圍寬闊的「人屬尼安德塔種」（Homo neanderthalensis），亦即「尼安德塔人」（Neanderthal），他們不是被智人消滅就是被同化（沒有人確切知道何者為真）。[1]

亞當打獵謀生，應該手持長矛，肩上披覆從猛獁象剝下的毛皮。亞當從獵物轉變成獵捕者時，遺留了基因印記（genetic imprint），亦即狩獵的本能。四季更迭，寒暑交替，他會跟蹤動物，耐心等待，伺機猛力出擊，捕殺獵物。他擊斃獵物之後，不會當場撕裂屍身並狼吞虎嚥，而會將戰利品帶回住所與部落同伴分享。亞當以猛獁象骨為骨架，外頭披覆獸皮，以此搭建寬闊的遮篷。他會蜷縮在遮篷底下，用石頭圍起的爐床烹煮食物，而且會在永凍土上挖鑿深邃的坑洞去儲藏剩餘的食物。

夏娃也會狩獵，但她使用的武器不是標槍，而是一張網子。她會拿精緻的植物纖維編織網子，可能需花費數個月，甚至耗費數年，方能大功告成。凌晨時分，日光昏暗，夏娃會在森林中匍匐於地，小心翼翼沿著長滿苔蘚的地面鋪設網子，耐心等待倒楣的兔子或狐狸自投羅網。與此同時，夏娃的孩子會在森林裡尋找可食用的植物、挖掘菌類與根莖、捕捉爬行動物和大型昆蟲，最後將食物帶回營地。每個人都得出力幫群體尋找糧食。[2]

亞當和夏娃攜帶的工具是用燧石和石頭製成，但這些並非地上俯拾即得並可隨手丟棄的簡單工具。它們是永久曲目的一部分：持久耐用，精心打造；是造出來的而不是撿到的。亞當和夏娃從一個地方搬到另一個地方時會把它們帶上，偶爾會用它們來交換更好的工具，或象牙或鹿角製成的小飾品，或骨頭、牙齒和軟體動物外殼製作的墜飾。對他們而言，這些物件非常珍貴；有了這些東西，便能與社群中的其他人區隔開來。當他們當中有人死去，入土為安，這些物件也會一起被埋葬，讓死者來世還能繼續使用。[3]

亞當和夏娃深信有來世。若非如此，何必麻煩埋葬死者？他們埋葬死者並沒有實用的理由。讓屍體暴露荒野、任其腐爛，或者讓禿鷹啃光腐肉其實容易得多。然而，他們堅持要埋葬朋友和家人的屍體，使屍身免受大自然蹂躪，替死者保留尊嚴。例如，他們會刻意擺放屍體，使其伸展或蜷曲成胎兒姿勢，讓屍體朝向東方迎接朝陽。他們可能會剝除死者的頭皮，將顱骨再次埋葬，或者把顱骨完全取走，裝上人造眼睛，模仿活人向前凝視的目光，作為展示。他們甚至可能敲開顱骨，挖出腦髓，然後把它吃掉。

他們會替屍體塗上血紅色的赭土（ochre，它的顏色象徵生命），然後將屍體置於花床上，以項鍊、貝殼、動物骨頭或工具加以裝飾——這些是死者生前珍愛的物件；死者來世可能會需要。他們會在屍身周圍點燃火焰並向它獻祭。他們甚至會在墳塚上放置石頭來標記墳墓位置，以便來年再次探訪時能夠找到。[4]

我們推斷，亞當和夏娃做這些事情，乃是因為他們相信亡者並非真正死去，只是前往另一個地方，而活人可以透過夢境與異象（vision）去接觸這個靈域。身軀可能會腐爛，但自我（self）的某些東西仍會存在，這種東西與軀體截然不同且彼此分離：如果沒有更好的說詞，不妨將其稱為靈魂（soul）。[5]

我們不清楚他們從何處獲得這種觀念。但在他們對自己的認識中，這種想法至關重要。亞當和夏娃似乎憑藉直覺，便知道自己是被賦予形體的靈魂（embodied souls）。這種信念出於本能，源自天性，根深蒂固，普遍存在，因此是我們人類經驗的特徵。亞當和夏娃跟他們的先祖尼安德塔人和直立人共同抱持著這種信念，後者也會舉辦各種埋葬儀式，這表示他們可能也把靈魂看成是與身軀分開的。[6]

如果靈魂和身體是分離的，便能比身軀存在得更久。如果靈魂比身軀存在更久，那麼可見的世界當中必定充滿了所有曾經活過和死去的人的的靈魂。亞當和夏娃認為，這些靈魂是可感知的；它們以各種形式存在。靈魂脫離身軀後，便成為靈（spirit），能夠存在於各種事物之內，好比鳥類、樹木、山脈、太陽和月亮。這一切都洋溢著生命，都生氣蓬勃（animated）。

總有一天，這些靈會完全人性化，被賦予名字和神話傳奇，轉化為超自然的存在，被當作眾神來敬拜和祈願。

不過我們還沒說到那裡。

亞當和夏娃不需要有觀念上的大躍進就能得出結論，認為從形式（form）或實質（substance）來看，他們的靈魂（亦即使他們成為他們的東西）與週遭物體的靈魂、已逝先人的靈魂，樹木的靈和山脈的靈並沒有太大的差別。無論他們是什麼，無論什麼構成他們的本質（essence），那都是他們與萬物共有的。他們是整體的一部分。

這種信念稱為泛靈論（animism），亦即將一種精神本質（或者「靈魂」）歸於萬物，不僅限於人。這可能是人類最早表達可泛稱為宗教的觀念。[7]

亞當和夏娃是我們的原始祖先，而所謂的原始，只是指他們的工具和技術落後。他們的大腦和我們一樣大，而且同樣發達。亞當和夏娃能夠抽象思考，擁有語言，可以彼此分享想法。他們像我們一樣說話。他們像我們一樣思考，他們也會想像、會創造、會溝通和推理，就像我們一樣。他們就是我們：完整全面的人類。

既然是完整全面的人類，他們會批判，也會嘗試。他們能夠運用類比推理（analogical reasoning[1]），推斷出解釋現實（reality）本質的複雜理論。他們會根據這些理論，建構出條理清晰的信念，把這些信念代代相傳下去。

其實，幾乎所有智人足跡所到之處，都能找到這些信念留下的印記。有些印記的形式是露天的紀念物，多數已隨著時間而消失。其他印記則埋在墓葬土墩中，即便在數萬年後，也明確顯示出有喪葬活動的跡象。不過，我們最能靠近接觸我們的古老祖先的地方（最能讓我們感到他們是人類的地方），就是走入那些有驚人壁畫的洞穴當中，這類洞穴散布在歐洲亞洲，就像是標記他們的遷徙路徑的腳印。[8]

據我們所知，亞當和夏娃信仰體系的基本概念是：宇宙是分層的（tiered）。地球為中土，上有穹頂天空，下有淺盆陰間（underworld）。上層界只能透過夢境與改變狀態才能抵達，而且通常只能透過薩滿——薩滿即是擔任精神與物質世界中介的人，但是下層界則人人都可以進入，只要往地下挖掘很深的洞穴——鑽進洞穴內在地底爬行，偶爾要爬上一英里以上，然後直接把他們的信仰在岩壁上繪畫、鑿出或雕刻出來，這些圖案會扮演一種「膜」（membrane）的角色，連通他們的世界與另一個世界。[9]

這類彩繪洞穴，遠至澳大利亞和印度尼西亞群島都可以找到。它們出現於高加索地區，從俄羅斯南烏拉山脈的卡波瓦洞穴（Kapova cave）到西羅馬尼亞的速西拉洞穴（Cuciulat cave），以及西伯利亞上勒拿河（Lena River）河谷沿岸。有些最古老、保存最完好的史前岩石藝術作品出現在西歐的山區。在西班牙北部卡斯提悠（El Castillo）的一處洞穴岩壁上，繪有一個紅色的大圓盤，年代大約可追溯至四萬一千年以前，大約正是智人初次抵達該地區的時候。法國南部也到處是這樣的洞穴：從韋澤爾峽谷（Vézère valley）的豐德戈姆岩洞（Font de Gaume）和孔巴萊勒岩洞（Les Combarelles）到庇里牛斯山脈山麓的肖維岩洞（Chauvet）、拉斯科洞窟（Lascaux）和沃爾普（Volp）岩洞群。[10]

特別是沃爾普岩洞群，提供了我們一個獨特的角度，一窺這些地下聖址的目的和功能。洞穴群包含三個彼此相連的石灰岩洞穴，乃是沃爾普河滴水穿石，歷經千年萬代侵蝕而成：東邊是「昂萊內洞穴」（Enlène）；西邊為「蒂多杜貝爾洞穴」（Le Tuc d' Audoubert）；中間稱作「三兄弟洞窟」（Les Trois-Frères），這個命名是紀念一九一二年，意外發現這些洞穴的法國三兄弟。

最早研究這三個洞穴的人是法國考古學家和神父亨利．布勒伊（Henri Breuil，通稱布勒伊神父）他精心手繪了他在洞穴裡發現的圖案。他的繪圖朝向那暗淡的過去開啟了一扇窗，

1 譯注：利用事物之間相似或雷同的地方來推理。常見形式為「甲之於乙，猶如丙之於丁」。

使我們能夠為我們史前祖先可能在數萬年前於此地踏上的那趟驚奇的精神旅程，重新建構合理的解釋。[11]

這個旅程從沃爾普洞穴群的第一個洞穴（昂萊內洞穴）入口大約五百英尺處開始，這裡是目前被稱為「亡者廳堂」(Salle des Morts）的一個小前廳。必須注意，亞當和夏娃不住在這些洞穴裡；他們不是「穴居人」。多數彩繪洞穴很難抵達，不適合人居。進入這些洞穴就像穿過閾限空間（liminal space），猶如跨過在可見的世界和超感官（supersensible）世界之間的門檻。某些洞穴顯露有人類長時間活動的證據，其他洞穴則包含類似接待屋的空間，考古證據顯示，遠古崇拜者可能聚在此處吃飯和睡覺。不過這些不是居住生活的空間；這裡是神聖的空間，這也是為什麼洞穴內的圖案通常離入口很遠，必須身涉險境，穿過錯綜複雜的走道，方能一窺這些壁畫。

在沃爾普洞穴群之中，「亡者廳堂」是舉行儀式的區域，亞當和夏娃會在此為接下來的體驗做準備。在這裡，他們會被籠罩在燃燒骨頭令人窒息的惡臭中。沿著廳堂地板有凹陷的爐床，裡面燃燒著成堆的動物骨頭。骨頭確實是容易著火的可燃物，但在這裡燃燒骨頭卻不是因為這個緣故。庇里牛斯山的山麓畢竟不缺木材，木材遠多於骨頭，而且更容易取得。

然而，動物骨骼被認為具有一種中介力量（mediating power）——骨骼在血肉之中，但又不是血肉。這就是為何人類經常收集骨頭，將其拋光打磨，當作裝飾品來佩戴。這也就是為何骨頭會被雕成護身符，上面刻上複雜的野牛、馴鹿或魚類的圖像——卻很少是用這些動物的骨頭。有時候骨頭會被直接插入洞穴牆壁的裂縫，可能這是一種形式的祈禱，一種向靈界傳達訊息的方式。

在壁爐床裡燃燒骨骼可能是一種吸收動物精華的方式。在這麼狹窄的空間裡悶燒骨頭和骨髓的壓倒性氣味，是作為一種焚香，替聚集於此的人祝聖。不妨想像以下的畫面：亞當和夏娃在前廳一坐就是好幾個小時，周身煙霧籠罩，和他們的親屬一起隨著動物皮鼓的打擊節奏、禿鷹骨頭雕刻的長笛發出的細小回音，以及燧石刃組成的木琴所發出的鈴叮聲而搖擺（所有這些樂器都曾在這類洞穴之中或附近被發現），直到達成足以繼續踏上精神之旅的聖化狀態。[12]

亞當和夏娃不會毫無目標地在這些洞穴中緩慢走過。每個廳堂、每個壁龕，每處裂縫、走廊和凹陷處皆有特定的功能——全部是刻意設計來誘發狂喜的體驗。這是一個精心控制的事務，讓人在穿越角落和通道，吸收牆壁、地板和天花板上繪製的圖案後，被引出一種特定的情緒反應，有點類似在中世紀教堂遵行拜苦路（Stages of the Cross[2]）行走的體驗。

首先，他們必須趴下來，雙手和膝蓋觸地，爬過一條長達二百英尺長的通道，該通道從

2 譯注：一種宗教活動，天主教徒模仿耶穌在耶路撒冷被釘十字架的過程。

「昂萊內洞穴」連通到第二個洞穴「三兄弟洞窟」。他們現在進入了一個全新的地域，這個新地域的特點是它有第一個洞穴所欠缺的東西，而這不可能是巧合。因為，就在這第二個洞穴中，亞當和夏娃會第一次遭遇到那不可磨滅地界定了他們精神生活的岩石藝術。

「三兄弟洞窟」的主要通道岔分為兩條窄道。左側通道通向一個長形廳室，內有櫛比鱗次的黑色和紅色圓點，尺寸各異，大小不同。這些圓點是洞穴繪畫最早的形式；某些洞穴的圓點可追溯至四萬多年以前。沒有人能確定這些圓點的含義。它們可能是精神視野的紀錄。也可能是男性和女性的象徵。可以相當肯定的是，這些圓點不是隨機散佈在牆上的。相反地，它們通常是用可以被清楚察覺到的模式繪製，反覆出現於不同的廳室。這表示這些圓點可能是一種交流方式或指令，一種密碼，在祈求者繼續深入地球腸道時將某些重要訊息傳遞給他們。[13]

「三兄弟洞窟」主通道的右側岔路通往一個通稱為「手印通道」（Galerie des Mains）的小而黑暗的房間。這裡的牆壁沒有圓點，而是印著手印——數量有數十個。這是目前最普遍和最容易識別的現存岩石藝術形式。最古老的手印可以追溯到大約三萬九千年之前，不僅出現於歐洲和亞洲，也出現在澳洲、婆羅洲、墨西哥、祕魯、阿根廷和撒哈拉沙漠，甚至美國。繪製手印的方法一種是把手浸入顏料中，按壓洞穴牆壁，另一種，是將手直接壓在牆壁上，順沿手形噴灑在挖空骨頭中的赭石，創造出負像的影子圖案。赭石本身具備神聖的功能；血紅色的顏料是物質世界和靈界之間的橋樑。[14]

這些手印的驚人之處在於，它們幾乎不會如一般人以為的，出現於平坦、容易抵達的地方，反而是會聚集在特定地形特徵的周圍：裂縫的頂部或附近、凹陷處的內部，或垂下的石筍之間、高處的洞穴頂部，或者其他難以抵達的空間。有些手印的形狀是手指抓住岩石。其他手印有的手指彎曲或者消失了。有些手印顯然是同一隻手所印的，但每次印的時候隱藏起不同的手指，這就暗示手印跟黑色和紅色的圓點一樣，可能是一種古老的符號溝通形式，可謂一種原始「手語」(sign language)。其實，在地球相距遙遠的兩側出土的手印有著不可思議的相似之處，表示這種溝通方法可能有共同的起源，可以追溯到近十萬年前「智人」從非洲向外遷徙之前。有可能在印尼製作手印的人類與在西歐製作手印的人使用的是相同的符號語言。

有趣的是，學者目前認為在歐洲和亞洲的洞穴中發現的多數手印都屬於女性。因此，認定這些洞穴及其牽涉的儀式是男性事務的推論是錯誤的。實際情況可能是進入特定廳室或參與特定活動確實有限制，可能僅限參與或發起儀式的人。然而，就這個聖所而言，群體的所有成員不分男女老幼，似乎都曾進入過。[15]

憑藉搖曳火焰散發的微弱光線，亞當與夏娃摸索著穿越這個房間，仔細觸摸岩壁上的每個凹凸——它們的起伏，它們的冰涼和溫暖之處，尋找對的地方留下他們自己的手印。這是一個漫長而私密的過程，需要和岩石表面產生一種極度親密的熟悉感。唯有在他們留下印記之後，才會準備好繼續他們的旅程，進入洞穴的中心：一個小而狹窄的空間，隱藏於一處傾斜、幾乎難以進入的角落，布勒伊把它稱為聖所。

此處的岩壁躍動著色彩鮮豔的動物圖像，既有彩繪而成，也有雕鑿入岩。圖像有數百幅，彼此交疊，姿態狂野，凝凍於瞬間。動物形形色色，包括野牛、熊、馬、馴鹿、猛獁象、雄鹿、北山羊，以及神祕而無法辨認的物種（某些荒誕不經，不可能為真實動物；有些則是介於人類與動物之間）。

將這些繪畫稱為「圖像」並不完全恰當。它們就如同圓點和手印，是一種象徵，反映了我們遠古祖先的泛靈信仰，亦即萬物彼此聯繫，共享同一種普世的靈魂。正是因為如此，這些洞穴很少描繪動物生存環境的圖案。動物通常會被畫成一種動態的模糊，表示牠們在動。然而，沒有草地或樹林，也沒有灌木或溪流，足以讓牠們跳躍其上；說穿了，根本就沒有「地面」。這些動物似乎虛懸著，上下顛倒，角度怪異，匪夷所思。牠們虛幻迷離，欠缺背景，不真實。[16]

根據常見的推論，這些岩石壁畫應該是一種「狩獵巫術」，乃是一種幫助獵人捕獲獵物的咒語。然而，洞穴內描繪的生物大部分都不是在洞穴外漫遊的代表性動物。根據考古挖掘的證據，岩壁展示的物種與創作者食用的動物之間幾乎沒有對應關係。很少有彩繪的生物被畫成處於被獵殺、捕獲或痛苦的狀態。這些洞穴幾乎沒有描繪任何暴力場景。有些動物身上有銳利的線條縱橫交錯，這些線條常被解釋為刺穿動物脅腹的長矛或箭矢。但如果仔細觀察這些圖像，會發現這些線條並未進入動物體內；它們是從動物身上散發出來的。這些線條似乎代表動物的靈氣或精神，亦即靈魂。法國人類學家克勞德・李維史陀（Claude Lévi-Strauss）指出，遠古人類挑選壁畫動物時，腦中想的不是這些動物「美味可口」（good to eat），而是牠們「益於思考」（good to think）。[17]

亞當和夏娃進入這些洞穴，不是為了描繪他們所知道的世界。這樣做意義何在？他們是來到這裡想像超乎此世的世界。其實，他們不是在岩壁上畫出野牛和熊，而是從岩石中釋放出圖像。亞當和夏娃站在狹窄的通道，在微弱的光線中，用雙眼掃視、用手輕輕撫摸岩壁，等待圖像被反饋回來給他們。岩石的一道曲線變成了一頭羚羊的大腿。石頭的一個裂縫變成描繪馴鹿鹿角的起點。有時，所需要的只是稍加點綴，這裡輕描一筆，那裡深刻一道，便可將自然的岩石形狀化為一隻猛獁象或一頭北山羊。無論繪畫的主題為何，他們都不是在繪製圖案，而是去把它完成。

這些圖像經常隱藏於石柱之間，或者處於隱密的位置，只能從某些角度看到，並且一次只能由少數人一起觀看，這表示洞穴（不僅岩壁上的圖像，而是連同洞穴本身）乃是靈性體驗的一環。洞穴成了神話文字（mythogram）；它如同經文，乃是供人閱讀的。[18]

如果沃爾普洞穴群是一種經文的形式，那麼亞當和夏娃現在即將到達經文的主調，他們到目前為止所經歷的種種神秘，即將在一個壯觀的高潮時刻被揭示出來。

聖所的盡頭是一條狹窄通道，只能容身一到兩人。如果要進去，只能雙手和膝蓋觸地，慢慢匍匐前進，因為通道向上彎曲，通到離洞穴地面只有幾英尺的狹窄岩架。爬到頂部之後，他們可以起身，順著岩架挪移，但要背靠岩壁，緊貼岩面，免得摔落地面。挪移幾碼之後，岩架變寬，他們可以轉動身體，面向岩壁。就在此時，他們抬頭望向天花板，能看到一幅完美複雜的圖像——那幅創作令人敬畏、讓人驚嘆，可謂難以言詮。

至少可以確定，那是一個男人。但又不僅如此。它雖有人類的腿和腳，卻有雄鹿的耳朵和貓頭鷹的眼睛。它的鬍鬚長而濃密，從下巴垂落到胸前。它的頭部長出兩支精美的鹿角。它的手像熊的爪子。它有羚羊或蹬羚般肌肉健壯的軀幹和大腿。它的後腿之間有一根半勃起的巨大陰莖，陰莖向上彎曲，幾乎碰觸到從屁股長出的短硬馬尾。這個人物被畫成應該是在跳舞的樣子，軀體往左猛撲。然而它的臉卻朝向觀看者，以黑線描摩的貓頭鷹眼睛睜得很大，瞳孔卻小而白，定於中央，永遠聚焦，向前注視。

這幅畫在這些洞穴群中是獨一無二的，因為它既是彩繪、又是刻鑿而成的；它曾被反覆修圖、重新描摹和重新繪製，期間可能長達數千年之久。它的鼻子和額頭還留著淡淡的顏色。某些地方的細節是一流的，好比左腳有膝蓋骨。其他地方則是一筆帶過，尤其前爪似乎被草率處理，而且尚未完成。整幅畫大約高二點五英尺，遠遠大於房間裡的其他圖案。無論它是什麼，它漂浮在黑暗之上，俯視著廳室。

亨利・布勒伊在一個世紀前首次看見這個人物時，瞠目結舌，說不出話來。這顯然是一幅受人尊重的宗教圖像，甚至是敬拜用的。像這樣單獨一幅人形的主圖，居高臨下，在類似的洞穴中幾乎前所未見。它在廳室中的位置在視平線之上，使得它看起來彷彿從高處俯視著聖所內紊亂的動物屍體。布勒伊起初認為，這是一位薩滿，身穿某種混合動物的服裝，因此他將它命名為「巫師」(the Sorcerer)，而這個名稱自此便流傳下來。[19]

我們可以理解為何布勒伊起初會如此解讀這個人物。在遠古的群居社會，人們認為薩滿的一隻腳在這個世界，另一隻腳則跨越到下一個世界。他們能進入變化的狀態（通常藉助迷幻劑），脫離身軀，踏上旅程進入靈界，捎回另一個世界的訊息，通常有動物幫助引導他們。[20]

正是由於薩滿和動物的這個關係，布勒伊才會認為這位人畜同體的「巫師」是一位薩滿，或許正在轉換當中，正要脫離身體踏上進入另一世界的旅程。在歐洲和亞洲的洞穴中，人們至少發現七十幅混合人類和動物的圖像，其中多數也被認為代表薩滿。在法國的肖維岩洞中，一幅半人／半野牛的圖像被刻在從洞頂垂下來的淚滴狀岩石上；它的身軀彎折顯然是一個陰道的圖案，上面覆蓋著濃密的黑色陰毛，從石頭的頂端往下畫。拉斯科洞窟的岩壁上有

巫師（亨利・布勒伊的詮釋）。法國蒙泰斯基厄阿旺泰（Montesquieu-Avantes）的「三兄弟洞窟」（約公元前一萬八千年到一萬六千年）。版權所有© David Lindroth, Inc。

一個長著馬頭的人像，另外還有一個長著鳥頭的人像，躺在一頭猛衝的公牛前。在沃爾普洞穴中，離「巫師」出現的地方不遠之外有一幅小得許多的圖像，是一頭長著人手人腳的野牛，正在吹奏一支在他鼻孔前看起來像是長笛的東西。[21]

然而，這些混合形象其實並不代表薩滿，就像動物形象並不代表真實的動物。就如同圓點、手印，以及所有在這些洞穴裡的其他東西，這些混合人物是一種符號（symbol），用來表示「另一個世界」(the other world)，亦即超越物質領域的世界。

甚至布勒伊也認出了在「巫師」身上有些非常獨特之處。畢竟，它不只是人類和動物的混合，而且是把許多物種拼貼在一起，創造出一隻唯一的、活躍律動的獨特生物，和任何在其他壁畫洞穴中發現的圖像都不一樣。因此，經過一番思考，布勒伊改變了原先的想法，他認為這隻從高處回瞪他、帶著催眠魔力的奇怪生物不是薩滿。他在筆記本上寫道：這是目前發現最古老的神像。[22]

第二章
萬獸之主

這名布勒伊神父認為他在沃爾普岩洞群中看到的神祇，是一位宗教學者已經認識了許多年的神。祂是一位古老的神，或許是最早被設想出來的神之一，人們相信祂是動物的主宰、森林的統治與守衛者。人們可向祂祈禱，求祂引導獵人找到獵物；萬一祂的怒火被點燃，使得動物消失，人們也可以用獻祭來安撫祂。所有動物的靈魂都歸於祂；只有祂有力量將獸群釋放到野外，在動物被獵殺之後，也只有祂能收回動物的靈魂。祂是萬獸之主。[1]

這位萬獸之主不僅是宗教史上最古老，也是最廣為流傳的神祇之一。全世界各地都有某種版本的萬獸之主——從歐亞大陸到北美洲到中美洲，都可見其蹤影。年代可追溯到公元前四千年底的美索不達米亞的石器上，也出現過祂的形象。大約在公元前三四五〇年，早在法老仍尚未出現之前，古埃及人便打造出一把象牙燧石刀，刀柄上雕刻有象徵萬獸之主的人物，雙手各抓住一頭獅子。在印度河流域，萬獸之主被認為是祆教（Zoroastrian[1]）的神祇阿胡拉．馬茲達（Ahura Mazda[2]）以及印度教的神祇濕婆（Shiva[3]），特別是濕婆化身為帕蘇帕提（Pashupati），亦即「所有動物之主」（Lord of All Animals）的時候。巴比倫的《吉爾伽美什史詩》（*Epic of Gilgamesh*）是世界上最早寫成文字記載的神話，史詩主角安奇都（Enkidu）便是萬獸之主的形象；希臘神話中的赫米斯（Hermes）[4]，和人身羊足、號稱自然界之神的潘神（Pan）也是。

甚至連希伯來人的上帝耶和華偶爾都會在《聖經》中被奉為萬獸之主。〈約伯記〉描述耶和華誇言祂有能力能放任野驢自由，使鴕鳥把蛋留在地上讓人類收集，以及命令野牛被繩索套住並聽從人類命令去耕犁山谷（請參閱〈約伯記〉第三十九章）。在現代世界，某些信奉威卡教（Wicca[5]）和新異教的人把萬獸之主當作「長了角的神」（Horned God）來崇拜，此乃凱爾特神話（Celtic mythology[6]）中的一種神話生物。

究竟這位特定的史前時代神祇，在幾萬年前由舊石器時代人類想出來之後，是如何流傳到美索不達米亞和埃及、到伊朗和印度，傳布到希臘人和希伯來人，以及美國女巫與歐洲新異教徒當中？更重要的是，我們的史前祖先是如何從原始的泛靈論演化出某種得以創造出萬獸之主的複雜信仰體系的？

數個世紀以來，神學家與科學家對這些問題百思不解。古代人類為何會相信「靈界生物」

（spiritual being）？人類的宗教衝動（religious impulse）是否使我們在試圖主宰萬物的過程中具備了優勢？智人是否是第一個展現出宗教信仰的物種？或者，我們還能找到更早的人類物種就已經有信仰的證據？

大部分學者都同意，宗教衝動的根源遠達至我們的舊石器時代過往。然而，到底遠至哪個洪荒時期，仍然沒有定論。舊石器時代分為三個時期：舊石器時代初期，介於二百五十萬至二十萬年之前，那是智人出現的時期；舊石器時代中期，介於二十萬至四萬年之前，人類開始創作洞穴壁畫；舊石器時代晚期，介於四萬至一萬年之前，成熟的信仰表達方式開始蓬勃發展，有證據顯示當時有複雜的儀式行為。

迄今出土的宗教信仰文物（包括「巫師」，可追溯至一萬八千到一萬六千年以前）大多是舊石器時代晚期的文物，這點不足為奇。然而，新的發現和年代斷定程序的進步也使得我們必須不斷重新回頭去檢視先前的假設，重新推估在人類的演化過程中，宗教信仰到底出現

1 譯注：又稱為瑣羅亞斯德教，源於古代波斯。
2 譯注：Ahura是「光明」，Mazda是「主」，這位神祇是「光明之主」，被祆教奉為造物主。
3 譯注：濕婆是宇宙毀滅與再生之神，與梵天和毗濕奴並稱印度教三大主神。
4 譯注：赫米斯除了是希臘神話中的信仰神，也被視為畜牧之神。
5 譯注：基於巫術的多神論宗教，盛行於英國和美國。
6 譯注：包括愛爾蘭和威爾斯在內的不列顛群島特有的一種神話體系。

在多遠古以前。例如，研究人員近期在印尼的偏遠島嶼上發現有壁畫的洞穴，幾乎與西班牙卡斯堤悠洞穴同樣古老（大約繪製於四萬一千年以前），但這些洞穴中卻沒有西班牙洞穴裡有的那種抽象符號，而有描繪得很清楚可辨的動物，例如身軀圓鼓的鹿豚（babirusa）。在世界的另一端出現這麼先進的圖案，表示洞穴壁畫的實行可能遠比先前推斷的更為古老，或許得再往前推好幾萬年。[2]

最近在西班牙馬拉加（Malaga）發現的一個洞穴加強了這個看法。這個洞穴裡有一根鐘乳石柱，從上至下描繪了像是一整排海豹的圖案。值得注意的是，使用碳定年檢測之後，海豹圖案大約繪製於四萬三千五百年到四萬二千三百年以前之間。然而，當時智人尚未遷徙至歐洲，因此這些圖案並非智人的創作，而是出於尼安德塔人之手。二〇一六年，在法國亞維宏山谷（Aveyron valley）附近發現了一個更古老的尼安德塔人洞穴，洞內有一處由碎石筍建構的「祭壇」，石筍被放在洞穴地上刻意排成兩個同心圓，可謂一種舊石器時代的巨石陣（Stonehenge[7]）。對同心圓石筍進行初步碳定年之後，初估祭壇是十七萬六千年以前構築的，當時是舊石器時代初期的尾端。[3]

沒錯，現在有許多學者認為我們應該跳脫我們的尼安德塔人近親，把眼光放得更遠去尋找史前信仰的證據。考古學家最近在戈蘭高地（Golan Heights[8]）發現了一塊大約高一英寸半的石頭，石塊被雕刻成一個人偶，模樣清晰可辨，極像一位乳房巨大、可能身懷六甲的婦女。這尊雕像名為「貝列卡特藍的維納斯」（Berekhat Ram Venus），估計至少有三十萬年的歷史，當時我們這個人種還尚未存在。雖然最古老的智人墓葬遺址年代大約為十萬年以前，但已經有更古老的墓地出土是顯然曾舉辦過葬禮的，包括一處可追溯至五十萬年以前的中國「直立人」遺址。[4]

即便如此，如果光憑這類考古證據來替人類從多久之前開始有宗教表達定下年代，是有問題的，因為信仰不會變成化石。人類的想法不會埋在地下，等待日後被人挖掘。我們在山洞或墓地找到儀式行為的證據時，倘若以為這種行為和它背後的想法是同時出現的，那就大錯特錯。遠古人類是先對宇宙的本質、自身在其中的位置有一定的信仰，然後才開始把這些信仰刻劃到洞穴的牆壁上。我們的祖先亞當和夏娃並非是在虛無的霧中來回活動，然後忽然有一天就像先知領受天啟般豁然開朗。其實，亞當和夏娃的信仰系統是繼承而來的，就像他們的狩獵技巧與語言能力一樣，是逐漸地、在數十萬年的時間當中，人類的心智與精神持續演化的結果，亞當和夏娃進入沃爾普岩洞群之後，他們在地底深處所體驗到的經驗，既是先前數千年以來宗教思想的豐盛果實，也是埋下了日後數千年的信仰種子。他們知道的一切，

7 譯注：英國史前建築遺跡。

8 譯注：位於敘利亞西南部，約旦河谷東側。

完全基於先人累積的知識。他們創造的一切，也是先前創造的成果。

我之所以這樣陳述，乃是要指出我們若想追溯人類宗教動機的起源，就不能只受限於已經發現的實體證據。我們必須深入研究人類從古往以來的演化過程，一直追溯到我們演化為人的那個時刻。

有關宗教起源的科學辯論，早在十九世紀便已展開。十八世紀的啟蒙運動之後，人們認為透過理性分析與科學研究，可以解答各類問題，甚至包括神的領域。十九世紀是查爾斯・達爾文當道，演化論大為盛行的時代，生物界普遍信奉「物競天擇」與「適者生存」，亦即某些演化特徵會讓有機體更有利於存活，從而將這些演化特徵遺傳給後代。愈來愈多人運用這種概念去解釋經濟和政治行為（偶爾會招致惡果）。既然如此，為何不用達爾文的觀點去解釋宗教呢？

不容否認的是，宗教信仰四處可見，廣為普及，必須視為人類的基本經驗。我們是「宗教人屬」（*Homo religiosus*），並非我們渴求信條或體制，也不是我們尊奉特定的神祇或追求特定的神學，而是我們有超越現世的懷抱：想要觸探表象世界之外的界域。專家學者認為：假使人類這個物種天生就想信奉宗教，那麼信仰必定是人類演化的產物。在信仰當中鐵定有某種物競天擇的優勢，否則不會有任何理由使得宗教信仰存在。

在最早鑽研這個問題的人當中，其中一位是十九世紀中葉的英國人類學家愛德華．伯內特．泰勒（Edward Burnett Tylor）。泰勒認為，人類宗教動機的起點，以及因而採取的行為，乃是因為人性當中有一個莫名的神祕觀念，認為靈魂與身體彼此分離。這種思想形形色色，從古至今，出現於每個社會，誕生於每種文化。泰勒自忖：這個觀念是如何產生的？為何遠古祖先會認為，人的靈魂不死，只是受困於必死的軀殼？

泰勒曾在權威性著作《原始文化》（*Primitive Culture*）中提出假設，認為人是在入睡時得到把靈魂當成「栩栩如生、可以分離且獨自存在，乃是個體存在的載體」的想法。他如此寫道：「我認為，除非仰賴夢境與異象，否則把靈魂當作身體的空靈形象的觀點，萬難潛入人的腦海。」[5]

各位不妨想像：亞當剛進食完畢，伴著逐漸熄滅的篝火，裹著長毛象的皮毛入睡。他進入夢鄉，前往另一個世界，一切既真實又陌生，如夢似幻，虛無飄渺。假設他在夢中遇到了一位死去的親人，比如父親或妹妹。泰勒指出，亞當看到家人出現眼前，會如何解讀這個現象？他會不會假設家人其實沒有死，而是存在於跟此世同樣真實、有形的另一個世界之中？難道亞當不會就此得出結論，死者的靈魂會在身體毀壞後，繼續作為靈體而存在嗎？他如此認定之後，會不會前往父親或妹妹的墳塚，懇求他們的靈協助他獵捕野獸、祈求雨霽天晴或治癒兒女？泰勒做出結論，指出宗教便是如此誕生的。

與泰勒同輩的學者很少有人贊同他的夢境說。德國人類學家馬克斯・穆勒（Max Müller）認為，人類最初的宗教體驗是和大自然相遭遇的結果。穆勒指出，亞當並非於夢境看見異象才衍生信仰，而是甦醒時看到外界事物才激發對宗教的想像力。畢竟，亞當活在廣闊無垠、難以理解的世界，處處充滿他無法解釋的神秘。他發現汪洋浩瀚無窮；他穿過森林，眼見群樹高到穿入雲霄，又古老到祖先流傳下這些樹的故事；他看見太陽日復一日追逐月亮橫跨蒼穹；而他知道，萬物的創造，功不在他。因此，他認為必定有其他人（或者其他東西）替他創造了萬物。

英國民族學家羅伯特・馬瑞特（Robert Marett）將這種驚嘆於造物者鬼斧神工的感覺稱為超自然主義（supernaturalism），亦即「心智感受到對神秘事物敬畏的態度」。馬瑞特認為，古代人相信有某種看不見的力量，亦即可見世界的背後隱藏某種「普世靈魂」（universal soul）。他將這種力量稱為瑪那（mana），這是波里尼西亞人（南太平洋諸島的居民）使用的詞語，表示「力量」。[6]

馬瑞特指出，瑪那是客觀的超自然力量，無形無體，「寄居於所有的生命體和無生命體」。瑪那存於海洋與樹木、太陽和月亮，古代人類不得不崇拜這些物體，或許應該說，他們膜拜這些物體內的東西。最終，原本和個人無關的瑪那演變成了個人的靈魂。靈魂從身體釋放之後，便成為靈（spirit）。某些靈進入岩石、石頭或碎骨，將其轉化為受人膜拜的圖騰（totem）、護身符（talisman）與偶像（idol）。其他的靈則化為各式神祇，聆聽人們求告，各自發揮特定功用（好比雨神或狩獵之神）。爾後，根據馬瑞特的說法，經過多年的靈性發展，物換星移，這些個別的神祇演化成為一個普世全能的神——這是在十九世紀末葉和二十世紀初期，馬瑞特、泰勒與穆勒等學者所做出的共同結論，他們都認為野蠻的異教徒接受基督教的啟蒙之後，必然會拋棄多神觀念，轉而信奉一神論。

無論人類產生宗教信仰是透過夢境，或者驚嘆於宏偉的大自然，甚至出於對已故祖先的猜測，這些假設皆有一個共通點，就是認為遠古人類在演化時，需要擁抱宗教信仰，從中解釋難以回答的問題，以便面對充滿威脅且變幻莫測的世界。這種解釋宗教為何興起的說法至今仍廣為流傳。

對許多人來說，宗教可助人理解這個神秘而易變無常的世界，這點無庸置疑。問題是宗教有沒有在原始人類的早期演化中，提供哪些演化的優勢？為宇宙的神秘提供寬慰人心卻經常變化的答案，到底能如何協助人類物種存活呢？

某些學者認為，原始的「信仰者」在舉辦儀式之後，應該會激發出某些情緒，從而控制自身的恐懼，因此能比「不信者」更容易獵捕到動物。然而，即使懷抱超自然的信仰可讓人勇敢堅毅，增強演化上的適應力（這點頗有爭議），卻不能就此認定人類若沒有宗教信仰，演化的適應就會降低。因為不怕死亡而在狩獵時魯莽奔向野牛，在演化中被消滅的機率就和活下來差不多。[7]

無論如何，這個理論如果要站得住腳，必須先證明人會透過宗教而產生特定的情感，或者，所有宗教都會觸發類似的情感；然而，事實並非如此。人會因為宗教而肅然起敬、感到寬慰、無所畏懼，但也同樣能在非宗教的場合中，油然生起這類的情感或心境，更何況許多宗教根本無法讓人產生這類感覺。雖然這個理論被廣為接受，但其實根本沒有證據足以指出，宗教會觸發人的特定情感（甚至包括超越的感受），從而證明人類唯有透過宗教衍生的情感方能綿延存續。[8]

假使無法完全從個人追求意義的角度去詮釋人為何會有宗教衝動，或許應該轉換角度，從宗教在構建和維護人類群體時扮演的角色去切入。這是十九世紀重量級的社會學家們所提出的核心論點，其中包括社會學這門學科的創始人：艾彌爾．涂爾幹（Emile Durkheim）。

涂爾幹明確否認，宗教起源自原始人類為了解釋神祕世界而尋求解答。其實，他根本不認為宗教與超自然現象有關。涂爾幹認為，宗教「是一種全然的社會產物」，因此在人類演化的初期，為了宗教作為一種社會建構可以存續，它必須牢牢植根於真實；而不是依存於神話或天馬行空的推測，也不是想像或神秘的信仰，必須依附在真實的物件與經驗之中。[9]

夢境不是真實的，瑪那不是真實的。靈也不是真實的。涂爾幹主張，以血緣和親屬關係結合的群體所採取的具體行動，面對險惡艱困的外界，眾人齊心協力適應環境，求取生存，這才是真實的。因此，宗教的動機必定根植於社會生活，而群體是藉由儀式來凝聚集體意識。

先祖亞當並非獨自瑟縮於即將熄滅的篝火旁。他是生活於群體之中，吃的肉是大夥共享的。他得跟蹤獵物，也要與夥伴圍捕和刺殺動物，更要彼此幫忙，清理和屠宰獵物。狩獵本身就屬於精神活動，遵循著世代相傳的嚴格儀式才得以完成。從雕刻長矛，到穿越森林追蹤獵物，一舉一動皆有章法。透過這些行動，獵人們和他們的武器能凝聚一股神秘的一體性，這些武器已經過犧牲儀式，被賦予超自然力量，從原本平凡之物（石頭、木棍與骨頭）轉化為群體賴以生存的神聖工具。生存不易，因此長矛或刀斧之類的日常物件逐漸被視為聖物，並非它們具備任何法力，而是它們有實際用途。涂爾幹認為，物件變得神聖，是因為人對待它的方式。

同樣的邏輯也適用於獵人的集體行動。從狩獵策略而言，獵人們先圍成一圈，把野獸圍住，再一起攻擊，乃是合理的狩獵之道，這個方法便繼續發展並且流傳下來。不難想像，獵人圍成一圈的概念就是宗教儀式的起源。

假設在狩獵之前，亞當和同伴圍成圓圈，彼此緊握雙手，在安全的住處模擬狩獵的危險情況。他們或許將上回獵物的骨頭堆放在圓圈中間，然後對其集中心思意念。他們也許後來用活獸代替骨頭，以某種方式標記活物，將其肢解獻祭，祈求鮮血能招致鮮血。他們獻祭之前，可能會祈求野獸靈魂出竅，引領他們找到獵物。狩獵或獻祭的神話便因此逐漸流傳，宣稱必須歃血以安慰亡靈、必須祈求諸神幫助，甚至必須赦免罪惡。傳聞一點一滴累積，原本單純的狩獵（真實事件）便轉化為精神活動（超自然事件），從而替諸如個人靈魂與天上神祇之類的信仰鋪平了道路。

涂爾幹的說法是最被人廣為接受的宗教起源論。這個理論指出，宗教起初是一種社會黏合劑，讓原始社會的成員凝聚向心力和彼此團結。從演化角度而言，我們的遠古祖先藉著整合出一組共同的符號，並參與一種共同的儀式體驗，提升了集體生存的能力，而在競爭激烈的蠻荒世界中增加活下來的機會，這種假設頗有道理。

可惜，這種推理仍有漏洞，因為宗教並不是從本質上就能統一或凝聚人心。宗教當然有把不同的人聚集在一起的力量。然而，宗教雖然能令人團結，卻也同樣能造成分裂。宗教會產生包容，也會造成排他。宗教既能在社會上凝聚向心力，亦能引爆爭端衝突。宗教經常犧牲某些群體成員，讓其他成員從中受益。它會將一些事物合法化，但也同樣會非法化另一些事。[10]

更重要的是，社會凝聚力理論的根基在於：認為史前群體主要仰賴宗教來彼此依附。然而，事實顯然並非如此。在人類演化的歷程中，親族關係才是促進社會凝聚更強、更原始的工具。我們舊石器時代的祖先生活於小型群體之中，亦即一個大家庭居住在一起。他們首先主要是因為血緣關係而團結，而非憑藉著符號和儀式。如果假定人類在演化中出現宗教信仰，是因為宗教讓「具備信仰的」群體比「缺乏信仰的」群體更能適應環境，就必須證明宗教具備某種獨特凝聚力，然而實際上並沒有這樣的力量。毫無疑問，宗教具備公共財產的特質，因此能在歷史的洪流中延續下來。但這些特質是否幫助有宗教傾向的人適者生存，這點仍有待商榷。

正當人類學界與社會學界辯論著宗教信仰在人類演化中的角色，另一個十九世紀的新興學科精神分析也加入辯論。精神分析有兩位最著名的先驅理論家，亦即西格蒙德·佛洛伊德（Sigmund Freud）與卡爾·榮格（Carl Jung）。這兩位學者都試圖在意識與無意識心智間的模糊地帶中找出人類宗教衝動的起源。這兩人也都認為靈魂等同於心靈（psyche）。榮格總體上對宗教抱持正面的看法，打算用「心理學」來解釋靈魂等傳統宗教概念，但佛洛伊德則抱持對立觀點，認為宗教屬於精神官能症（neurosis），乃是一種精神障礙，使人去相信看不見且不可能存在的事物，導致強迫性的行為與偏執的舉止。[11]

佛洛伊德在《一種幻想之未來》（*The Future of an Illusion*）一書中寫道，宗教信仰「是誕生自人類需要將他的無助變得可以忍受」。佛洛伊德相信宗教衝動來自原始人類想要創造出一個「父親般的人物」的內在渴望，而且是一位完美與全能的父親。人類崇拜神祇的理由，就和孩子崇拜父親是一樣的：因為我們需要愛與保護；我們想尋求慰藉，擺脫我們最深沉、最黑暗的恐懼。

按照佛洛伊德的觀點，我們的祖先亞當對夢境、大自然或儀式沒有興趣。他的主要渴望是順從自己的動物本能。他想與母親和姐妹發生性關係。他想殺死並吃掉他的父親。然而，他發現這樣做得付出社會和心理代價，於是他壓抑性慾（libido），發明出宗教作為一種工具，來減輕當他意欲壓抑他的基本天性時所升起的罪惡感。

並非只有佛洛伊德認為宗教衝動源於恐懼或暴力。比佛洛伊德更早一個多世紀，蘇格蘭哲學家大衛・休謨（David Hume）便指出，「人類主要的宗教，大抵源自一種焦慮的恐懼」。在佛洛伊德之後的一個世紀，法國哲學家勒內・吉拉德（René Girard）也提出了一項理論，認為原始人類之所以發明宗教，乃是要減輕暴力，將暴力集中到儀式的犧牲祭品身上，亦即他所謂的「替罪羊」（scapegoat）。總而言之，佛洛伊德認定宗教思想是「幻想，是滿足人類最古老、強大和緊迫的渴望」的假設，只不過是呼應了他的德國前輩卡爾・馬克思（Karl Marx），其著名的說法是宗教是「人民的鴉片」，以及德國哲學家路德維希・費爾巴哈（Ludwig Feuerbach），後者把神定義為「匱乏的感受」。「凡人所缺少而需要的……那就是神」[12]——費爾巴哈在《基督教的本質》（*The Essence of Christianity*）一書中寫道。

佛洛伊德對宗教衝動起源的論點幾乎已經全部遭到駁斥。然而，他認為宗教是「滿足渴望」（wish fulfillment）的看法卻深遠影響了現代批評宗教的人士，其中許多人踴躍地支持這個觀點，認為宗教在人類演化中的目的就是要消除不滿，減輕痛苦和焦慮，面對未知事物時不再恐懼。然而，這還是一個對於宗教衝動太過簡化且漏洞百出的解釋。

就算我們在欠缺科學證據的情況下暫且假設，人減輕焦慮和罪惡感會帶來演化適應的優勢。也不能認定宗教本質上足以安慰人心。相反。宗教在人們的生活永存下來的焦慮和罪惡感就和它減輕的一樣多。偉大的美國人類學家克利弗德・紀爾茲（Clifford Geertz）指出：「或許人們受宗教困擾不亞於受宗教鼓舞的程度。」[13]

宗教經常牽涉到震怒、反覆無常的鬼神，信奉宗教者必須勞心勞力，全心奉獻，方能取悅祂們。從演化的觀點來看，宗教需要進行的活動會耗費大量的精力和資源，這些精力和資源也可以用來謀生與繁衍後代。[14]

有人調整佛洛伊德的理論，認為在人類演化的過程中，宗教的主要目的是要激發利他的行為，以及控制原始人類，避免他們彼此殘殺。換句話說，唯一能夠阻止亞當從篝火旁起身，拿刀刺進同伴的胸膛，從對方手中奪取獸肉的辦法就是讓他相信祖靈正在看著他。祂們是神界的立法者，強制亞當舉止合乎道德，否則就得接受懲罰。宗教承諾亞當在來生會有獎賞，因此他會以某種方式約束自己或改變行為，減輕群體中個體自私行為所帶來的社會效應。[15]

宗教確實可以加強人與人之間的利他行為（雖說也同樣可能造成自私）。問題是宗教是否對社會具有獨特的道德影響力。認知科學家保羅・布魯姆（Paul Bloom）曾耗費多年，鑽研宗教和宗教信仰如何影響道德觀念。他的結論是，幾乎無法證明「世界上的宗教對我們的道德生活有重大影響。」其實，已有層出不窮的研究指出：宗教對道德善惡的影響，和其他社會體制影響的效果，相差不大。[16]

為了便於討論，姑且假設宗教能讓群體比較不會因個體的自私行為而受害，這樣卻仍然不足以解釋，宗教最初究竟是如何以及為何會進化出來的。我們今天所謂的「宗教道德」壓根沒有影響過原始人類的精神生活。所謂「神界的立法者」決定行為好或壞的觀念，頂多只有五千年的歷史。而善有善報更是更晚才出現的觀念。

古代諸神很少被認為是「道德」的。眾神高高在上，不受人類微不足道的道德觀念羈絆。美索不達米亞和埃及的神祇野蠻殘忍，將眾生視為奴隸而恣意驅遣。希臘諸神喜怒無常且自視甚高，握有至高權柄，不時戲弄人類。耶和華是嫉妒的神，宣稱只要有人膽敢信奉別的神，無論男女老幼，都會被祂翦除。阿拉尚武好戰，聲稱要嚴懲反對祂的人，無論今生和來世都會追究他們的罪責。說得好聽一點，這些神祇不受道德約束，但說得難聽一點，祂們根本敗壞道德。人們如何能將祂們當作人類道德行為的根源？

最後，這些看起來彷彿很合理、廣被接受的有關宗教動機起源的理論有個共通點，就是它們關注的都是宗教可以有什麼效果，而不是宗教由何開始、如何興起，以及為何誕生。即使有這些我們自認已經了解的知識，但證據顯示，宗教沒有讓人好變成或壞。宗教並不會規範人的言行舉止，或促進社會內部合作。從促進利他行為的角度而言，宗教與其他社會機制的效力不相上下。在讓人採取道德行為與促進社會合作上，宗教不會特別有力。它不會在團體競爭中帶來優勢。它也未必能夠撫慰心靈。它不會自動減輕焦慮或利於繁衍後代。它無法幫助適者生存。[17]

若我引述人類學家史考特．阿特然（Scott Atran）的觀點：宗教「勞民傷財，昧於事實，甚至違反直覺。信奉宗教得耗費物質上的犧牲（至少要花時間禱告）、投入情感（感到恐懼和獲取希望），以及付出理解教義的努力（包括掌握事實以及違反直覺的信仰脈絡）」。保羅．布魯姆（Paul Bloom）如此總結：「宗教信仰不太可能是生物適應的一種選擇。」[18]

然而，果真如此（如果追求信仰無法讓人取得適應環境的優勢，因此也沒有演化上的理由讓宗教必須存在），那麼宗教為何會出現？我們的遠古祖先起初為何會相信泛靈論，認為自己是被賦予形體的靈魂？假使亞當信奉宗教時不是恐懼的產物或是想尋求意義，也不是驚嘆於自然界的鬼斧神工或出於焦慮，而且宗教也沒讓他更能適應環境而生存下來，那麼宗教怎麼可能是一種演化特徵呢？

答案似乎是：宗教並非演化特徵。至少在過去數十年之中，一群新的學者已經取得這種共識，他們開始採用一種獨特的認知研究方法來解釋宗教起源。人類演化時，為何普世都認為世間存在超自然力量？針對這個謎團，這些學者提出令人耳目一新的答案：宗教不是人類演化上的適應。宗教是人類其他已有的演化適應當中，一個偶然的副產品。

第三章
樹中之臉

夏娃起身很早，遠比亞當早得多。太陽尚未升起，光線還沒灑滿林地之前，她會喚醒孩子，帶著他們到樹林查看前晚布下的陷阱。當孩子爬樹去收集水果和堅果，以及拾取廢棄巢穴可能存留的鳥蛋時，夏娃會用棍棒將捕獲的獵物打死並收集起來。然後，一家人會在附近深及膝蓋的河流中涉水，捕撈螃蟹、軟體動物和其他食物。他們可能會走運，發現一頭死掉的野獸，屍身已經分解，肉已被猛禽啃光。沒有關係。他們會撿拾獸骨，擊碎骨頭，挖出骨髓帶回營地。

夏娃和孩子便是如此供應家族所需的大量食物。亞當可能要耗費一個禮拜才能捕殺一頭野牛，但夏娃每隔幾日便能帶回等量的糧食。一磅堅果所含的脂肪和蛋白質等同於一磅肉內含的這些營養素，而且堅果不會反擊傷人。我們舊石器時代的祖先靠打獵謀生，但他們能夠存活，主要是因為他們會四處覓食——而這些是婦女和兒童的重要勞務。

不妨想像一下：夏娃和孩子在凌晨摸黑返回營地，突然她從眼角瞄到一張臉，在樹叢中盯著她。夏娃僵在原地，肌肉僵硬，血管收縮，心跳加速。腎上腺素充斥全身。她已經準備要拔腿狂奔。

她再定睛一看，卻發現這張臉原來只是個樹瘤。她的肌肉放鬆下來。她的心跳漸緩。她吐了一口氣，繼續穿越森林返家。

認知理論學家有個術語，專門用來描述夏娃剛才的經歷，就是「高度敏感能動作用檢測機制」(Hypersensitive Agency Detection Device，簡稱HADD)。這是一種起源於人類演化史上遠古過往的生物程序，可追溯至原始人仍然弓背站立、全身披毛的時期。用最簡單的話說，HADD使我們遇到任何無法解釋的事件時，會去偵測它背後的人類能動作用，從而尋找其中的人類原因（cause），例如：樹林中傳來的遙遠聲響、天空出現的閃光，以及在地面上滑行的縷縷薄霧。HADD解釋了為何我們在夜晚聽到砰砰聲響時，通常會認定這個聲響是有人發出的。

我們天生傾向將自然現象歸因到人為，可能有明顯演化上的優勢。如果夏娃看到的不是一棵樹，該怎麼辦？萬一是一頭熊呢？萬事謹慎一點比較妥當，即便犯了錯也無妨。把樹誤認為掠食者無傷大雅，但將掠食者誤認為一棵樹，那可就要大禍臨頭了。猜錯總比被吃掉好。

根據上述的例子，HADD顯然可讓夏娃更適合生存。然而有一群研究宗教的認知科學家指出，夏娃在那些幽暗樹林中經歷的，不僅只是人對潛在威脅的不自主反應而已。它是人類信仰神的基礎：是宗教衝動真正的演化起源。

宗教的認知科學有個很簡單的前提：「宗教首先且根本上是一種神經系統現象」。換句話說，宗教衝動其實是大腦複雜的電化學反應（electrochemical reaction）的作用。當然，光是這個事實本身並不是個多麼了不起的觀察，也不會因此減輕或打消人的宗教衝動。人的每一個衝動（毫無例外的每一個衝動）都是從大腦複雜的電化學反應中產生。宗教衝動當然也是。明瞭了宗教衝動的神經機制並不會讓宗教信仰站不住腳，就好比了解異性相吸的化學過程不會讓情感吸引力變得不真實，或使情感對象的價值貶低。正如這個領域的領軍人物邁可・J・穆理（Michael J. Murray）指出：「人類在天擇之中進化出某種心智工具（mental tool），我們在這心智工具中產生了信仰，這是個事實，但還不能解釋信仰如何從中產生。」[1]

不過，如果宗教確實是一種神經系統現象，或許我們應該往這個衝動實際發生的地方去尋找宗教衝動的根源，也就是：在人腦中。

讓我們回頭看看夏娃的那棵樹。清晨光線昏暗，夏娃由於對能動性的認知偏誤（cognitive bias）而相信（即使只有瞬間）這棵樹是掠食者。然而，如果夏娃當天稍後再返回現場，當她緩慢靠近樹時，竟然發現樹幹看起來真的像一張臉。此時，她的另一種稱為心智理論（Theory of Mind）的認知程序（cognitive process）就會啟動。

心智理論是大腦的一種執行功能。一旦我們能以看待和理解自身的方式去看待和理解別人，這項功能就會啟動：分開、不同的個體，有相同的基本感受，有相同的思想，他們和我們有相同的本質。心智理論不僅使我們習慣用思考自己的方式去思考他人，也鼓勵我們把自己當作主要模型來設想所有人。

不妨想想：如果我唯一能察覺的意識是我自己的意識，那麼我別無選擇，只能用自己為模型，去建立我對宇宙的理解。而我對他人內在狀態的感知，也是基於自己的內在狀態。

然而，心智理論令人驚訝的地方在於，心智理論也會使我以感知人類的方式去感知表現出人類特徵的非人類。假使我遇到一個有兩隻腳的物體，看起來像是有一顆頭和一張臉，我就會想：「這東西看起來像我。」如果它看起來像我，心智理論就會引導我，覺得它一定是像我一樣。因此，本能上我便將我的人類思想和情感投射到這個像人的東西。[2]

這就是為什麼兒童會認為某些玩具是活的，認為它們具有個性和意志。假使讓某位小女孩玩一輛模型車，她會把前燈當作眼睛，把散熱器護柵當作嘴巴。她會自然而然跟這輛車玩在一起，好像車子是個生物，不是一大塊的塑膠模型。即使小女孩能夠意識到有生命的動物與無生命的物體之間的差別，她仍然會將生命賦予玩具。換句話說，她會賦予它能動性。[3]

某些理論家指出，從這裡便可找到把心智理論、HADD與宗教衝動的起源連接在一起的認知連結。

我們知道，在夏娃對她自己最基本的認知中，她已經相信自己擁有靈魂，並且認為靈魂與身體是分離的。她的身體確實存在且可觸摸到，但她的靈魂卻無形無體且肉眼瞧不見。暫且不談夏娃如何產生出這種概念。重要的是，由於夏娃認為她有一個與身體分離的靈魂，心智理論會使她相信，其他人也擁有靈魂。然而，由於心智理論讓夏娃傾向於用她看待人類的方式去看待表現出人類特徵的非人類，因此夏娃很可能也會將靈魂賦予某些無生命的物體。換句話說，如果樹跟夏娃一樣有一張「臉」，它必定跟夏娃一樣有一個「靈魂」。

如同小孩子對待玩具車一樣，夏娃在寒冷的天光中，有意識地將能動性和意圖賦予了樹。她給這棵樹一個「靈」(spirit)。她或許拿了燧石刀去雕刻樹幹，讓那張臉更為突出。夏娃並沒有畫出臉。正如洞穴中的圖案，夏娃只是釋放了她所看見，已經存在的臉。她將樹化為圖騰，使其成為膜拜對象。她可能向它獻祭。她甚至祈求樹臉助她捉捕獵物。如此宗教便誕生了，即使出於偶然。

然而，夏娃的信仰在還沒有被她的群體接納之前，並不算一種宗教。夏娃根據自己的獨特的觀察結果，對樹發展出一種個人的宗教體驗，這是一回事；說服其他人分享她的體驗，這又是另一回事。HADD與心智理論可能可以解釋一個特定的宗教信仰最初如何產生，卻無法解釋這樣一種信仰如何能順利從一個信徒傳到另一個信徒、從一種文化傳揚到另一種文化，以及從一個世紀傳承到後續的世紀。為何某些宗教信仰（例如，相信有一位神主宰萬獸的信仰）得以存續且世代相傳，其他信仰卻被拋棄且遭人遺忘呢？

可能還是要從大腦尋找答案。根據認知人類學家帕斯卡爾・博耶（Pascal Boyer）的說法，人腦只允許某些類型的信念「黏附」（stick）。他的研究指出，假使某個構想稍微反常，便更有可能被我們吸收、保存與分享。如果某個構想違反我們對某件事的一到兩個基本直觀假設，它被人記住並傳揚出去的可能性就更大。[4]

倘若夏娃帶著亞當回去看她遇見的樹，讓他看她在樹上雕刻的臉（應該說她從樹上釋放出來的臉）。夏娃的心智理論作用，賦予了樹一個跟她類似的靈魂，使得她跟樹有一種獨特的精神聯繫。然而，若要讓亞當接納夏娃對樹的體驗，並將其傳遞給其他人（讓這棵樹令人難忘且值得相信），需要某些稍微違反直覺的生理或心理性質，足以突破被亞當認定為樹的基本模板（basic template）的界限。換句話說，這棵樹要有一到兩種屬性稍微違反「樹」的本體類別（ontological category）。[5]

夏娃也許會告訴亞當，那棵樹不僅有張臉，而且有個深夜她前去查探時，她想她聽到了樹在說話。夏娃所說違反了一項亞當認定樹所具有的自然屬性（樹會說話！），因此亞當就算沒有親耳聽到樹講話，也已經更有可能記住夏娃講的故事並將其傳揚出去。然而，如果夏娃違反太多樹已知的屬性（樹會說話！樹會走路！樹會隱身！），亞當便難以掌握這些概念，遑論去相信之後再把夏娃的話轉告別人。如過要讓夏娃對樹的體驗被她的整個群體接納，她只能對樹的性質做輕微的改動，這個小改動必須簡單，易懂，容易傳播，而且最重要的是，要有用處。

重複最後一點。夏娃對她的聖樹所做的輕微改動，最重要的是必須要讓樹比它處於自然狀態時更為有用。樹會隱身或四處走動，這樣毫無用處。然而，樹若是會說話，可能就非常有用。它可能傳遞給夏娃及其親屬非物質世界的訊息。它可能解答疑惑、提供有關過往的至關重要的知識，甚至預言未來。

如果夏娃告訴亞當這棵樹會說話，亞當便更有可能認為這棵不尋常的樹有用。他自己會更容易。他也更有可能會把這件事告訴其他的群體成員，而聽到的人也更有可能認為這棵樹確實有用和值得相信。亞當和夏娃可能會環繞著這棵會說話的樹，共同建構出一套完整的神話，並發明出相應的儀式，在群體內傳播。這些神話和儀式可能會傳播到別的群體，那些人也可能認為有一棵會說話的樹的概念很有用，於是他們可能會採納這個概念並加以調整，適合他們自己特定的文化。

因此，在公元前五世紀，希臘歷史學家希羅多德曾經寫到德多納（Dedona）的聖林，其中的樹木會說人話，且能預言未來。五百年之後，古老的波斯史詩《諸王之書》（*Shahnameh*／*Book of Kings*）講述亞歷山大大帝曾經遇見一棵會說話的樹，那棵樹預言他將英年早逝。「無論是您的母親、您的家人，或是您土地上的蒙面女士都將無緣再見到您的容顏。」那棵樹如此告訴這位年紀輕輕便征服世界的人。

又過了三百年，馬可・波羅（Marco Polo）寫下他曾在印度遇見「日月樹」，那棵樹有兩根樹幹，一根在白天用男性聲音說話，另一根在夜晚以女性聲音講話。《創世記》中，聖經裡的族長亞伯拉罕[1]兩度在宣講神諭的樹木前遇見耶和華，一次是在奈卜勒斯（Nablus[2]）附近的摩利橡樹（Oak of Moreh）前（《創世記》第十二章第六節），另一次是在希伯侖（Hebron）的幔利橡樹（Oaks of Mamre）前（《創世記》第十八章第一節）。數千年以來，在大部分的歐洲地區，會說話的樹的概念對凱爾特人和德魯伊特（Druid[3]）的靈性至關重要。時至今日，現代信奉德魯伊教（Druidry）和新異教主義[4]的人依舊抱持這種觀點。甚至《綠野仙蹤》（*The Wizard of Oz*）裡也有會說話的樹[5]。也別忘了托爾金（J.R.R. Tolkien）的，中土世界裡雄偉的樹人（Ents）。就是這樣，這麼一個略微反常卻極其有用的概念，出現在遙遠過去的某一個時間點上，被轉化為一種成功而廣泛傳播放送的信念，滲透到無數文化與文明當中，而仍然保持著它最原始的本質。[6]

萬獸之主必定也經歷了類似的傳播過程。諸如「人類」和「動物」的本體類別都有某些定義明確的預期舉止。只要稍微以違反直覺的方式去顛覆一到兩種預期舉止（好比某個人能與動物溝通），然後創造一種有用的生物（譬如人獸混合體，能夠提供人類賴以生存的食物），便可衍生出一種信仰，在時間中歷久不衰，從它最早的起源是一個古老的抽象概念，到進化為大約一萬八千年前繪於岩穴的「巫師」，然後大約在二千五百年前載入《創世記》，一路而下進入今日新異教徒的信仰。如此一來，某個特定的神便誕生了，數千年以來不斷活躍於人類的文化之中。

我們發現，在宗教的歷史中有個特定的特異現象（一個稍微違反直覺的概念），是其他的異常現象都萬難望其項背的，從這個異常現象孕生出無疑是歷來最成功、最令人難忘、最有意義且最有用的宗教信仰。這就是「神人」（god-man）的概念——一個人類，以某種方式略微改變，展現出更高超的肉體或精神能力，這個人可能是肉眼瞧不見的，卻無處不在，甚至通曉過去和未來，全知一切。換句話說，這個人就是神。目前暫且放下這個話題，到後面

---

1 譯注：亞伯拉罕去摩利橡樹看耶和華顯現時，當時還叫亞伯蘭（Abram）。耶和華後來才將他改名為亞伯拉罕，立他作多國之父。

2 譯注：位於巴勒斯坦的約旦河西岸地區，亦即《聖經》的示劍（Shechem）。

3 譯注：古代凱爾特人的祭司，專門向民眾傳揚靈魂不死與輪迴信仰，不僅掌管祭祀，更負責醫療與占卜，甚至記錄部族歷史，因此社會地位崇高，僅次於諸王或部族首領。Druid表示「橡樹的賢者」，亦即「參透神樹智慧之士」。在許多印歐語系的語言中，字根dr代表「樹木」，尤其指橡樹。德魯伊特將橡樹奉為聖木。

4 譯注：多種新興宗教的統稱，這類新信仰牽涉基督教盛行以前的非基督宗教。

5 譯注：桃樂絲和稻草人曾想摘蘋果充飢，卻被開口說話的樹嚇阻。

的章節再來討論。[7]

我們目前還是來討論宗教認知科學所提出的有趣理論，亦即人類經過數百萬年的演化，而擁有了某些心智程序（mental process），會使得我們在適當的情況下便會將能動性賦予無生命的物體，讓它們擁有靈魂或精神，然後將源自這些物體的信仰成功傳播給其他文化和世代。對於說明人類為何有宗教衝動，這是一個很有力的解釋。且不同於先前其他的假說，這個解釋也可從物競天擇的角度來思考。

話雖如此，仍然有一個問題。

宗教的認知理論極具說服力，卻還是無法回答我們最初的問題：夏娃為何從一開始就認為自己有靈魂？HADD可以解釋為何夏娃看到樹時會停下腳步，也能說明為何她認為樹有一張臉。心智理論足以解釋，夏娃為何會用她自己擁有靈魂來想像那棵樹，賦予樹木有生命力的靈，並將其轉變為崇拜對象，也把這個崇拜傳播給群體成員。這些認知過程能夠鞏固和激勵人已經持有的信仰體系。然而，它們卻無法創造信仰。夏娃從探查到能動性，到跨出飛躍的一步去創造出宗教信仰，必須要她原本就已經相信有靈魂。否則，夏娃可能只是會認為自己看到了一棵很有趣的樹，然後繼續往回家的路前進。[8]

畢竟，夏娃對樹的預設認知反應，應當是認為它是一棵樹。若要讓夏娃超越她起初對樹的常規認知，必須提出同樣合理的替代解釋。然而，只有在兩種情況下，夏娃才會認為「超自然的」解釋同樣合理：一是有人迫使她認為那棵樹不僅是一棵樹（但那個人又是如何想到這個主意？）；二是她必須基於一項基本知識，認為自己是被賦予形體的靈魂（embodied soul），然後才能產生這種信念。無論是哪種情況，我們都得回到原點，談論愛德華．伯內特．泰勒在兩百年前思索的問題：靈魂的觀念從何而來？[9]

真正的答案是：我們不知道。不過，相信靈魂存在有可能是人類的第一個信仰，這點似乎很清楚。沒錯，假使宗教的認知理論正確無誤，則人對神的信仰是從相信有靈魂開始。換句話說，人類的宗教衝動，並非植根於我們對意義的探求，或是我們對未知事物的恐懼。不是源於人類對自然世界的不自主反應。也不是大腦複雜運作後偶然獲致的結果。人類的宗教衝動來自一種更為原始且更難解釋的因素：無論人是什麼，人類就是根深蒂固、出於直覺、並且完全根據自身經驗而相信，我們是被賦予形體的靈魂。

在後續的章節中，我們的問題不是要證明、也不是要駁斥靈魂是否存在（因為無論證明或駁斥都沒有證據）。我們要說明的是，這個相信靈魂存在的普世信仰，如何引導人類相信，在一切創造的背後，有一個積極介入的神聖存在；這個神聖的存在如何漸漸被人格化，被給予了名字和背景故事，被加入人類的特徵和情緒，化身上千種形式，個個都有其獨特的個性和目的；而這許多形式又是如何歷經多年、克服極大的困難後，讓位給我們今天所知的單一神聖人性化的神。

第二部分

人性化的神

The Human God

第四章
長矛化為鋤犁

伊甸園的位置，是在土耳其東南部某處，靠近史前城市烏爾法（Urfa，現今的尚勒烏爾法〔Şanlıurfa〕），位於敘利亞邊界以北幾英里之外的地方。至少，尚勒烏爾法的居民是這樣相信的。

根據《聖經》記載，神創造亞當之後，便在「東方」立了一個園子，將亞當安置於其中。接著，神讓一條河從園子流出，分為四條分流，其中兩條如今被稱為底格里斯河（Tigris）和幼發拉底河（Euphrates）。神讓各種樹木從土壤長出（有些樹木十分悅目，有些則供應食物），神告訴亞當可隨意摘採果子食用（當然，只有一棵樹的果實例外）。祂接著讓野地的各種走獸和空中的各樣飛鳥充斥園子，讓亞當去掌管所有活物。

亞當和同伴夏娃一起徜徉於這個天堂，不必辛勤工作和努力掙扎。他倆無需犁地、播種或收割，他們壓根不需要勞動。

然而，亞當和夏娃違反了神的命令，吃了分別善惡樹的果子。他們被永遠逐出伊甸園，被迫艱辛勞動以求生存。大地也受到詛咒。作物連同土壤一起枯乾。富饒之地長出荊棘和蒺藜，使得亞當和他的後代終其一生每天都得流汗才得以餬口，直到他們回歸於塵土，因為他們本是用泥土造的。

當然，真實的伊甸園並不存在。如同我們許多古代典籍，伊甸園的故事也應被當作神話（myth）來讀。但此處所謂的神話並非如今天對這個字義（迷思）的理解，表示它是「假的」（false）。神話的意義不在於它的事實主張，而是在於它能夠傳達某種特殊的世界觀。神話的作用並非用來解釋事物，而是說明事物為何會是如此。古代的希伯來人規定一個禮拜有七天，而第七天要休息，不是因為神花了這些時日創造世界。相反，是因為他們已經是如此安排時間，然後才宣稱神用六天創造世界，次日休息。

伊甸園的故事正如古代近東眾多的洪水故事或神祇死而復活的傳說，代表一種稱為「民間記憶」的特殊類型神話。這些普世的神話是根據某個特定文化或社會的共同記憶而說出（無論那些記憶如何怪誕），透過口耳相傳而世代傳承下來。我們幾乎可在所有的宗教、所有的文化中發現它們是以某種形式存在。

深埋於伊甸園神話之中的是遙遠古代的集體記憶，當時的人類不必辛勤勞動來餬口，沒有必要日夜在地上埋首工作。換句話說，那是農業興起之前的時代，如果不用《聖經》的口吻，應該說我們的遠古祖先亞當和夏娃當年是狩獵——採集者。

而這就是烏爾法古城如何嵌入居民的集體記憶，被視為伊甸園的所在地。深信不疑者會指出，烏爾法如同《聖經》的伊甸園，座落於四條河之間（包括底格里斯河和幼發拉底河），而且也位於《聖經》所謂的「東方」——亦即古代亞述（Assyria）的西邊。但是全世界有這麼多人認為烏爾法位於伊甸園遺址之上的主要原因，並不是因為它的位置，而是它在它的東北方僅十英里之處的一座高山頂上所建造的事物。這座山叫做哥貝克力（Göbekli Tepe），又名大肚山（Potbellied Hill）。在山脈最高峰頂一處人造的土墩下，俯瞰下方的荒原，埋著公認為是人類最早建構的廟宇的遺跡。該遺址的首席考古學家克勞斯．施密特（Klaus Schmidt）戲稱它為「伊甸神廟」（Temple of Eden）。

這座神廟是由二十多個以灰泥和石頭建構的大型圍欄組成，某些是圓形，其他則是矩形。其中一些像星系一樣旋轉。整個神廟群長寬各一千英尺。在每個石圍欄的中心都有兩個成對的巨大T形石柱，某些石柱高十六英尺以上且重達數十噸。中央石柱雕刻著兇猛野獸和致命生物的形象，獅子、獵豹和禿鷹，蝎子、蜘蛛和毒蛇——和舊石器時代洞穴彩繪中那些夢幻、溫順的生物完全不同。除了野獸圖案，柱子上下更雕刻精緻幾何圖形與抽象符號。流行的理論是認為它們代表一種符號語言，遠比埃及的象形文字更為古老，但目前缺少破譯的關鍵。

然而，這座神廟與眾不同之處在於，它建造於最後一個冰河時代的末期，介於一萬四千年到一萬二千年以前。也就是說它至少比英國的巨石陣更早六千年，也比第一座埃及金字塔更早七千年。這座神廟古老到比農業的出現更早，意思是說，這座錯綜複雜的巨大紀念碑群是由半游牧的石器時代狩獵—採集者所建，他們還穿著獸皮，而且尚未發明輪子。

更令人吃驚的是，找不到有人曾居住在這個場址的證據。哥貝克力石陣的附近沒有出土任何住宅或壁爐。此處沒有明顯的水源，最近的淡水溪流位於許多英里之外。唯一可以解釋這裡缺少生活便利設施的理由，是這裡其實是一處神聖的場所，專門設計來舉辦宗教儀式。

當時的人會從分散在一百英里半徑內的村莊出發，來到此處參與儀式。他們可能來自於不同的部落，可能有不同的神祇。然而，這群舊石器時代的人卻有辦法放下歧見，集中奉獻給一個共同的、統一的象徵。施密特等人在哥貝克力石陣的考古研究約略揭示了那個統一的象徵是什麼。它是人類靈性的最高象徵，從我們認知過程的原始素材中誕生，受到我們最早想要表達我們對神聖的觀念所渲染，幾乎成功傳遍到全世界的宗教與文化。那個象徵就是「人性化的神」（按照我們的形象所造的神），它端坐在「伊甸神廟」之中的每一個石頭圍欄的正中央。

占據神廟結構中央位置的成對T形石柱不僅只是石塊。若仔細觀察，你會發現石柱的側面雕刻有手臂。手臂在每個石柱前面交握，位於可能是腰帶或纏腰布的上方。某些石柱似乎還裝飾著珠寶。研究人員普遍認為，T形石柱頂端的小方塊應該是頭部。從這些跡象來看，石柱並非僅僅是柱子，而是抽象的人形雕像。

這些雕像沒有臉，沒有雕刻眼睛、鼻子或嘴巴，但這並非創作者技巧不足。只需細看哥貝克力石陣某些動物雕刻的精緻細節，便會知道創作者是大師級工匠。刻在某根柱子側面的獵豹非常細緻，甚至可以看到肋骨。毫無疑問，建造神廟的人若是有心，必定能將中央石柱雕刻得更像人類。然而，他們刻意以抽象方式雕刻石柱，顯示他們不打算用這些柱子代表實際的人類，而是要象徵有人類形體的至高生命（supreme being）。

我們不知道哥貝克力石陣的人性化神祇代表的是一座萬神殿裡諸多個性不同的神祇，或者只是表達無名的神靈。答案可能就在每根石柱上雕刻的一組獨特字符中。這些字符可能是一種識別形式。它們可能是那位特定神祇的名字，或是對這位神祇屬性的描述。它們可能講述這位神祇的某個神話，或者描述信徒可以向祂許願的特殊力量，就像是「天主教聖徒書」（Catholic Book of Saints）告訴信徒應該向哪位聖徒禱告以及祈求什麼。除非有一天我們能夠破譯這些石雕字符，否則永遠不會知道答案。

我們知道哥貝克力石陣的中央石柱為何是人形雕塑，以及聚集在此地的不同部落的人們為何會使用這些人形石柱象徵他們對神祇剛剛新生的想像。他們沒有太多別的選擇。

如同我們已經看到，人類的演化使我們將自己的信念和慾望、我們的心智和心理狀態、以及我們的靈魂植入到其他存有之中，無論是否為人類。我們的高度敏感能動性檢測機制使我們會去感知自然現象中的能動性。我們的心智理論作用讓我們天生就抱持偏見，無論遭遇任何現象，都會將其「人性化」。因此，除了採用人類的形式，我們還能如何去描繪神？我們把自己當作透鏡，從中窺探宇宙並理解其中的萬事萬物。我們將個人經驗套用於所遇到的各種事物（無論人類或非人類）。我們不但將世界人性化，也會將我們認為創造了世界的神祇人性化。

在哥貝克力石陣建成後的好幾個世紀，這種將神人性化的潛意識衝動帶來了某些特定的後果，這些後果有好有壞。人類愈是從人的角度去思考神，就愈會將我們的人類屬性投射到祂們身上。我們的價值觀會成為眾神的價值觀，我們的特質也會變成諸神的特質。最終我們會創造出一個鏡像般反映塵世的天國，那些擁有人類個性的眾神，也擁有參照人類的政治體系，甚至仿效人類的官僚機構。為了更加了解眾神，我們會建構一整套神靈體系，根據的就是我們唯一確實了解的事物，亦即我們自己。我們需要進食，所以眾神也需要進食，因此必須獻祭。我們需要居所，因此眾神也需要居所，所以要替祂們建造廟宇。眾神需要名字，因此我們替祂們命名。眾神需要個性，我們便把自己的個性投射到祂們身上。眾神需要神話的歷史，方能立足於我們的現實；也需要固定的儀式，我們才能在我們的世界中經驗祂們的存在；更需要僕人與侍奉者，為祂們實現願望（這些願望其實是我們的願望），當然也要有規矩讓祂們開心，有祈求禱告來消弭祂們的怒氣。祂們所需要的，簡而言之，就是宗教。於是我們發明宗教。

然而，人們將神靈人性化的衝動帶來了許多後果，而其中最重大的可能就是建造哥貝克力石陣之後導致的直接結果：農業的誕生。因為，當人性化的神祇被用人類形式概念化之後，接著就得建構神話與制訂儀式來配合，這就驅使人類脫離舊石器時代，停止遊蕩並定居下來，給了人類推動力去發明農業，改良土地以利人類使用。簡而言之，當我們將天上的神轉變為人時，我們也將人類轉變成地面上的神。[1]

在人類將近二百五十萬年的演化歷程中（其中百分之九十的時期是原始人），我們在地球上四處覓食。當時我們是掠食者，徘徊於森林和平原，跟比我們更敏捷（卻不如我們聰明）的野獸爭搶獵物。狩獵—採集者的經歷形塑並定義了我們。它擴大了我們的大腦，建構了我們的認知能力，使我們逐漸從衝動的野獸轉變為有識別力的生物。

我們的神，在當時，是狩獵之神。我們的儀式禮儀、神話傳說、地底聖所和宇宙觀念，無不牽涉狩獵者與被獵者之間的神祕關聯。這種關聯從我們殺死的獵物，延伸到我們用來獵殺他們的工具：無論骨頭魚叉與木製長矛，亦或釣鉤和漁網，都被灌注神聖的力量。我們仰賴這些工具維生，將它們從單純的物品轉化為靈界的擬像。

我們藉由狩獵而摸透了地勢，在心中描繪出一幅我們所居世界的地圖——描繪其中的山脊、山坡、山谷與河流。狩獵不僅激發了人類創造性的想像力，也在人類的意識中嵌入某些我們至今仍在追求的社會價值：作為狩獵者，我們必須四處遷徙，因此禁止財富積累和資產囤積，也制止了將社會階層分化為擁有物資的人與一無所有的人。

然後，大約在一萬二千年到一萬年以前的某個時刻，我們莫名地將長矛換成鋤犁，讓自己從覓食者變為耕種者。我們不再四處尋覓而開始生產食物，不再四處狩獵而開始養殖動物。

狩獵可能讓我們成為人類，但耕種卻永遠改變了人類的定義。如果狩獵使我們得以掌握空間，耕作就讓我們掌握了時間，讓農業周期與日升月落、斗轉星移同步。原本百獸與我們共享地球，但現在我們與動物之間共享的那種神祕關聯就此改變，轉變為我們與大地的關聯。我們不再祈求擒捕獵物、大有斬獲，而是祈禱年歲豐收、萬物富饒。我們的心靈重心從天空（傳統上涉及猶如父親的男性神靈）轉移到大地，將后土視為「母親女神」（Mother Goddess[1]），因此婦女的社會地位大幅提升。女性子宮可孕育奧祕的生命，大地的肥沃與婦女的生育能力便彼此聯結。傳奇的宗教歷史學家米爾西亞・埃利亞德（Mircea Eliade）指出，犁田耕地的勞務類似於性行為。[2]

在人類將土地改良為我們所用的過程中，發展出一套全新的價值觀與行為準則，以及一系列新的神話幫助理解這個我們居住其中、已然改變的世界。約略在這個時期，「被獻祭的神祇」（immolated deity）概念首度出現，亦即神靈死後軀體肢解，世界從中誕生。想想盤古，中國的開天闢地之神，祂死後頭骨化為蒼穹，血液化為江海，骨頭化為山石[2]；或是俄賽里斯（Osiris）神，祂教導古埃及人如何耕種土地，後來祂邪惡的弟弟塞斯（Seth）將祂殺死，把祂的身體切成碎片，沿著肥沃的尼羅河谷散落。

這類神話不僅和農作物的誕生、死亡和重生更加吻合，也讓我們與神靈關係更密切。畢竟，如果我們在土地上種下的農作物來自於神被肢解的身體，那麼我們吃飯時便是在享用神的身軀：這是一個在古代近東的宗教習俗中綿延流傳長遠的概念，包括基督教的聖餐（Eucharist[3]）儀式。

學界普遍認為，人類一旦開始耕種，就會停止遷徙，安頓之後便會建造村莊和神廟。村莊需要法則，因此某些人便被賦予權力去制定和執行法律（有組織的社會於焉誕生）。神廟

1 譯注：亦稱大地女神或地母神，泛指象徵大地肥沃、恩惠賜予的女神，具有極強的生育能力。

2 譯注：《廣博物志》記載：「盤古之君，龍首蛇身，噓為風雨，吹為雷電，開目為晝，閉目為夜。死後骨節為山林，體為江海，血為淮瀆，毛髮為草木」。

3 譯注：基督新教的聖餐源自於《新約》。耶穌基督將被釘十字架之前的晚上與門徒共進晚餐，他掰餅分酒給門徒，說道：「這是我的身體」、「這是我的血」。因此，基督徒領受聖餐時吃餅喝酒去「表明主的死，直等他到來。」天主教認為舉行聖餐儀式時，無酵餅和葡萄酒被神父祝聖之後會化成基督的體血。

需要祭司，有人便被指派去主持崇拜並代表村民與神溝通（有組織的宗教乃應運而生）。分工導致社會劃分階級，創造出財富與個人財產的新觀念。人類從互換禮物轉變成以物易物，最後變成買入與賣出，囤積與沒收，以及擁有與欠缺。

食物愈來愈容易獲得，人口便快速增加。大型社群群聚於公共場所，讓想法的交流更為迅速，技術的採用更為無縫。藝術蓬勃發展，技術共享互惠，文明於焉誕生，這全是出於一個命運的決定：放棄狩獵和採集食物，開始耕種和馴養牲畜。

這項人類發展上的戲劇性轉變有效地終結了舊石器時代，開啟所謂的「新石器時代革命」。這個名詞是澳大利亞考古學家維爾·戈登·柴爾德（Vere Gordon Childe）所發明的，他認為農業的誕生是人類歷史上（在人類懂得用火之後）最重要的發展。一般人可能會認同柴爾德的觀點，認為馴養牲畜顯然有益於人類，而且耕作明顯也比覓食更為可取。農業必定創造出了更可靠的食物來源，不再需要在廣袤的獵場上追趕動物，或者在森林和田野搜索可以吃的食材。與其隨機砍斷小麥和大麥，把它們塞入我們的嘴裡，我們更可以種植和收割一畝畝的穀物。與其把我們的時日花費在曠野中搜索野味，我們更可以捕捉和圈養動物，隨時把牠們宰來食用。

但是隨著我們對農業的興起了解得愈多，便愈知道農業帶給我們的祖先的麻煩多於收獲。首先，從日出到日落，只要一醒過來就得辛勤工作，整土犁地、收集和散播種子、親手灌溉田地，然後得日夜看顧作物，以免蝗蟲侵害或宵小偷竊。反觀當時，獵物依舊眾多，狩獵輕鬆容易，農耕遠比打獵更耗時費力。

人們以前必須拿著皮囊到遠處水源裝淡水來供應群體成員生活所需，現在還必須把水分去灌溉耗水無度的作物。務農還意味著必須燒毀原本保護人類免受風吹雨打以及猛獸侵擾的森林，以便挪出更多空間去開闢田野和牧場。務農還意味著我們必須與牲畜分享食物，必須餵養和保護牠們，把牠們帶到牧場放牧，讓牠們保持乾淨，免受疾病侵害。如此辛苦勞動和克己禁慾之後，得到什麼樣的報酬呢？結果竟是食物變少，這簡直出乎意料。[3]

研究指出，農業革命之後，人們攝取的維生素和礦物質減少，蛋白質的量更大幅降低。只有少數幾種穀物能適合早期的耕種技術，而適合馴化圈養的動物更少。狩獵者可以仰賴數十種不同的動植物存活。萬一某些物種短缺，還可依靠另一種食物為生。

然而農人只能依靠少數種類的作物和牲畜為生。萬一發生乾旱，或是他的小麥或大麥當中任何一種歉收，他和族人都會餓死。如果他的綿羊、山羊或雞當中有一隻感染了疾病，整批牲畜都可能被傳染而病死，他和族人也可能會餓死。獵人若遭遇危機，可以隨時收拾行裝，逐獵物而居。農夫別無選擇，只能留在原地與他的作物牲畜共存亡。

無怪乎，在多數的古代農業社會中，每三個孩子至少有一個會在二十歲之前死亡。根據以色列歷史學家尤瓦爾・哈拉里（Yuval Harari）的觀察，「智人」的體格被演化成適於追逐獵物，不適合整地犁田。古代人體骨骼的調查研究顯示，轉向農業的過程十分殘酷。農夫比獵人更容易罹患貧血和缺乏維生素，也更容易感染傳染病而提早死亡。農夫的牙齒更糟、骨頭更脆弱，而且患有許多新型疾病，例如椎間盤突出、關節炎和疝氣。其實，從古代近東地區及其周圍地區出土的骨骼來看，在新石器時代革命後的最初數千年之中，主要由於飲食失調，人類的身高平均降了六英寸。有鑑於此，從狩獵轉變到務農不僅對人類是個壞賭注，而且根據哈拉里的說法，它還是「歷史上最大的欺詐案」。[4]

既然耕種得耗費大量的時間、精力和資源，那麼，人們為何會放棄狩獵，轉而過起艱苦的農耕生活？柴爾德認為，大約一萬一千七百年前，亦即上一個冰河時代的末期，地球的氣候發生了急遽的變化，迫使人類必須尋找替代性的食物來源。隨著地球暖化，冰川退卻，氣候壓力迫使人口擠入一些豐饒的地理區域，在那裡，人類嘗試收集和種植某些穀物和豆類。

然而，後續對古代天氣模式的研究顯示，上一個冰河時代末期的氣候改變發生得非常緩慢，不會導致柴爾德想像的那種突然的人口大規模遷徙。柴爾德推論氣候變化創造了條件讓農業和畜養家畜可以興起，這是對的。但這兩個發展背後的原因都不是氣候變化。[5]

其他學者主張，造成農業進展的原因是貧瘠地區的人口壓力，或者過度捕獵導致動物急速滅絕，使得早期人類必須開發替代性的食物來源。然而考古結果並不支持這兩種假設。沒有證據支持滅絕理論，而且農業活動最早的例子是出現在資源豐沛的地區，譬如肥沃月彎——這是一個土壤濕潤，物產富饒的地帶，從埃及的下尼羅河谷以弧形方式繞著黎凡特（Levant[4]）與土耳其南部延伸，然後抵達伊拉克與伊朗的西部山脊。[6]

這些大部分理論的問題都在於，它們都基於一般的觀點，假定先有農業，才有永久定居。我們認定遠古祖先放棄游牧生活是因為他們開始播種，因此才別無選擇只能定居照顧莊稼。然而，哥貝克力石陣以及古代狩獵—採集者在黎凡特建構的其他古代遺址出土之後，這個觀點就被顛覆了。我們現在知道，是永久定居先出現，多年以後農耕才興起。我們人類曾居住在人口繁盛的村莊，建造大型神廟，創造偉大的藝術品，彼此分享技術，這樣過了幾百年，才想到可以種植作物。

既然如此，如果馴化動植物並非由於環境突然變化、大規模的動物滅絕，或者人口突然增長，到底是什麼促使人類從狩獵生活過渡到農業生活呢？哥貝克力石陣以及其他古代近東地區類似獻祭場址的發現告訴我們，是有組織的宗教使得人們放棄狩獵而擁抱農業。

要建構如同哥貝克力石陣這等規模的神廟可能得耗費多年精力，需要許多工人挖掘與採集石塊，還要泥水匠和工匠建構柱子，如此方能大功告成。施工期間工人必須有穩定的糧食

4 譯注：地中海東部沿岸諸國。

供應。在周邊地區獵捕原牛（aurochs[5]）、瞪羚、野豬和紅鹿並無法提供足夠的獸肉來餵飽工人。因此，他們逐漸開始種植該區生長的原生作物來補足工人們的糧食供應。這就帶來了播種耕種與收穫莊稼。最後，人們可能決定去大量捕捉動物，然後圈養牠們，以便隨時屠宰食用。這樣就導致人們開始繁殖綿羊、豬、山羊與牛隻。根據考古紀錄，這些動物最早是在土耳其東部周邊地區，亦即哥貝克力石陣附近，開始被人馴化，時間上大致就是建構這座神廟的時期。[7]

建造神廟的實體行動，可能帶來種植農作物、馴養動物以供該處聚集的工人與信徒食用的需求。然而，要在某地永久定居、形成聚落和改造土地，同時將人的意志施加於動物身上，徹底改造牠們出生、繁殖和飼養的方式，創造出一個模仿自然界的人造環境，這些都需要在心理上跨出一大步，徹底顛覆人與動物以及人與土地之間的關係。這不僅是技術革命，更是人類生活方式的徹底變革——不妨套用法國考古學家雅克・考文（Jacques Cauvin）發明的術語，這是一場「符號革命」（revolution of symbols）。對於舊石器時代的祖先而言，這場革命是透過制度化的宗教體系而興起，主導者是人性化的神祇。[8]

畢竟，要想像以人類形式存在的神，要宣稱我們與眾神擁有相同的身體和心靈特質，就是認為人類與自然界的其他物種稍有不同。在我們的演化過程中，我們首度不把自己想像成宇宙的一部分，而是宇宙的中心。從靈魂與精神層面將人與自然界綁在一起的泛靈論世界觀，已然一去不復返。如果我們不再在本質上與動物和地球相連結，為何不去開發利用它們呢？為何不干預自然、控制並馴化它，把它轉化成對我們有利呢？

人們建造哥貝克力石陣，可能不僅是開啟了新石器時代，還可能開始了全新的人類概念。它將人類置於靈性層面的中心，高於一切活物：人是自然界的統治者，也是廣袤大地上的神。原始泛靈論於是轉變為有組織的宗教（美索不達米亞和埃及、歐洲和希臘、伊朗、印度、中國與其他地區都出現這種情形），這種結構改變出現之後，便會衍生一批有個性的人性化神祇，每位神靈體現特定的人類屬性，直到有一位唯一的一神囊括我們所有的善與惡。

也就是說，一開始是潛意識裡的認知衝動，使得人用自己的形象塑造神（將我們的靈魂賦予祂），漸漸地，歷經上萬年的靈性發展，人類有意識地讓神愈來愈像人——直到最後，神真的變成人了。

5 譯注：已滅絕的古代野牛。

第五章
高貴的人們

眾神（而非人類）在辛勤工作、承受重擔、挖鑿運河、清理河道、疏濬沼澤以及耕犁田地時相互抱怨，對著挖出的土壤猛發牢騷。祂們勞役繁重，痛苦不堪，於是放火燒了工具和鍬鏟，拋下手邊工作，一起前往諸神策士大神恩利爾（Enlil）的住處。

祂們高喊：「我們不想挖了。負擔太重，快要累死了！工作這麼多，我們很難受！」

恩利爾詢問眾神的產婆馬米（Mami），說道：「妳是子宮女神。去造一個凡人，讓他扛起軛去工作。讓人去挑起眾神的重擔。」

因此，馬米尋求智慧之神恩基（Enki）的協助，將黏土與鮮血混合，創造了七位男性與七位女性。她給這些人鎬和鍬，成雙成對引領他們來到大地上，讓這些人代替眾神從事勞務。

六百年接著六百年過去了，大地變得太寬闊，凡人也生養眾多。地上一片喧鬧，好像公牛在哞叫。眾神聽到人類的喧鬧聲而坐立難安。

恩利爾氣沖沖罵道：「人類太吵了，我根本睡不著。」

眾神召開了天庭會議，一致決定要發一場大洪水，讓人類從大地上消失，這樣祂們才能耳根清淨。

地上有個虔誠的人，名叫阿特拉哈西斯（Atrahasis[1]），他會聆聽主神恩基，也會與祂交談，而恩基也會跟他談話。

恩基透過一個夢去見阿特拉哈西斯，並且向他說話：「拆掉你的房屋去建一條船。」智慧之神恩基發出警告：「別管你的財產，在船上放置所有活物的後代和種子。畫出你要建造的船，船的平面為圓形。讓船的長度和寬度相等。要做上層和下層。」

因此，阿特拉哈西斯建造了一條船，並在船上裝了所有生物的後代和種子。他讓親戚和家人上船。他也把在天上飛的鳥放到船上。他把在空地放牧的牛、在野外奔跑的猛獸以及在草地奔馳的動物放到船上。這些動物成對進入船上。然後，阿特拉哈西斯也上了船並把門關上。

當曙光出現時，一朵烏雲從地面升起。一切光明都陷入黑暗。暴風雨如同戰鬥部隊，倏忽降臨大地。只見風暴之神安祖（Anzu，獅頭老鷹）用爪子撕裂天空。

然後，洪水來了。狂風呼嘯，如同尖叫的野驢。黑幕鋪天蓋地。太陽被遮蔽。沒有人可以看到同伴，沒有人可以看到天空。甚至眾神都懼怕這片大洪水。祂們撤退到天堂，像狗一樣躲在牆腳發顫。

連續七天七夜，巨流、風暴、洪水，一波接著一波。暴風雨襲捲大地。屍體像蜻蜓一樣塞滿了河流。到了第七天，跟女人生孩子一樣辛勞的暴風雨終於停歇。海洋恢復了寧靜，沖積平原平坦如屋頂。

船停靠在尼穆什山（Mount Nimush）的山頂，阿特拉哈西斯從船上出來。他釋放了一隻鴿子。鴿子又飛回來了，因為牠找不到可以棲息的地方。他釋放一隻燕子。燕子也飛回來了，因為牠看不到能夠休憩的地方。他釋放了一隻烏鴉。烏鴉沒有飛回來。因此，阿特拉哈西斯和他的親戚和家屬，以及在天上飛的鳥、在空地放牧的牛、在野外奔跑的猛獸以及在草地奔馳的動物，全都從船上出來。阿特拉哈西斯在那裡獻祭，感謝主神恩基。

然而，當恩利爾聞到獻祭的氣味並看到了船，祂非常憤怒，於是召集了眾神聚會。恩利爾說道：「在場眾神都發過誓，不會讓任何生物逃過一劫。為什麼有人可以躲過這

1 譯注：這個名稱的意思是「大智之士」。

場災難？」

智慧之神恩基回答：「我做了這件事，違背了你的命令！是我讓地上的生命得以倖存。」

眾神聽了恩基的話，感到非常羞愧。祂們痛哭流涕，滿心遺憾。眾神的產婆馬米哭著說道：「我先前怎麼會在眾神的集會上說出那般邪惡的話？我親自生了他們；他們是我的骨肉。」

因此，恩利爾與恩基彼此妥協。「不要發起洪水，讓獅子去吃人。不要發起洪水，讓狼去吃人。不要發起洪水，讓飢荒去餓死人。讓戰爭和瘟疫減少人口。」

眾神達成了妥協，恩基從天上下凡到船上，牽起阿特拉哈西斯的手，也牽著阿特拉哈西斯妻子的手。祂觸摸了兩人的額頭並且宣稱：

「從此以後，這個男人和這個女人就跟我們眾神一樣。」[1]

如果，這個四千多年前寫成的阿特拉哈西斯遭遇大洪水的古代蘇美史詩聽起來耳熟能詳，應該不令人意外。綜觀人類歷史，流傳最廣且最為古老的傳說，便是大洪水帶來世界末日，淹死了全人類，僅少數幸運兒倖免於難的故事。這個神話可謂典型的「民間記憶」，學者多半認為它取材自遙遠過往確實發生的大災難。埃及、巴比倫、希臘、印度、歐洲、東亞、北美、南美和澳大利亞都有洪水傳說。至於發生洪水的原因，端看講故事的是誰。傳說五花八門，各有不同的背景、不同的神祇和不同的結局。每種版本皆歷經改編，反映出敘事者特有的文化背景與宗教信仰。

主角阿特拉哈西斯有許多別稱。在公元前十二世紀的巴比倫《吉爾伽美什史詩》（*Epic of Gilgamesh*）之中，他叫烏特納匹什提姆（Utnapishtim[2]）。在公元前三世紀，巴比倫祭司貝洛索斯（Berossus）以希臘文撰寫《巴比倫史》（*Babyloniaka*），將阿特拉哈西斯改稱為西蘇特羅斯（Xisuthros），也將蘇美神祇恩基改為希臘神祇克洛諾斯（Kronos）。《聖經》把阿特拉哈西斯稱為挪亞，恩基則變成希伯來神祇耶和華。在《古蘭經》中，主角和神祇分別叫努哈（Nuh）和阿拉。

然而，無論背景或原因為何，也不管英雄或神祇是誰，多數洪水傳說皆可追溯到同一個最早使用文字記載的來源，創作者乃是第一個偉大的文明：蘇美。[3]

農業革命發生在公元前一萬年左右，先在肥沃月彎迅速傳播，之後在古代美索不達米亞鬱鬱蔥蔥的沖積平原上臻於鼎盛。美索不達米亞（希臘語的意思是「兩條河流之間的地帶」）

2　譯注：這個名稱代表「創造生命者」。

3　譯注：美索不達米亞文明中最早的文明體系，也是最早出現的文明之一。

位於兩條傳說中的創造之河（底格里斯河和幼發拉底河）中間，亦即現今的伊拉克和敘利亞一帶。此處得益於溫帶氣候與周期性洪水氾濫，創造出一種富含礦物質的環境，適合發展農業。

到了公元前九千年，這整個地區出現大型的旱作地帶，特別是在南部，當地的小漁村聚集在底格里斯河和幼發拉底河沿岸，兩條河流交會，匯流注入波斯灣。到了公元前七千年，美索不達米亞大部分常見的植物和動物，除了馬和駱駝之外，都已經被馴化。在後續的兩千多年，此處農業大幅向外擴張，向西延伸至埃及，往東傳到伊朗高原。小漁村和小農村開始合併，形成第一批原始城市（proto-city）。從公元前七千年到六千五百年之間，安納托力亞（Anatolia）南部的加泰土丘（Çatalhöyük）有將近一千戶家庭，共同住在一個大型農業聚落中，當地知名的是有精美彩繪的神殿，供奉著一位豐收女神（fertility goddess）。公元前六千年左右，美索不達米亞北部出現了哈拉夫（Halaf），這個先進文明以善於製作陶器聞名。大約一千年之後，哈拉夫文明沒落，烏拜德（Ubaid）文明取而代之，其影響力延伸深入美索不達米亞南部，一直到現代的巴林（Bahrain）和阿曼（Oman）地區。

大約在公元前五千年左右烏拜德人（而非傳說中的眾神），清乾沼澤，挖掘運河，從底格里斯河和幼發拉底河引水，建造了全世界第一套灌溉系統。沒有人確知美索不達米亞南部的居民從何時開始被稱為「蘇美人」，也沒有人知道蘇美人和烏拜德人是否有血緣關係。「蘇美」這個詞其實是阿卡德語，阿卡德語（Akkadian）是當年美索不達米亞最流行的閃族語，「蘇美」意指「眾文明國王之領土」。蘇美人稱自己為「黑頭人」（the black-headed people）。然而，無論蘇美人來自何處，如何興起，到了公元前四千五百年，蘇美人建立了被認為是世界上第一座大城市的烏魯克（Uruk），鞏固了他們在美索不達米亞的主導地位。

蘇美人從他們在烏魯克的所在地，創造出當時世界上前所未有最先進的文明。他們發明了車輪和帆船。他們擴充了灌溉渠道，因此可以全年進行大規模耕作。大規模耕種使蘇美人可以擺脫農業生活中許多沉重的勞務，這樣一來，蘇美文化與宗教便開始繁榮昌盛，帶來偉大的藝術品和建築成就，創造出像阿特拉哈西斯史詩這樣的複雜神話，以及最驚天動地地，發明了文字。

文字改變了一切。文字的出現標示了史前與信史的分界線。美索不達米亞之所以被稱為「文明的搖籃」，完全是因為在公元前第四個千禧年的某個時期，蘇美人開始將鈍的蘆葦筆壓在潮濕粘土上，創造出如今稱為楔形文字的獨特線條，使得人類有史以來首度能記錄他們最抽象的思想。[2]

過了不久，蘇美人的楔形文字便被美索不達米亞其他本地語言採用，包括阿卡德語和它的兩種主要方言：一是南方的巴比倫語（Babylonian），在這裡文字被用來撰寫文學作品與題銘；二是北部的亞述語（Assyrian），主要用來書寫經濟和政治文件，直到亞述帝國在公元前七世紀瓦解，亞述語逐漸遭人遺忘為止。阿卡德語在整個中東地區以口語形式流傳了三千年，直到公元前一世紀才被阿拉姆語（Aramaic[4]）完全取代。[3]

幸好有楔形文字，我們如今才能坐擁一整座豐富的檔案和文件寶庫，其中包括國王名字列表和主要城市與王朝的編年史，反映社會生活的私人信件和勾勒出古代國家運作方式的政府文件。我們還有神廟的記載，其中詳列美索不達米亞的各種宗教。最引人注目的，我們有有名副其實一整個圖書館的蔓延流傳、令人難忘的神話傳說，讓我們得以全面窺探這個號稱是歷史上最早、也是最具影響力的，由人類所設計的先進宗教制度。

蘇美人並非新石器時代文明中，唯一創造出複雜宗教的文明，甚至可能也不是第一個。然而他們卻是第一批書寫宗教的民族，這就讓事情變得完全不同。不僅因為這讓他們可以將自己的宗教思想傳遍四方，也因為有了文字發明之後，人類將神祇人性化的強迫性（這個強迫性根植於我們的認知過程，在哥貝克力石陣已經初步粗糙地表達了出來）就更加實現了。書寫神的行為，也就是必須用文字描述神是什麼樣子的，不僅改變了我們具像化眾神的方式，也使得我們用自身形象創造神的這個渴望，由無意識而隱晦，轉變成有意識且明確。因為當我們描寫眾神，當我們把神放進初創天地的神話敘事中，或是放進一場關於末日大洪水的辯論裡，我們不禁會用我們自己思想和行動的方式去想像神的思想與行動。我們把自身的屬性和情感植入眾神，也將自己的意志和動機賦予祂們。

我們選擇用哪些詞語去描述神，影響到我們如何理解神的本質、性格，甚至祂們的外形模樣。例如，蘇美語的「神」是「ilu」，表示「高貴的人」（lofty person），這恰恰就是，蘇美文書中具象化眾神的方式：神是高高在上的存在，具有人類的身軀、穿著人類的服裝、表現人類的情感，也展現人類的性格。蘇美的神祇是由母親所生，年幼時接受母親哺育。眾神也有父親，而祂們長大便會與父親起衝突。眾神會墜入愛河並步入婚姻。祂們也會做愛和生育下一代。眾神會與家人住在屋中，跟親戚組成巨大的天上部族。祂們會吃、喝，抱怨工作。祂們會和彼此起爭執、打鬥。偶爾祂們也會傷重而死。說穿了，祂們根本就是人類。

阿特拉哈西斯的故事廣被改編流傳，即說明了這些在兩河之間萌芽的神話很快在歐洲和北非生長起來。這些故事在高加索山脈和愛琴海都開花結果，也在埃及、希臘、印度人和波斯人的宗教體系中開花。它們更是在《聖經》和《古蘭經》的頁面上全面盛開，蘇美語的「ilu」被譯成希伯來語的「埃洛希姆」（「Elohim」[5]），以及阿拉伯語的阿拉。當然，美索不達米亞

4　譯注：耶穌時代猶太人的日常語言，傳聞耶穌是用阿拉姆語傳道。

5　譯注：這是《舊約》對耶和華的其中一種稱呼。埃洛希姆表示「眾神」，乃是eloha的複數。在希伯來語中，eloha表達「神」的概念，它和古迦南語源淵很深，其字根源自於西北閃語的埃爾（El，又譯以利，表示「神明」或「權力」）。迦南人起初信奉多神，後來眾神大多被納入希伯來神祇耶和華，以此確立一神信仰。在《希伯來聖經》中，上帝具備各種品質，因此有許多稱號，譬如複合字El Olam表示「永生之神」（Eternal God），強調耶和華不變的本性，語見《創世記》第二十一章第三十三節。

神話所傳到之處，美索不達米亞人將眾神視為「高貴的人們」的觀念也會隨之而至。[4]

美索不達米亞人信奉多神，亦即他們會同時敬拜好幾位神靈。美索不達米亞的神系其實有三千多位神祇。舉例而言，阿亞（Aya）是光明女神，也是太陽神沙瑪什（Shamash[6]）的妻子；達姆（Damu）是醫治之神，吉拉（Girra）則是火神，會提煉金屬；欣（Sin）是強大的月神；智慧之神恩基與「命運裁定者」恩利爾和天空之神安（An）／安努（Anu）同為美索不達米亞早期神系中最重要的三位神靈。由於美索不達米亞的神數量眾多，古代抄寫員必須編纂複雜的「封神榜」（god lists）以確保了解祂們。[5]

美索不達米亞人怎麼會有如此眾多的神？這個問題很難回答。人類從最初哥貝克力石陣裡像人類、但是沒有臉的石柱，到美索不達米亞充滿活力、個性十足的眾神，中間經歷了九千多年的精神之旅，但我們對這九千年的演變過程礙於缺乏實證，所知極為模糊。但是考古學家在耶利哥（Jericho）有一系列非凡的發現，為我們替人類精神發展的這個中間階段揭露一絲曙光。──耶利哥是地球上最古老的城市之一，也是美索不達米亞各大城邦的先驅。

一九五三年，著名的英國考古學家凱斯琳．肯楊（Kathleen Kenyon）女士在監督耶利哥古城附近蘇丹圓丘（Tell es-Sultan）的一項挖掘時，發現從她挖掘的一個坑裡有一個光滑的圓狀物，看似一顆完整的人類頭骨露出地表。當她把頭骨挖出時，驚訝地發現它的表面塗覆了灰泥。頭骨的面部特徵被用粘土完美地重建，看起來栩栩如生。空心眼窩中嵌入了兩個珍珠白的殼體。這個頭骨是從一個先前埋葬的屍體取下，然後重新埋在私人房舍底下。肯楊繼續挖掘之後，又在同一個房舍地下發現六顆類似的頭骨，年代在公元前八千年到六千年之間。

自從肯楊在耶利哥發現頭骨之後，類似的人類頭骨埋藏也在其他遺址中私人住宅的地板、壁爐、床鋪、平台之下出土，發現地點遠至約旦的艾因加紮爾（'Ain Ghazal）、敘利亞的拉馬德圓丘（Tell Ramad）和比布魯斯（Byblos）以及土耳其的嘉泰土丘等考古遺址。這些頭骨通常被珠寶和武器包圍，並且精心擺放，不是緊密圍成一圈向內觀看，便是面向外朝著同一個方向。[6]

我們知道，新石器時代的人認為頭部（應該說大腦）是靈魂所在的地方，因此他們經常收集和保存人類頭骨。然而，這麼多的頭骨被埋藏在家宅地下，從意圖和目的看來猶如一個私宅家庭的神龕，可能表示新石器時代早期興起了manism，亦即一般稱為「祖先崇拜」的信仰。

正如我們所見，祖先崇拜可以追溯到舊石器時代。這是相信死者靈魂不滅，會作為靈繼續存在於世上的泛靈信仰的結果。然而隨著農業誕生，祖先崇拜更加複雜和顯著。埋葬死者

6 譯注：象徵法律和正義。

的土地就是栽種生存所需糧食的土地。因此將精神耗費在剛去世的人身上，希望他們能代表活人向自然力量求情，保護莊稼，或令牲畜健康繁衍，是很合理的。隨著時光的遞嬗，這些已故祖先當中有些演化為神祇（更能向自然力量說情），直到後來這些中間人被取消，自然力量本身變成了神。

前述理論是有所本的：許多美索不達米亞的神祇起初只是自然元素的神祇化。安是天空之神，也是天空本身。沙瑪什是太陽神，也是太陽。美索不達米亞人可能部分是為了更好地管理和影響自然力量，而有了動機將神祇個性化，將祂們逐漸轉換為一個神系的眾多個別神靈，每位皆有特定的影響範圍（無論是在地表、文化上，或宇宙中），每位也都在信徒的生活中有特定的功能。如此一來，只需賦予每個神祇一種個性、一套人類特徵，和一種獨特的形式，「高貴的人們」由此誕生。

美索不達米亞大部分的神祇都和特定的城邦有關連，譬如：尼普爾城（Nippur）的恩利爾、烏爾城（Ur）的欣，以及烏魯克城的伊南娜（Inanna[7]）等等。但雖然每個城邦都有神廟，這些神廟卻非主要的敬拜場所，而是眾神的塵世居所。每座神廟都被認為是神的第二個家，像是一種度假別墅，有花園、牆壁、門戶與圍籬，眾神可以花時間在這裡遠離天庭，居住在大地上的人類當中。這些神殿通常呈現階梯狀結構，亦即所謂的塔廟（ziggurat），這是一種由烤泥磚建構的矩形金字塔建築，為美索不達米亞建築的特色。但是美索不達米亞塔廟有別於後來的埃及金字塔，其結構堅固，實心堆砌，層層疊疊，逐級縮減，猶如一道樓梯，讓眾神可用來往返於天和地之間，塔廟頂端有一個小廳殿，是神祇可以居住安歇的地方。[7]

當神祇出現在這些廳殿中，神殿就會擺上一尊根據神祇模樣雕刻的偶像來象徵祂。使用偶像不是美索不達米亞人的發明。如同祖先崇拜，雕刻偶像來代表靈或神祇的做法可追溯至舊石器時代。歐洲亞洲各地的舊石器時代遺址已經出土了數十尊偶像，絕大多數是懷孕女性，身軀圓滾，胸部豐滿，腹部鼓脹。[8]

然而，美索不達米亞人的雕塑和製模效率較高，使得偶像更廣泛被用於公共獻祭。每天，一名男祭司或女祭司（按照神祇的性別而定）會進入神廟廳殿，去為偶像洗淨、著衣和餵食，用香水和焚香去熏香它們，替它們上妝，以及在特殊場合帶偶像出巡，前去拜訪附近神廟的神靈。一般大眾唯有那時才能看見這些神祇，因為俗人不能進入神廟，不能親自直接接觸到住在廟裡的神靈。

但是美索不達米亞人並不會認為祭師高舉在空中的小偶像真的就是神。這是對「偶像崇拜」這個詞完全的誤會。古代人敬拜的不是石板；他們敬拜的是住在裡面的靈。偶像本身並不是神祇；它是被灌輸了（imbued）神祇。人們認為神靈是在偶像裡面成形。

7　譯注：主司性愛、繁殖與戰爭。

但是這種觀念衍生的結果是，當某位「高貴的人」的靈進入偶像，偶像就成了靈的軀體。它代表神祇在塵世的外貌。換句話說，雖然美索不達米亞的人不認為偶像就是神，但多數人會欣然認為偶像看起來就像神。[9]

這點十分複雜卻極為重要。就像我們描寫某位神祇時，會本能地將人類的情感與動機歸給祂，當我們將神祇形象化時（當我們把神的形象熟練地雕成一尊偶像，或者把神繪在彩色玻璃窗上），也會本能地想到人的外形。我們可能是替人類外形添上一對翅膀（如同恩利爾的模樣），或者讓火焰從祂的肩膀上冒出來（如同太陽神沙瑪什的外貌）。我們可能會誇大神的身軀尺寸，或給神許多手臂和腿。然而，這些修飾只是提供了稍微違反直覺的元素，使得神祇會被人記得而且傳揚出去（不妨回想夏娃那棵會說話的樹）。稍微除去這些超自然的華飾，剩下的並非大自然的空靈力量，而是具備超人類力量的人。

埃及承繼了美索不達米亞文明，其演變極具啟發性。在埃及早期的歷史中，亦即所謂的前王朝時代（Pre-Dynastic Period，公元前五千年到公元前三千年），埃及人完全信奉泛靈論。他們相信，有一種單一的神聖力量，滲透在宇宙中，賦予萬物生機。這種力量是在神與靈身上展現，但它本身是無定形的，沒有形狀、實質或意志。然而，埃及在大約公元前三千年發明象形文字之後（在蘇美人發明楔形文字之後不久，且可能受其影響），便興起了具體描述這種抽象力量的需求。這個力量必須被視覺化，才能將它刻到神廟牆壁上，或用墨水繪於莎草紙片上。對世界而言，這個力量必須變得真實且可以識別，如此它才能被理解和駕馭。因此，如同美索不達米亞的情況，這種抽象的天界力量最終被以人類的形式體現。到了古王國時期（Old Kingdom，大約公元前二六八六到公元前二一八一年）初期，埃及便創造出一整個神系，充滿人性化的列神，而古埃及的宗教信仰也明確地建立了。[10]

然而，有別於美索不達米亞的諸神，埃及眾神通常被描繪成五花八門的樣貌，有時描繪得如同人類，有時形似動物，更常是半人半動物。埃及的音樂、舞蹈和豐收女神哈索爾（Hathor）可能是頭佩戴女人項鍊的母牛，一個母牛與女人的混合體，或者是一位頭部兩旁長出毛茸茸的母牛耳朵的女人。同理，在埃及神話中，製作木乃伊兼守護亡者的神祇阿努比斯（Anubis）有可能是一匹胡狼，或者一個長著胡狼頭的人。

藉由這類裝飾點綴，眾神不僅是具備了稍微違反直覺的特性而更容易令人記得，埃及人同時也能用這些裝飾去管理，更重要的是去操作，眾神的象徵功能。阿努比斯被描繪成一位有胡狼頭的人，因為胡狼是吃腐肉的動物，人們知道胡狼偶爾會在沙漠挖掘動物屍體來啃食。將保護墳墓的神祇描繪成具有人身的胡狼，埃及人其實是在試圖控制他們普遍害怕的破壞喪葬的自然力量，因為喪葬對古埃及人的靈性極為重要。[11]

無論埃及神祇以何種面貌出現，祂們也像美索不達米亞眾神，是被用人類的詞語來描述、具有人類的衝動、人類的慾望和人類的直覺。即便眾神在埃及藝術和文學中被描繪成動物，祂們還是被賦予人類的特徵和行為，祂們還是被描繪為參與在人類的活動之中。祂們跟人一樣，吃、喝、睡覺。祂們會彼此爭吵，出於小小的嫉妒而爭鬥。祂們也有家庭問題。祂們心情時好時壞。祂們可能無所不知，也可能愚蠢無知。

一千多年以後，幾乎完全相同的過程再度發生。這次的情況出現於一群關係鬆散的部落的大集合，學者將其稱為印歐人（Indo-Europeans），用這個稱呼表示他們形塑了歐洲和近東的語言。或許早在公元前五千年，印歐人便從家鄉（可能在高加索附近，目前仍有爭議）分批遷徙，向東前往裏海和伊朗高原，往南前往黑海以及安納托力亞和希臘，朝西前往波羅的海和歐洲。印歐民族在新土地上落地生根，與當地土著融合或征服他們之後，便將自身的宗教傳統烙印於這片廣袤地帶，這些信仰包括：迦南信仰中階級分明的諸神體系；凱爾特人的自然靈性觀（nature spiritism）；印度基於宗教的種姓制度；古代伊朗極端繁複的宗教儀式；荷馬和海希奧德（Hesiod）的希臘神話；柏拉圖和亞里斯多德的哲學思想——換句話說，就是讓猶太教、基督教和伊斯蘭教興起的精神背景。[12]

印歐民族的神系建構方式跟美索不達米亞和埃及眾神一樣，都是神化自然力量：帝烏斯（Dyeus）是天神；阿格尼（Agni）是火神；因陀羅（Indra）是太陽神；波樓那（Varuna，又譯婆羅那）是初生水域（primordial waters[8]）之神；等等。然而，如同美索不達米亞和埃及發生的情況，當這些神祇首次被載入《梨俱吠陀》（Rig Veda，印度最古老的聖典，以梵文撰寫，約略成書於公元前一千五百年），祂們便擺脫了虛空的特質，套上特定的人類特質與外觀。而當在後續的數個世紀裡，《吠陀》中描繪的神化為印度宗教活靈活現的偶像時，這些印歐神靈於是從神化的自然力量完全轉換成人性化的神祇：因陀羅有金色的皮膚、頭髮和鬍鬚，身穿馨香華服；雙面的阿格尼有許多手和許多腳；波樓那光彩奪目，騎著一隻鱷魚。[13]

在上述的文明中，民眾愈是習慣在公共神廟與神社看到他們的神的形象被展現（愈常在公共節日和慶典上聽聞諸神的故事和傳說），便愈容易將他們的祖先曾經崇拜過的抽象自然力量人性化。就像是印刷術發明之後，思想就更容易普及到大眾；同理，人性化神祇偶像的大量生產，製作偶像的工藝技術益發進步，使得神祇似乎更加可辨地與人類相像——直到古希臘時代，神變得太過像人，已經不能被認真看待為神了。

荷馬和海希奧德的作品，給了我們對希臘古文明的信仰與性格的一個完整的全觀，但是希臘的歷史並不是從這兩位詩人的宏偉史詩開始。而是從青銅器時代中期，大約是公元前一千六百年開始，當時的邁錫尼人（Mycenaean）建立了神祕的航海文明[9]。邁錫尼人是愛琴

8　譯注：primordial 指從原始時代便存在的。

9　譯注：邁錫尼文明。邁錫尼人生性好戰，會在宮殿搭建軍事防禦設施，曾於公元前一千四百五十年左右征服克里特島。

海地區第一批偉大的殖民者，邁錫尼文明帶給希臘諸島許多禮物，其中包括許多我們直到今天都要感謝古希臘的文明厚禮，可能包括古希臘語。[14]

邁錫尼人還把他們的神帶給希臘人，尤其是海神波塞頓（Poseidon），可能是邁錫尼神系中至高的神靈（宙斯〔Zeus〕，一位戰神，起源於印歐語系的天空之神帝烏斯，似乎是在更後期才晉升為希臘諸神之首）。波塞頓作為初生水域神化之後的神靈，自然連繫到另一位邁錫尼的主要神祇——大地女神蓋婭（Gaia）（波塞頓這個名稱代表「大地的丈夫」）。邁錫尼人還將風神化了，這絲毫不足為奇，因為風是一種自然元素，與水和土同樣是水手精神生活中不可或缺的一部分。邁錫尼人也知道我們所熟悉的其他希臘神祇，包括雅典娜（Athena）和赫拉（Hera[10]），這兩位起初似乎也是從自然界神化的神祇：雅典娜起初可能是太陽神，赫拉最早可能代表空氣。

然而，到了希臘史詩中，這些神祇變得不再是擬人化的自然力量，而是各種神化的人類屬性：雅典娜是智慧女神；赫拉是母愛女神。希臘的神系中起初有幾十位不同的神（每位都有獨特的起源與能力），但等到荷馬和海希奧德寫到祂們時，祂們已經縮減為十二位主神，通稱為奧林帕斯諸神（Olympians），希臘人將其視為一個大家族的成員。

在希臘人的想像中，奧林帕斯山（Mount Olympus）不只是統治人類的眾神居住的地方；也是一個高度功能失調的天神家族的家，這個家的成員在一齣宇宙戲劇中對上彼此，上演一齣天庭鬧劇，猶如長壽肥皂劇中的角色，在彼此的故事中交纏糾葛。有族長宙斯，祂是眾神與凡人之父。還有赫拉，希臘人將祂變為宙斯的妹妹與妻子；還有祂們的長子阿瑞斯（Ares），戰爭之神。此外，宙斯有兩個兄弟：一是波塞頓，從祂原本在邁錫尼諸神之首的地位降級；二是黑帝斯（Hades），冥界之神；宙斯還有第二個妹妹，狄蜜特（Demeter），農業之神。除此之外還有宙斯的兒子赫米斯，是他跟女神邁亞（Maia）所生；以及雙胞胎阿波羅（Apollo）和阿耳特彌斯（Artemis），是與女神樂朵（Leto）幽會所生；酒神狄俄尼索斯（Dionysus），宙斯和凡間女子所生。雅典娜在從邁錫尼神祇轉變成為希臘女神的變化中，成了宙斯的女兒，在宙斯吞下懷孕的妻子墨提斯（Metis）之後，直接從他的頭部生出來；另有宙斯最疼愛的孩子阿芙蘿黛蒂（Aphrodite），祂是愛與性的女神。

古埃及人也曾將他們的神組成家庭，以埃及人最愛的三位神祇之間的關係為模型：俄賽里斯、祂的妹妹兼妻子愛色斯（Isis），以及祂倆英勇的兒子，隼頭人身的神祇荷魯斯（Horus）。然而，希臘人把天庭家族的概念建構得更完美。為什麼不呢？如果要和眾神建立關係，還有什麼方法比這更好？如此一來，當我們祈禱祂們幫助我們的困難，我們便可確定祂們能理解我們。祂們了解我們的考驗和磨難，能夠感同身受，解決我們的困難。

10 譯注：天后，宙斯之妻。

芭芭拉・格拉齊奧西（Barbara Graziosi）出版了膾炙人口的書籍《奧林帕斯眾神》（*The Gods of Olympus*），她如此寫道：「希臘諸神對我們而言很熟悉，原因很簡單，因為祂們是一個家。」[15]

然而，對某些希臘人而言，這正是問題所在。古希臘詩人描寫的諸神道德敗壞、過於傷感脆弱，祂們的關懷點太像凡人，著實難以受人尊敬為神。像宙斯這樣一位神，總是得排解妻兒之間的鬥嘴糾紛，三不五時溜出奧林帕斯山，跟各種女神、凡間婦女、年輕男孩偷情，怎麼能博得人的尊敬呢？

推到邏輯的極限，這種把神描繪得愈來愈人的衝動很快便顯得愚蠢。將人的特徵賦予神是一回事。讓眾神展現人類全部的七情六慾，就像在希臘文學中活靈活現描繪的，又是另一回事。我們真的能想像這些至高無上的存有就像荷馬史詩中寫的：通姦、偷竊、嫉妒、好色、受騙上當且道德敗壞，只是剛好不會死嗎？

希臘人面對著文學作品太過有效將神靈人性化造成的困境陷入掙扎，他們也對神殿中充斥著愈來愈像人的偶像感到排斥。希臘眾神最初的模樣並非我們習慣在博物館看到的英雄式塑像，而是用沒有塑形的木頭或石頭做成的抽象象徵，旨在表達神的精神，而非實體外觀。例如，港口城市阿各斯（Argos[11]）用一根柱子代表赫拉，薩摩斯島（Samos）則用一塊木板來象徵祂。人們起初敬拜雅典娜時，是用一塊扁平橄欖木象徵祂。這塊木頭被洗淨、裝飾珠寶、裹上華服，由一批女祭司悉心看顧。[16]

但到了希臘偉大的工匠菲迪亞斯（Phidias）為帕德嫩神殿用象牙和黃金雕塑宏偉的雅典娜神像（全希臘諸島最著名的一尊神像）時，雅典娜手握盾牌，戴著頭盔，盔頂裝飾斯芬克斯（sphinx[12]）雕像的模樣早已成為祂被大眾認識並敬拜的形式。赫拉和波塞頓，還有其他希臘眾神，也都經歷了同樣的形象變遷過程。[17]

就如希臘文學對眾神的精心描繪，希臘雕塑家所展現的高度藝術性、與他們運用來將眾神以人的形象形塑得極為真實的技藝，使人開始懷疑整批希臘諸神的本質，甚至思索祂們是否確實存在。神真的可能看起來跟人類一模一樣嗎？而且不是只像任何人類，而是像希臘人，有著濃密的鬍鬚、捲曲的頭髮和高挺的鷹勾鼻。長生不老，普世皆同，開天闢地，創造萬物的眾神，怎麼可能看起來像是一個莊嚴版的克里特島魚販子呢？

在許多希臘人眼中，這麼成功地在文學中和用大理石將眾神人性化，暴露出我們天生想照自身形象去塑造神靈的邏輯謬誤。生於克勒芬（Colophon[13]）的芝諾芬尼（Xenophanes）是最早的古希臘宗教批評家之一，他簡潔地說明了這個問題：「如果馬、牛或獅子有手，馬就

11　譯注：希臘伯羅奔尼撒半島東北方的古城。
12　譯注：有翼的獅身女面怪物。
13　譯注：小亞細亞的古希臘城市，位於現今的土耳其境內。

會把眾神畫得像馬，牛就會將諸神畫得像牛。」[18]

芝諾芬尼不是第一個質疑這個數萬年來人類靈性追求的基礎前提——往前回溯到哥貝克力石陣的柱子，再更早到刻在沃爾普岩洞群的「巫師」，甚至再到原始人類宗教衝動的起源。無數其他的希臘思想家，包括米利都（Miletus[14]）的塔利斯（Thales）、以弗所（Ephesus）的赫拉克利圖斯（Heraclitus）、柏拉圖和畢達哥拉斯（Pythagoras）等人，也開始重新思考眾神的基本本質。這些希臘人要在眾神身上尋找的不只是熟悉感。他們在追求一種宗教，不是由宙斯和祂的家人那種婆婆媽媽的互虐來界定。他們追求一種神的概念，是無論在外觀或本質都是非人類的——神作為運轉所有創造的統一原則（unified principle）：亙古恆常、永不改變、無形無體，而且最重要的是，神是單一的（singular）。

芝諾芬尼寫道：「神只有一位，無論外形或思想都完全異於人類。」[19]

對於芝諾芬尼和想法與他接近的希臘人而言，「一神」信仰並非基於神學論證，而是他們在觀念上認為自然界也是單一獨特且恆久不變。塔利斯將神稱為「形塑且創造萬物的心智」，如果自然界只有一個，那麼神必定只有一位。這個觀點背後是他們需要數學上的簡單：如果一是所有數字的起源以及數學統一性（mathematical unity）的基礎，亦即畢達哥拉斯所稱的的單子（monad[15]），那麼神必定也只有一位。最後，他們根據自己對真理的理解而認為：柏拉圖曾指出真理（Truth[16]）的理想、永恆的形式就是一，假使柏拉圖說得沒錯，那麼上帝也必然是一。

這些希臘思想家追求「一神」時，試圖重新將神定義為純粹的實質（pure substance），將其視為滲透到一切受造萬物的根本實體（underlying reality）。他們試著去積極壓抑將神人性化的慾望，轉而尋求更為原始且更接近泛神論的對神的觀點：這種去人性化的（dehumanized）神沒有形式或身軀，也沒有性格或意志；我們也將會發現，無論在希臘或其他地區，很少有人有興趣敬拜這樣的神。

14 譯注：小亞細亞的古希臘城市。

15 譯注：指不可分割的實體，表示神性或最初的存在。古希臘哲學家第歐根尼如此引申：單子產生雙元，雙元產生數位，數位產生點，點又構成線，線再形成二維實體，從二維實體衍生三維實體，最終形成四大元素，亦即地、水、火、風，從而建構整個世界。

16 譯注：有人譯為「道」，與logos雷同，認為它是萬有之造化，宇宙之法則，塞乎天地，貫乎寰宇，亙古不變，顛撲不破。神的永恆性即為「永恆的真理」（eternal truth）。

第六章
至高的神

有一位在歷史上被記載為艾基納登（Akhenaten）的「異端法老」，他原來的名字是阿蒙霍泰普（Amenhotep）。他是家族中第四個叫這個名字的人，也是第十八王朝的第十任法老，這個皇系開創了新王國時期（New Kingdom，大約從公元前一五七〇年至一〇七〇年），那是一段和平繁榮的時期，古埃及的文化與政治發展在當時臻於極致。

艾基納登的統治時期開始於公元前一三五三年左右，根據各種傳聞，他是個長相古怪的法老。在倖存的艾基納登雕像與浮雕中，他的外表非常奇特，身材高䠷，四肢細長，臉龐狹窄，下巴尖細，雙眼下垂，學界不知該如何看待。在某些雕像他被雕塑成身形彎曲，猶如雌雄同體，其他雕像則有豐滿的乳房與女性化的臀部：無論對古埃及人或現代人而言，這些特徵都既怪異又醜陋。艾基納登的配偶是著名的娜芙蒂蒂皇后（Queen Nefertiti），而在描繪這一王一后的浮雕中，有時很難區分誰是誰。[1]

艾基納登的奇特之處不僅是長相。從年輕時候起，他似乎就已表現出一種只能說是很不尋常的虔誠太陽信仰。太陽信仰一直是古埃及人整體精神生活中的一部份。古埃及人和在他們之前的美索不達米亞人，以及之後的印歐人一樣，都將太陽神化，在創世的九柱神（Ennead）當中賦予太陽一個崇高的地位。在九柱神中太陽神被稱為「舒」（Shu）。但埃及人崇拜的太陽還有諸多分身，最常見的是「雷」（Re，發音為英文的ray），祂是一座南方城市的地方神，那座城市被希臘人稱作赫里奧波里斯（Heliopolis），亦即「太陽城」。[2]

在第十八王朝初期，埃及迅速擴展疆域取得新領土，需要有一位更普世的神以配合它的帝國野心。正是約略在這個時期，埃及帝國南部備受尊崇的神祇「雷」與埃及北部底比斯（Thebes）首府的地方神祇「阿蒙」（Amun）融合，成為嶄新的全能國神，名為「阿蒙—雷」（Amun-Re，表示「阿蒙，祂就是雷」）。[3]

將近兩百年後，當艾基納登繼位為法老時，「阿蒙—雷」早已位列埃及諸神之首。不僅在埃及，而且在所有的埃及附庸國和殖民地，祂都被視為眾神之王。在底比斯卡納克（Karnak），供奉祂的神廟是當時所有土地上裝飾最華麗的建築群，而服侍祂的神職人員更是埃及最富有和最具權勢的人。[4]

然而，雖然「阿蒙—雷」源自於太陽，艾基納登卻從未表現出對祂的奉獻。這位年輕法老敬拜的是形式截然不同的太陽，是一位雖然古老，卻比較沒人知道的神祇，就是阿頓（Aten），意為「日輪」(Sun Disc)，亦即天上那顆閃亮的、散發光芒普照世上每個角落人們的球體。在艾基納登的家族中，阿頓早已是重要的神；艾基納登的父親阿蒙霍泰普三世（Amenhotep III）無論生前或死後皆與這位神有關。然而，艾基納登與這位神的關係是獨一無二的，那是一種親密的關係。艾基納登聲稱他「尋獲了阿頓」。他對這位神的頌讚文，描述的是一種只能稱為皈依的經歷——一種神靈顯現（theophany），或是現身說法，阿頓對他說話，向他揭露祂的本質。這種經歷留下難以磨滅的印記。艾基納登即位不久後，按照「阿頓」的指示，一手將阿頓從一位多數埃及人僅止於略知的小神靈，提升為埃及諸神中的主要神祇，幾年之後他更將「阿頓」定為宇宙中唯一的神。這位年輕法老頒布法令，宣稱：「活神阿頓，除祂以外，別無他神！」[5]

一位法老偏愛某位神祇，例如，將更多資源轉移到那位神的廟宇，或派遣更多祭司去服事祂的需求，並非罕見之事。然而，排他性地獨尊一位神，在埃及史無前例，否定其他神的存在更讓人無法理解。但這正是艾基納登以他對阿頓的崇拜所倡議之事。這位古埃及新王國時期第十八王朝的年輕法老是歷史上記載的首位一神論者。

艾基納登的一神論革命並非一次到位。首先，他將自己的名字從阿蒙霍泰普四世更改為艾基納登一世：亦即把「阿蒙感到滿意」(Amun is pleased) 改成「有利於阿頓」(beneficial to

Aten）。其次，由於傳統王朝的權力中心在底比斯，那裡也是「阿蒙—雷」位於卡納克的神廟所在地，艾基納登便遷都到一個「阿頓」向他啟示的尚未開發且幾乎無人定居的地區。他將新城市命名為「艾基特阿頓」（Akhet-Aten，表示「阿頓的領域」〔Aten's Horizon〕），今名為阿瑪納（Amarna）。從那裡開始，他啟動了在埃及全境替「阿頓」興建神廟的大型建築計畫。在他改革運動的這個階段，艾基納登雖然讓其他神靈的神廟（特別是在卡納克的「阿蒙—雷」神廟）因資源缺乏而消滅衰敗，卻並未積極迫害其他神祇的崇拜。

然而，在艾基納登執政的第五年，他的一神教革命蛻變為全面性的宗教壓迫，以空前的規模推動，將他的一神信仰強化到整個帝國。敬拜阿頓之外的神都屬違法。除了敬拜日輪的神廟，其他神廟一律關閉，廟中祭司也被解散。從南方的努比亞（Nubia）到東方的西奈（Sinai），大批軍隊在各個城市之間巡邏，檢查一間又一間的神廟，砸碎其他神靈的偶像、鑿掉祂們在公共紀念碑上的圖像，以及把祂們的名字從文件抹去（古埃及人相信，名字反映事物本質，抹去神的名稱便等於抹去祂的存在）。這等於是對埃及眾神大屠殺。這場革命暴力、破壞、毫不手軟，最終卻以失敗收場。

幾乎是艾基納登一駕崩，他的宗教就隨著他死去。這位法老生前戮力摧毀其他神靈的偶像，死後他的神被以同樣的力道反撲。一神信仰被視為異端，一種強加於人們身上的褻瀆之舉。「阿頓」神廟被拆毀，埃及全境又再度塑造起數以千計「阿蒙—雷」的新雕像。大多數艾基納登的雕像不是被毀壞，便是臉孔朝下埋進沙漠裡，這是一種刻意污辱的行為。他的墳墓被褻瀆毀壞，安置他木乃伊遺骸的石棺也被人劈成碎片。刻在公共紀念碑上的艾基納登雕像被鑿掉，他的名字也從第十八王朝法老的官方名冊中刪除。說句實話，如今我們還能知道有艾基納登這位法老簡直是奇蹟。他的兒子和最終的繼任者原名圖坦卡頓（Tutankhaten），意思為「阿頓的活形象」（the living image of Aten），把名字改為圖坦卡門（Tutankhamun），表示「阿蒙的活形象」，亦即傳說的法老圖坦卡門（King Tut）。他的改名之舉顯然是要公然抹掉有關他父親的最終丁點記憶以及阿頓神的那段異端年代。至此，歷史上的第一回一神教運動便埋入埃及的沙中，被人遺忘。

二百多年以後，亦即公元前一一〇〇年左右，一神信仰又再次興起，這次是透過伊朗先知查拉圖斯特拉·史匹塔馬（Zarathustra Spitama）的教導。[6]

希臘人將查拉圖斯特拉稱為瑣羅亞斯德（Zoroaster）。他出生於伊朗東北部的肥沃平原上，出生在一個印度—伊朗（Indo-Iranian），或稱雅利安（Aryan）的部落之中，這些印度，伊朗部落是從印歐語系分支出來，於中亞大草原各地定居的族群。查拉圖斯特拉在世的年代，雅利安社會嚴格分成三種階層，亦即保護部落不受攻擊的戰士、供應人口糧食的農民和牧民，以及主持部落高度儀式性宗教體系的祭司——通常稱為麻葛（Magi）。

古代伊朗的宗教神靈眾多，許多是伊朗版的吠陀神祇（譬如因陀羅、波樓那、蘇摩〔Soma〕和密特拉〔Mithra〕）。然而，和其他古代文明不同，伊朗眾神並非起源於神化的自然元素，而是抽象觀念如真理、美德、正義等的人格化。傑出的伊朗宗教學者瑪麗・博伊斯（Mary Boyce）描述這種抽象概念逐漸神格化的過程，概念慢慢獲得個性和獨特的外貌特徵，就像一顆珍珠的創造，「是在一粒原始概念的砂礫上，把一層又一層的信仰與儀式不斷包覆上去。」[7]

根據多數的說法，查拉圖斯特拉屬於伊朗的祭司階層，這是一個世襲的職位，必須在七歲就開始從事。他的少年時期都用來背誦神聖的讚頌和真言（稱為亞什特〔yasht〕），熟背其每個音節（syllable）和音頓（caesura[1]）以取悅眾神，使祂們向百姓降福。十五歲時他完成培訓，開始進入伊朗的祭司群。

古代伊朗的祭司通常隸屬於個別的家族，這些家族付款給祭司，讓祭司代表他們舉行曠日廢時而嚴謹的宗教儀式和獻祭。然而，查拉圖斯特拉在二十歲時出人意料地放棄了祭司的職責，開始過上一種在伊朗草原和山谷四處遊歷的生活，去追尋比擔任祭司背誦經文和舉行常規儀式更深的對神的認識。

某一天，查拉圖斯特拉在伊朗西北部沙巴蘭山（Sabalan mountains）附近參加一個神聖的春季盛典，他走進一條河流去替黎明儀式取水。當他轉身準備返回岸邊時，一道刺眼的白光射向他。在一個異象中，他被帶到一位陌生的神面前，不是當時已知眾神中的任何一位。

根據查拉圖斯特拉在《伽薩》（*Gathas*；查拉圖斯特拉最終創立了瑣羅亞斯德教，而《伽薩》是該教最古老的經文）中對這次經驗的描述，這位無人知曉的神祇表明祂是宇宙唯一的神：祂「是首先的，也是末後的」。這位神祇創造天和地，晝與夜，分隔光明與黑暗，決定太陽和星辰的路徑，也是祂造成月亮的盈和虧。[8]

這位神的獨特之處在於，祂並非是從某一位部落神靈上升至眾神之首；沒有別的神。祂並不屬於某個特定的部落或城邦。祂不住在神廟裡；祂無處不在，在所有的受造物之中，並且超越了時間和空間。儘管查拉圖斯特拉將這位神稱為「阿胡拉．馬茲達」（Ahura Mazda），意為「智慧主宰」（the Wise Lord），但這只是一個名銜，這位神祇沒有名字。祂從自身將六個神聖「引召」（evocation）帶到世界，亦即智慧、真理、力量、愛、和睦和永生，只能透過這六個引召認識祂。它們不算是阿胡拉．馬茲達的屬性，而是構成其本質的六種內容（substances）。換句話說，它們是阿胡拉．馬茲達在這個世上的倒影。[9]

查拉圖斯特拉與阿胡拉．馬茲達的相遇是宗教史上的一個關鍵時刻，不只因為這是有記載的第二度引進一神論體系的嘗試，也因為它預示了神與人之間一種嶄新的關係。這是因

1 譯注：詩行間的停頓。

為，查拉圖斯特拉不僅是遇到了馬茲達；他從這位神獲取了啟示。馬茲達向查拉圖斯特拉說話，查拉圖斯特拉把這些話寫下，讓其他人可以閱讀。當他這樣做時，查拉圖斯特拉．史匹塔馬就成了歷史上第一個我們如今稱為「先知」(prophet)的人類。

查拉圖斯特拉與後來跟隨他腳步的大部分先知一樣，因為傳遞一神論的訊息，而遭到他自己的社群排擠。在他傳道的前十年，只有一個人皈依他的新教，這個人是他的堂弟。查拉圖斯特拉的同胞大都不願放棄他們的部落神祇，他們似乎又更不願接受這位神是他們先前所想伊朗諸神所有抽象概念的源頭：黑暗與光明、美德與邪惡、真理與虛假。一位神怎麼可能同時是善與惡的源頭？

查拉圖斯特拉了解這個難題（他自己也感同身受），於是提出了非常巧妙的解釋。他主張，惡並非是一個外部的、被創造出來的力量，而只不過是善的副產品。馬茲達沒有創造惡；馬茲達創造了善。然而，沒有非善（邪惡），善便不會存在，正如同沒有非光（黑暗），光也不會存在。因此善與惡是相對的精神力量，在阿胡拉．馬茲達的正面創造，以及其負面的對立面之中誕生。

查拉圖斯特拉將「好」的或「正面」的靈稱為斯奔達．曼紐（Spenta Mainyu），把「壞」的或「負面」的靈稱為安哥拉．曼紐（Angra Mainyu）。儘管他稱這些為馬茲達的「雙胞胎孩子」，但他們和馬茲達並不是分開的；它們是真理與虛假的精神化身。如此一來，查拉圖斯特拉保存了他的一神論體系，並且用二元宇宙論來加以補充。

雖然有這麼巧妙的創新思想，但查拉圖斯特拉的宗教卻未能在他的同胞當中傳播開來。儘管他晚年時稍微獲得一些成功，但瑣羅亞斯德教就像先前的阿頓教般，在創立者離世後便暗淡下去。

和阿頓教不同的是，瑣羅亞斯德教在數個世紀之後，當居魯士大帝（Cyrus the Great）於公元前六世紀創立了征服世界的阿契美尼德王朝（Achaemenid Empire[2]）時，出人意料地復興，成為帝國的國教。然而，復興查拉圖斯特拉神學的居魯士宮廷「麻葛」將這個信仰徹底改頭換面，重新想像。

首先，他們將阿胡拉．馬茲達的六個神聖引召轉換成六個神聖存有，連同馬茲達一起稱為阿梅沙．斯奔達（Amesha Spenta），亦即「不死的聖者」（Holy Immortal）；其次，而且是更戲劇性的，他們將查拉圖斯特拉的兩個原始精神（斯奔達．曼紐與安哥拉．曼紐）轉換成兩位原始神祇，善神名為奧爾馬茲德（Ohrmazd，阿胡拉．馬茲達的簡稱），惡神名為阿里曼（Ahriman）。查拉圖斯特拉的一神論變成了瑣羅亞斯德教的二元論。從原本信奉一位本身俱有善與惡的一神，變成相信兩位神，一善一惡，彼此鬥爭，搶奪世人的靈魂。一神論實驗再

2 譯注：即波斯帝國。

度以失敗告終。[10]

令人驚訝的是，歷經數十萬年，人類的宗教衝突已經表現在信仰靈魂、崇拜祖先、創造神靈、形塑諸神與神系、建造神廟和聖壇、建立神話和儀式，但我們如今所知的一神論（monotheism，亦即只信仰唯一一位神），只有三千年歷史而已。在宗教史上，一神系統偶爾會興起，艾基納登和查拉圖斯特拉的宗教運動即為明證。然而，一神論出場之後，幾乎一定是遭到人們駁斥與拒絕，甚至相當暴力的對待。在漫長的宗教歷史中，究竟是什麼原因讓一神論總是受到壓制？

部分原因是一神信仰有排他傾向。我們必須了解，一神論不可定義為只敬拜一神——只敬拜一神的信仰應該稱為「崇拜一神教」（monolatry[3]），這在宗教史上司空見慣。一神論代表「只敬拜一位神並否定其他神」。它要求人們相信其他神都是假的。如果其他神是假的，任何真理只要基於對這些神的信仰也必定是假的。其實，一神論排斥任何主觀真理（subjective truth）的可能，因此，就像艾基納登的例子，一神論體系經常必須用殘暴的手段推行，以克服民眾天生的信念與假定。

艾基納登強迫子民信奉他的神，不能敬拜其他的神，這對他還不夠，在他的統治下，「神」這個字的複數形式被從埃及詞彙中刪去。也就是說，在埃及象形文字中，用三個三角旗或「旗桿」表示的「眾神」（gods）這個字，不復存在於埃及。艾基納登把多神論作為一種思想的領域連根抹去，便是在宣稱，現在起只有一種正確的方式去想像宇宙的本質。[11]

查拉圖斯特拉不像法老可動用武力，因此無法強迫人們接受他對真理的排他主張。然而，他的確將他的神作為人類道德的唯一來源：「真理與正義真正的創造者」。他誓言阿胡拉．馬茲達將會對塵世上的每個人，以他們的思想、言語和行為來進行審判，在他們死後獎勵或懲罰他們。這是一個非比尋常的想法。這個天堂與地獄的概念（查拉圖斯特拉提倡的就是這種概念）在人類靈性發展史上是史無前例的。截至當時，多數的古代人只接受死者的世界會是生前世界的延續：在世若為戰士，在下一個世界仍然會繼續戰鬥；在塵世為農夫，到了天上還是在耕田。道德和一個人的死後經驗毫無瓜葛。查拉圖斯特拉顛覆了這種概念，提出人在塵世的道德行為（僅由他的神來審判）在死後會有報應，獲得永恆的報酬或是亙古的懲罰。[12]

雖然一神論的排他性可以解釋為何人們不願接受它，但數千年以來，一神論未能在人類的宗教想像中扎根的最主要的原因，還在於「只有一位神」的概念與人們將神人性化的普世衝動相牴觸。

3　譯注：相信許多神靈存在，但只敬拜一位神靈。

在複雜的多神論系統中，例如先前討論過的美索不達米亞、埃及、伊朗和希臘，人類天生會下意識地想將自身屬性投射到眾神身上，直到每一種美德和惡習都有一位神。因此，有神祇反映人類對愛情和慾望的各種想法（美索不達米亞的伊絲塔、印歐民族的迦摩〔Kama〕，以及希臘的厄洛斯〔Eros〕和阿芙蘿黛蒂）；有神祇反映我們對戰爭和暴力的傾向（伊南娜〔Innana〕、安赫〔Anhur〕、因陀羅和阿瑞斯）；有神祇反映我們的母性特質（哈索爾和赫拉）和父性特質（俄賽里斯和宙斯）；族繁不及備載。

然而，一位神同時包含人類所有的美德和惡行，囊括人們全部的特質和屬性，這個概念對古代人的心靈很難理解。一位神既是父親，又是母親，這怎麼可能？一位神如何既創造黑暗，又創造光明？古代人完全承認人類具有這些彼此矛盾的特質。但他們似乎更喜歡他們的神是以獨特的屬性一板一眼地區分開來；如此才更好向祂們祈求特定的恩惠或需求。

艾基納登面對這種人性時的反應，是主張其他的「神」以及祂們的屬性只不過是反映「阿頓」和祂的屬性。這位法老對他的神高唱：「雖然祢只有一位，卻從祢自身的形式中滿溢而出……祢升起祢閃耀，祢離開與靠近；祢創造出數百萬種形式呈現自己。」然而，他的子民似乎不滿意這項解釋。

為了解決這個問題，查拉圖斯特拉提出更有創意的說法，他把多神教伊朗的古代眾神轉化為「天使」與「惡魔」，這是天使與惡魔這種表達方式在宗教歷史上第一次出現。反映人類善德屬性的神成了天使，反映人類負面屬性的神則成了惡魔。然而，雅利安人並不滿意，因此在查拉圖斯特拉死後數百年，麻葛才能重新將幾乎全部的古代伊朗眾神再次納入瑣羅亞斯德教。

古代人似乎願意接受有一位無所不能且無所不包的「至高神」（High God）作為主神，掌管其他位階較低，但同樣值得敬拜的神祇。這種信仰稱為單一主神論（henotheism），很快便成為人類表達靈性的主要形式，不僅古代近東如此，全球各地的文明幾乎都不例外。[13]

單一主神論廣為流傳的原因，可以追溯到人類將神人性化的下意識衝動：用人類的情況去想像神靈，就會使我們將神域想像成塵世的昇華版。天國成為塵世社會政治制度的一面鏡子。一旦我們的塵世制度改變，天國也會隨之變動。

當我們還是狩獵—採集者，根據血統與親屬關係組成小群體，四處遊蕩謀生時，我們便將我們之外的世界想像成我們所處世界的夢境般的版本，其中充滿成群的溫馴動物，由萬獸之主牧養，讓我們的祖靈輕鬆追蹤捕獲。爾後，人類定居於小村莊，放棄狩獵改為農耕，萬獸之主便讓位給大地之母，此時天國便被重新想像成由一群豐饒眾神所統治之地，祂們保障著永恆的豐收。當小村莊擴展成獨立的城邦，每個城邦皆有自己的部落神祇，彼此征戰，永無休止，此時天國便讓位給各種好戰神祇，每位都是塵世某個城邦的神聖守護者。當這些城邦合併為龐大的帝國，由具有無上權力的國王所統治，眾神便被重新排入高低位階，其位階反映塵世的政治新秩序。

這個現象有一個名字，即「政治映型」（*politicomorphism*），或「塵世政治的神化」（the divinization of earthly politics）。迄今為止，這是世界上幾乎每個宗教系統的主要特徵之一。

略為檢視美索不達米亞的歷史，便可明確了解政治映型如何運作，以及它為何總會衍生出單一主神論。在公元前四千年，美索不達米亞文明濫觴之際，塵世的權力並未完全歸屬於國王。權柄落在一個「大集會」，成員包括城邦所有的自由男性：它被稱為「老幼集群」（the colony young and old）。這個集會扮演法院的角色，負責解決民事與刑事案件。該集會有權和其他城邦協調爭端，若是談判失敗，可以向鄰國宣戰。它甚至有權選擇和廢除國王。[14]

正如前一章所述，早期美索不達米亞文明本質上相當民主，這點充分反映在早期美索不達米亞文明的天界秩序之中。茲舉《阿特拉哈西斯史詩》為例。在這個史詩中，諸神相當明確地是按照「民主」原則組成的。祂們也有一個集會（「一個天庭集會」），在這個集會中，祂們聚集在恩利爾的宅內大院，商討塵世與天界事務。諸神既然是「高貴的人」，祂們首先會花點時間相互寒暄。祂們閒聊，並擁抱彼此。祂們拿點東西吃、倒點酒喝，然後，等閒聊完畢，才坐下來討論宇宙大事。沒有哪位單獨的神祇有權威可以對抗這個神祇會議的意志，不過眾神偶爾也會違反集會的決議，好比恩基偷偷解救阿特拉哈西斯，使其免遭洪水滅頂。

接著，到了公元前三千年的中葉，亦即通常被稱為早王朝時期第三期的年代，美索不達米亞各地出現大型的專制政權。拉格什（Lagash）和烏瑪（Umma）這兩個主要城邦爆發邊界衝突，彼此對抗了一個世紀之久。傳奇國王阿卡德的薩爾恭（Sargon of Akkad）征服了南方多數的蘇美城邦，建立了美索不達米亞的第一個帝國。薩爾恭的阿卡德帝國垮台之後，南部的巴比倫帝國與北部的亞述帝國相繼崛起。與此同時，來自南部沙漠和北部山區的游牧民族四處掠奪，開始襲擊定居的城邦。由於人口過剩且資源匱乏，這整個地區陷入連年戰爭。

美索不達米亞紛亂的狀態被一小群獨裁者熟練地利用，藉機尋求絕對權威來保護他們的百姓與擊垮敵人。政治權力中央集權化，一種嶄新的專制王權應運而生，所有大集會（「老幼集群」）的痕跡消逝化作歷史。

這種新的政治現實反映在這個時期之後撰寫的美索不達米亞神話中。巴比倫偉大的創世史詩《埃努瑪．埃利什》（*Enuma Elish*）大約撰寫於公元前第二個千禧年中葉，我們會在讀這部史詩時看到截然不同的天庭秩序，由一位在蘇美時代名不見經傳且無足輕重的神祇所統領，這位神祇便是「馬爾杜克」（Marduk）。

這部史詩記載，天界諸神受到原始海怪提亞馬特（Tiamat）襲擊，於是召開天庭大會，在會中，祂們建立起一種緊急狀態。年輕神祇馬爾杜克自動請纓，自願代表眾神與提亞馬特作戰，但前提是眾神必須立祂為諸神之王，賦予祂掌管天地的絕對權威。馬爾杜克如此要求：「倘若我成為祢們的復仇者，倘若我捆綁提亞馬特而保全諸君，我要求召開集會，賦予我崇高的天命。我所策動的不可被改動。我的命令不可被廢止也不能更改。」[15]

眾神受到驚嚇，且亟欲在天庭重建和平與秩序，於是應允。祂們踴躍地解散了眾神的集會，高喊：「馬爾杜克為王！我們將聽從您一切命令！」諸神隨後授予馬爾杜克權杖和寶座，以彰顯祂在美索不達米亞神系中至高的新地位。然後，馬爾杜克便出發去擊潰了提亞馬特。

巴比倫人面臨的是來自南方的威脅，而亞述帝國則面臨來自北方的類似威脅，因此亞述帝國也發展了完全相同的神話。唯一不同的是，在亞述的版本中，當地神祇阿蘇爾（Ashur）取代了馬爾杜克，加冕為眾神之王。與此同時，在尼普布爾市（Nippur）以南二十英里的伊辛王國（Isin kingdom）中，天神安從原本最高的天空之神的角色，被提升至無可爭議的天界之王。[16]

在這每一個例子、這每一個帝國當中，在整個美索不達米亞地區，只要塵世的政治出現變化，天庭的政治也會隨之改變。就如同美索不達米亞獨立城邦的自由公民在懼怕和恐怖的面前放棄了最初的民主體制，自願將絕對權力交給國王，天界的居民也同樣賦予某位神祇不容質疑的權力，令其統管眾神。神學隨著現實而調整，天國成為塵世放大版的投影。

在這種世界秩序中，單一主神論（相信有一位至高的神統治其他神祇）是完全合理的。隨著更多的權柄被賦予到塵世一位個人的身上，在天界也有更多的權柄被賦予一位神，無論這位神是巴比倫的馬爾杜克、亞述的阿蘇爾、伊辛的天神安、埃及的阿蒙—雷、埃蘭城邦

（Elam）的昆班（Khumban）、烏拉爾圖（Urartu[4]）的哈爾迪（Khaldi）、希臘的宙斯、羅馬的朱庇特（Jupiter）、北歐人（the Norse）的奧丁（Odin），或是周朝的「天」，等等。

問題在於，當某位神祇在神系中愈爬愈高，取代了其他低階神靈，祂便愈要承擔傳統歸給其他神靈的屬性，直到這位至高的神性格中的衝突矛盾到達了引爆點。以印度神祇濕婆為例，濕婆為濕婆教（shaivism）的最高神祇，又與梵天（Brahma）和毗濕奴（Vishnu）同為三巨頭至尊神，共同組成所謂的印度教三位一體（Hindu Trinity），亦即「三神一體」（Trimurti[5]）。濕婆起初無足輕重，《梨俱吠陀》甚至沒有提及祂。然而，在後吠陀的文學中，尤其是《奧義書》（*Upanishads*[6]）和偉大的印度史詩《摩訶婆羅多》（*Mahabharata*），濕婆逐漸在印度神系中愈爬愈高，開始吸收被祂取代的神靈所釋出的屬性與特質，因此濕婆如今被稱為創造者和破壞者、治療者和降災者、禁慾者與享樂者，以及風暴之神和舞蹈之王。[17]

這種引爆點恰好是單一主神論甚少演化為一神論的原因。一位至高的神持續接收低階神祇的屬性與特質是一回事（無論這些屬性與特質是否彼此矛盾，或者甚至完全對立），但想像有一位單獨的神當即擁有全部的屬性與特質又是另一回事。

---

4 譯注：古代王國，位於黑海東南部和裏海西南部的山區。

5 譯注：梵天為創造之神，毗濕奴為保護之神，濕婆為毀滅之神。

6 譯注：古代印度哲學著作。

當然，有一種簡單且相當直接的方法可解決這個難題：將神去人性化，亦即讓神除去任何人類屬性，重新定義神，就像古希臘哲學家色諾芬尼、柏拉圖，和他們的同輩希臘哲學家所做的一樣，將神視為構成宇宙基礎的創造性實質。實際上這就是艾基納登與查拉圖斯特拉嘗試要做的事。查拉圖斯特拉宣稱阿胡拉・馬茲達是活生生的純粹靈，無形無狀，完全超然且超脫人性。《伽薩》用如詩的語言描述馬茲達那賦予生機的雙手與全視洞察的雙眼，但這只是隱喻。確實，與其他聖典相比，《伽薩》中比較看不到將人類特徵歸給神祇。

艾基納登不僅摧毀了其他神祇的偶像，也禁止工匠將「阿頓」刻成雕像或鑄造成偶像。官方只允許將「阿頓」描繪為一個沒有特徵的圓盤，發出光芒向下照耀在大地上，就像伸出神聖的手祝福萬物（雙手是艾基納登唯一能夠允許的人類特徵）。雖然在艾基納登掌權的時代，讚美詩用男性單數代名詞「他」來代表「阿頓」，但在這些詩中「阿頓」卻沒有展現人類特質，沒有流露人類屬性，也沒有人類情感或動機。這是艾基納登的一神教運動和查拉圖斯特拉同樣遭到徹底失敗的原因之一。

艾基納登和查拉圖斯特拉面臨的困難是，人們通常很難與一位既沒有人類特徵或屬性、也沒有人類需求的神建立關係。如果神祇沒有人類的形式、屬性或特質，人類應該如何與祂產生連結與交流呢？將神去人性化的概念本身，首先就和產生神的概念的認知過程相抵觸。這就如同試著想像無法想像的事物，或者變出沒有形象的形象。這太掌握不住，無法落實。

若要人接受只存在一位唯一、單獨，沒有人類形式、屬性或特質的神，必須要敬拜者方面付出極大的認知努力，或是一個宗教社群的靈性發展歷程遭遇到深刻的顛覆——必定是一場極為巨大的靈性危機，使得人們忽視一神概念中所有的矛盾，並且覆蓋掉人們想用自身形象去形塑神的天性。

艾基納登駕崩八百年之後，查拉圖斯特拉離世六百年以後，這樣一場危機果然發生了。這場危機帶領著一群自稱以色列人，來自迦南地區的閃族小部落，首度順利完成了歷史上第一個成功的一神論實驗。

第三部分

神是什麼？

What is God

第七章 神是一

公元前五八六年，強大的巴比倫帝國統治者與至高神馬爾杜克（諸神之王）的地上代理人尼布甲尼撒二世國王（King Nebuchadnezzar II）攻破耶路撒冷的城牆，摧毀了這個以色列王國首都，並且將猶太聖殿燒成灰燼。成千上萬的猶太人淪為刀下亡魂；倖存的少數人（尤其受過教育的菁英、祭司、軍人與王室成員）被流放，巴比倫顯然打算消滅這個王國。假使以色列亡國，它的神耶和華（Yahweh）便不復存在。[1]

在古代近東地區，部落及其神祇被視為一體，神和部落締結誓約，部落敬拜神且替祂獻祭，神則保護部落免傷害（無論是洪水或飢荒，或是尤有甚者，來自異族及其神祇的侵擾）作為回報。其實，人們認為，古代近東的戰爭並非敵我軍隊的互攻，而是眾神之間的較量。巴比倫人不是以國王尼布甲尼撒之名征服以色列，而是奉馬爾杜克的名義出兵。人們相信馬爾杜克代表巴比倫人在戰場上戰鬥，並且按照祂與尼布甲尼撒訂定的誓約行事。

以色列人與他們的神也有相同的盟約。統治以色列的是耶和華，因此保衛以色列也是耶和華的任務。《聖經》的早期經文中有大量的篇幅描述以色列人與敵人的流血征戰，都被明確地呈現為耶和華和外邦神祇間的戰鬥。耶和華經常替以色列運籌帷幄、指揮調度、執行戰爭。

「大衛求問耶和華說：我可以上去攻打非利士人嗎？你將他們交在我手裡嗎？耶和華說……：不要一直地上去，要轉到他們後頭，從桑林對面攻打他們。」（《撒母耳記下》第五章第十九節到第二十三節）。[2]

對古代民族而言，明確將部落及其國神劃上等號具有深刻的神學含義。耶和華幫助以色列人擊垮非利士人，證明以色列的神比非利士人的神大袞（Dagon，又譯達貢[1]）更強大。然而，當巴比倫人擊垮以色列人，神學上的結論便是，巴比倫人的主神馬爾杜克比耶和華更強大。

對於許多以色列人而言，他們的神殿（耶和華的居所）被摧毀不僅是國家野心的終止，而是意味著他們的宗教被消滅了。以色列人被切斷了其宗教中核心的儀式和習俗，也失去了他們作為一個民族的認同，他們別無選擇，只能向新的現實低頭。他們取了巴比倫語的名字、研究巴比倫經文，並且開始崇拜巴比倫的神。

然而，在這批流亡者之中，有一小撮宗教改革者，面對著耶和華在馬爾杜克的手中被消滅，提出了另一種解釋：或許以色列被滅和族人流亡一直都是耶和華的神聖計畫的一部份。也許耶和華從一開始就是因為以色列人信奉馬爾杜克而懲罰他們。也許根本沒有馬爾杜克。以色列王國被滅，耶和華聖殿被拆毀且受辱，正是在這個精神抑鬱的時刻，一種新的認同形成了，從中誕生一個全新的角度思考神。

後來被認識為耶和華的這位神，第一次出現是以著火荊棘的形象首度現身，地點或許是在西奈半島東北部的岩礫沙漠。耶和華告知先知摩西：「這是我的名，直到永遠；這也是我的紀念，直到萬代。」（《出埃及記》第三章第十五節）。[3]《聖經》說，摩西當時身處沙漠，因為他正在逃避憤怒法老的追殺。根據《出埃及記》的經文，幾代之前跟隨先祖亞伯拉罕的後裔進入埃及的以色列人，已成長到人數眾多且勢力強大，因此被剝奪財富與自由，淪為奴隸。埃及害怕以色列人的勢力，法老親自下令，將每個以色列的新生兒溺斃於尼羅河。

然而，還是嬰孩的摩西倖免於難。他的雙親是利未人（Levite）祭司的後代，他們把三

1 譯注：半人半魚形的主神。

個月大的摩西放在莎草紙編織的籃子裡，讓籃子在河岸的蘆葦之中飄流而下。法老的女兒發現了摩西，心生憐憫，便把他帶回家，當作埃及的皇室成員般扶養。[4]

摩西長大之後，某天走進百姓之中，親眼目睹了以色列人遭受壓迫、艱辛勞苦。他看到一位埃及主人毆打以色列奴隸，盛怒之下，他殺死了那名埃及人。由於擔心性命，摩西於是逃離埃及，前往《聖經》所謂的「米甸地」(the land of Midian)。在那裡，他遇到一位「米甸祭司」，祭司歡迎摩西加入他的家庭和部落，將女兒西坡拉（Zipporah）嫁給他。[5]

摩西寄居在岳父家中，與米甸家族一起生活了許多年。某日下午，臨近傍晚，摩西領著岳父的羊群到野外放牧，來到一座稱為「神的山」的米甸人聖地山腳。就是在那裡，他遇到了一位神祕的神，祂介紹自己是耶和華。

那裡到底是哪裡？可能無法得知。根據《出埃及記》的記載，「神的山」似乎位於西奈半島東北部。然而，根據《申命記》和《聖經》的別處記載，摩西與耶和華碰面的地方靠近西珥（Seir），位於外約旦（Transjordan[2]）的南部。甚至《聖經》所謂「米甸地」的含義也很難知道。據我們所知，米甸人是住在沙漠的非閃族人，組織鬆散，家園位於阿拉伯西北部，既不在西奈半島，也不在外約旦附近。老實說，摩西的故事充滿混亂與矛盾：在《出埃及記》第二章第十八節，摩西的岳父名叫流珥（Reuel），過了幾段章節，又改稱葉忒羅（Jethro）(《出埃及記》第三章第一節），歷史學家不容易理出頭緒。[6]

問題在於，沒有出土的考古證據證明以色列人曾住在古埃及。這是非常值得注意的一點，考慮到在新王國時期（應該是摩西故事發生的年代），埃及的官僚體系很成熟，並且出了名地熱衷文書記錄。此外，儘管埃及人固定會僱用奴隸，但奴隸的角色與社會地位只屬於以下三種人：在戰爭中被俘的奴隸；為了償還債務而賣身的奴隸；以及如同契約僕人般，在一定時期內必須為國家履行義務的奴隸。

以色列人不屬於這三個類別，很難相信埃及曾經奴役過整個以色列民族。《聖經》所說以色列人被全面奴役的原因更是令人難以置信：因為這個閃族游牧部落不知如何發展得比埃及人「還要多且更為強盛」，然而，當時的埃及是歷來最龐大、最富裕且軍事實力最強的帝國（《出埃及記》第一章第九節到第十節）。[7]

但摩西的故事中最令人困惑的，也許還是他在沙漠遇到的那位神。耶和華的起源成謎。這個名字從來沒有出現在任何古代近東的諸神名單中。諸神名單中的神有上千名，耶和華完全不在其中實在非比尋常。然而在努比亞（Nubia[3]）卻有兩筆可追溯至新王國時期的象形文字提及耶和華（一個在艾基納登的父親阿蒙霍泰普三世於公元前十四世紀興建的神廟；另一

2　譯注：代表「越過約旦河」，亦即約旦河東岸，為現今的約旦。

3　譯注：努比亞為尼羅河流域的沙漠地帶，從埃及南部沿伸到蘇丹北部，古時為一王國。

個在拉美西斯二世（Rameses II）在公元前十三世紀興建的神廟），其中提到「耶和華的游牧者之地」。對於這片土地的確切位置雖然仍有爭議，但普遍共識認為，它是指迦南以南的廣闊沙漠地區，亦即「米甸地」。

因此，娶了米甸妻子的摩西，在受僱於米甸祭司（他的岳父）時，在米甸地巧遇米甸人的神祇（耶和華）。[8]

如果故事到此結束（並且如果我們忽略前述的歷史問題），這也有一定的道理。但故事還沒有結束。因為這位米甸人的神祇交託摩西的首要任務是要他返回埃及，讓以色列人擺脫奴隸的挾制，然後引領他們回到迦南故鄉：「你要對以色列人這樣說：耶和華——你們祖宗的神，就是亞伯拉罕的神，以撒的神，雅各的神，打發我到你們這裡來。」（《出埃及記》第三章第十五節）。

這種說法可能會讓亞伯拉罕、以撒和雅各吃驚，因為這些《聖經》族長並沒有崇拜稱為耶和華的米甸神祇。他們敬拜的是完全不同的神：一位他們稱為埃爾（El）的迦南神祇。

數個世紀以來，學界都知道以色列人在《聖經》中敬拜過兩位不同的神祇，兩位神祇各有不同的名稱、不同的來歷與不同的特徵。《創世記》、《出埃及記》、《利未記》、《民數記》和《申命記》是《聖經》的首五卷，統稱摩西《五經》（Pentateuch），它們其實是數百年之間根據各種來源拼湊的作品。若仔細觀察，偶爾會看到兩個或多個不同傳統合併的蛛絲馬跡。

例如，創世的故事有兩個版本，分別由不同的人撰寫：《創世記》第一章指出，男人和女人同時受造，到了《創世記》第二章，出現了更為著名的亞當與夏娃的故事，指出夏娃由亞當的肋骨所造。大洪水的描述也有兩個版本，但不同於創世的故事，它們被融合成了單一的洪水故事，因此有矛盾的描述：一說洪水持續了四十天（《創世記》第七章第十七節），一說大水延續了一百五十天（《創世記》第七章第二十四節）；帶上挪亞方舟的動物是七公七母（《創世記》第七章第二節），或者每樣兩個（《創世記》第六章第十九節）；洪水到底是始於挪亞進入方舟後第七天（《創世記》第七章第十節），或是他登上方舟後立即發生（《創世記》第七章第十節到第十三節）。

聖經學者仔細追蹤這些單獨的敘述線索，至少找出四種不同的書面來源。這些來源構成了《聖經》最初書卷的多數內容，包括：耶和華文獻（Yahwist[4]），或稱J典（在德語中，j的發音為y），可追溯至公元前第十世紀或第九世紀，內容貫穿了大部分的《創世記》、《出埃及記》和《民數記》；伊羅興文獻（Elohist[5]），或稱E典，可追溯至公元前第八世紀或第七世紀，內容列於《創世記》和部分的《出埃及記》；祭司文獻（Priestly），或稱P典。以色列

4 譯注：文集均稱呼上帝為耶和華而得名。
5 譯注：文集稱呼上帝為伊羅興而得名。

人於公元前五八六年被流放巴比倫，P典隨即成書，或是撰寫於後續被擄的期間，內容主要針對J典和E典加以修訂；最後是申命記文獻（Deuteronomist），或稱D典，內容遍及《申命記》以及《列王紀上》和《列王紀下》，約略成書於公元前第七世紀到第五世紀之間。

這些來源差異甚多。例如，伊羅興文獻可能是由以色列北部的某位祭司撰寫，會將西奈山（Mount Sinai）稱為何烈山（Mount Horeb），而且稱迦南人為「亞摩利人」（Amorite）。在這些經文中，神經常出現於異象與夢境之中，但是在以南方為主的耶和華文獻中，情況卻非如此，神經常用奇特的擬人化方式現身：祂藉由錯誤嘗試法（trial and error）來創造世界，忘了替亞當創造伴侶（《創世記》第二章第十八節）；祂會在伊甸園中行走，享受傍晚的涼風（《創世記》第三章第八節）；亞當和夏娃躲在樹木中，耶和華竟然找不到他們，於是對著夜空呼喊：「你在哪裡？」（《創世記》第三章第九節）。

然而，耶和華文獻與伊羅興文獻的主要差異在於，它們用不同的名稱稱呼神。伊羅興文獻的神是埃爾（El）或伊羅興（Elohim，El的複數），多數的英文版《聖經》都將這個名稱翻譯成「神」（God），開頭G為大寫：「這些事以後，神（God〔Elohim〕）要試驗亞伯拉罕。」（《創世記》第二十二章第一節）。相較之下，耶和華文獻通常將神稱為Yahweh，英文版《聖經》通常譯為上帝（the Lord），四個字母都大寫：「耶和華（LORD〔Yahweh〕）說：我的百姓在埃及所受的困苦，我實在看見了。」（《出埃及記》第三章第七節）。更後期的祭司文獻則遊走其間，交替使用 Yahweh 和 Elohim，顯然試圖將這兩位不同的神祇合而為一。

雖然耶和華文獻大約比伊羅興文獻更古老一百年，伊羅興文獻卻記載了比較古老的神。我們幾乎不了解耶和華的起源，只知道祂可能是米甸人的神，但埃爾卻是古代近東地區最著名和記載最多的神靈之一。

埃爾是迦南的至高神，溫和猶如父親，卻令人敬而遠之，通常被描繪為留鬚的國王，或者以公牛或小牛的樣貌出現。埃爾被稱為一切受造物和遠古以來的創造者（Creator of Created Things and the Ancient of Days），也是迦南主要的豐收神靈之一。然而，埃爾最主要的角色是擔任天界之王，乃是迦南凡間國王的父親和保護者。祂高坐於天庭寶座，主持迦南諸神的天界會議，諸神中包括：母親女神與埃爾的配偶阿瑟拉（Asherah）；年輕的暴風雨之神，又稱騰雲駕霧者（Rider of the Clouds）巴力（Baal）；戰神亞拿特（Anat）；阿斯塔蒂（Astarte），也被稱為伊絲塔（Ishtar）；以及一班位階較低的神祇。[9]

埃爾也是以色列的原始神，這點毫無疑問。以色列這個詞本身就是「埃爾堅忍不拔」（El perseveres）的意思。

早期的以色列人用各種名稱敬拜埃爾，譬如：伊利・沙代（El Shaddai[6]），亦即山之伊

6 譯注：意思是「全能的神」，和合本便如此翻譯。

利（El of the Mountains）（《創世記》第十七章第一節）；伊利．歐拉姆（El Olam），亦即永生的伊利（El Everlasting）（《創世記》第二十一章第三十三節）；伊利．羅伊（El Roy），亦即看顧的伊利（El Who Sees）（《創世記》第十六章第十三節）；以及伊利．以羅安（El Elyon），亦即至高的伊利（El Most High）（《創世記》第十四章第十八節到第二十四節），諸如此類。住在迦南的以色列人如此急切地接受迦南神祇作為自己的神似乎有點不恰當，但迦南神學確實深切影響了《聖經》，而且紮根之深，深到難以從種族、文化甚至宗教上去明確區分迦南人和以色列人，特別是在以色列早期的歷史中（約略在公元前一千二百年到一千年），雙方更是難以區隔。[10]

以色列人的傳統觀點是認為自己嚴格遵守一神論，只敬拜宇宙唯一的神，但在四面八方被多神論的迦南人和他們的假神包圍。這個觀點經不起歷史與考古證據的檢驗。首先，並沒有一個單一的團體叫做迦南人；迦南地區指的是黎凡特南部，包括現代的敘利亞、黎巴嫩、約旦和以色列——巴勒斯坦的部分地區，而迦南人是對居住在這些地方的高地、山谷和沿海部落的泛稱。因此，無論如何定義以色列文化，都幾乎不可能從更廣泛的迦南文化這個大傘下把以色列分離出來。現在許多學者認為，以色列人起源自迦南群落，是定居在高地丘陵的氏族中的一支，後來逐漸脫離較大的迦南部落群，表現出不同的身分認同，但仍然植根於迦南文化與宗教。迦南和以色列都是由西閃族人組成，講類似的語言、用類似的文字，並且舉行相似的儀式。甚至在舉行儀式和獻祭時，他們會使用相同的宗教術語，有數十個迦南詞語被希伯來語借用，其中多數牽涉宗教事務。[11]

當然，他們也信奉同一位神：埃爾。

其實更精確地說，應該說以色列人和迦南人信奉相同的眾神，因為無論如何延伸想像，也絕不可能把早期的以色列人當成一神論者。他們頂多是奉行單一主神教，亦即他們敬拜一位神祇埃爾，但不必然否定迦南神系中其他神的存在。其實以色列人有時也會敬拜這些其他的神，特別是巴力與阿瑟拉，偶爾也會敬拜亞拿特。雖然《聖經》中有許多段落譴責百姓敬拜其他神祇（大多是後來的祭司所撰寫），但這些譴責適足以證明以色列人確實敬拜過這些神祇，不但以色列百姓經常如此，這些神像也出現在耶路撒冷神殿中，更加證明以色列官方也曾敬拜祂們。以色列的第一任國王掃羅（Saul）甚至以巴力之名替他的兩位兒子取名為伊施巴力（Eshbaal）和米力巴力（Meribbaal），也以耶和華為名替兒子取名為約拿單（Yehonatan，亦即Jonathan）。[12]

有鑑於此，早期的以色列人很可能像迦南人一樣看待埃爾：他們將埃爾視為主神，統管一批較為低階的神，地位猶如恩利爾、阿蒙—雷、馬爾杜克、宙斯，或者其他至高神。他們承認，甚至偶爾也會敬拜，迦南神系的其他神。但是他們效忠的神，是他們以祂為自己命名的那位神：埃爾。

以色列族長亞伯拉罕一生大都生活在迦南地帶，就算不是迦南人，也浸淫於迦南的文化和宗教之中。亞伯拉罕就是跟這位埃爾神立下聖約，交換豐饒生育的承諾——畢竟這是埃爾主要的功能之一：「我是全能的神（El Shaddai，伊利・沙代）。你當在我面前作完全人……。我必使你的後裔極其繁多；國度從你而立，君王從你而出。」（《創世記》第十七章第一節和第六節）。

是埃爾要求亞伯拉罕將兒子以撒（Isaac）獻祭，考驗他的忠誠和信仰；是埃爾與以撒的兒子雅各續約，說道：「你從今以後不要再叫雅各，要叫以色列。」（《創世記》第三十五章第十節）。雅各便是以這位埃爾的名義——你父親的神（El of your father）（《創世記》第四十九章第二十五節）——將聖約傳給兒子約瑟。根據《聖經》記載，約瑟是第一位離開迦南並定居在埃及的以色列人，而數個世代之後，他的後裔會遇到當時無人知曉並自稱耶和華的米甸神。沒錯，一神論信仰經歷了數百年的失敗與遭人抗拒後，終於在人類靈性旅程中永久紮根的故事，是從亞伯拉罕的神埃爾和摩西的神耶和華如何逐漸融合，成為我們如今稱為「神」（God）的唯一神祇的故事開始。[13]

摩西在沙漠首度遇見耶和華後，帶了訊息到埃及給以色列人：以色列人先祖（亞伯拉罕、以撒和雅各）的神聽見了他們的哀求，很快會將他們從奴役中解放。然而，以色列人不熟悉摩西的那位神。甚至在摩西展示神的力量並說服他們跟隨他返回「米甸地」（亦即「耶和華的游牧者之地」，以色列人逃離埃及後在那裡安營扎寨）之後，以色列人依舊對這位他們不認識的神欠缺忠誠。當摩西站在「神的山」山頂上，接收耶和華的新約（十誡）以取代亞伯拉罕與埃爾之間的聖約，山腳下的以色列人已經回頭敬拜亞伯拉罕的神，他們替自己塑造了一尊金牛形狀的偶像，此乃埃爾的主要象徵。[14]

數百年之後，祭司文獻的作者試圖調和早期以色列人這兩個信仰分支之間的衝突，而讓摩西的神明確聲明：「我是耶和華。我從前向亞伯拉罕、以撒、雅各顯現為全能的神（El Shaddai），至於我名耶和華，他們未曾知道。」（《出埃及記》第六章第二節到第三節）。然而，這項聲明只突顯出這個事實：當初那些以色列族長（經文中的耶和華在他們的記憶中說話）不知道耶和華是誰。

以色列人最終順利調和了耶和華與埃爾之間的衝突，但其中過程比祭司文獻暗示的更加艱辛一些。敬拜耶和華的傳統似乎是從南方傳入迦南，其存在發展的多數時間都是以當地為核心。而在迦南的北部地區，居住在當地的以色列人世世代代都是敬拜埃爾，將其視為至高神，同時也承認並偶爾會敬拜其他的迦南神靈。因此，對北部的以色列人而言，調和並不困難，只要將耶和華加入他們的神當中即可，然而如同《聖經》所示，這個過程是緩慢且分階段進行的。我們可以透過《申命記》中所謂的摩西之歌（Song of Moses）來窺探這個漸進的過程：

> 至高者（Elyon）將地業賜給列邦，將世人分開，就照眾神[7]的數目立定萬民的疆界；
> 耶和華的分本是他的百姓。
>
> ——《申命記》第三十二章第八節到第九節

這段非比尋常的經文不僅確認以色列認可埃爾統治之下的其他神祇，也明確指出耶和華是眾神之一。它指出每位神祇都從埃爾得到產業或「分本」，而耶和華分到以色列這個國家。[15]

當以色列在公元前一〇五〇年左右成為以色列王國時，耶和華與埃爾便更進一步合併。兩者的名稱偶爾甚至合在一起，成為「耶和華—埃爾」（Yahweh-El）或「耶和華—埃羅興」（Yahweh-Elohim），而大多數的英文版《聖經》通常將其譯成「主神」（Lord God）：「我兒，我勸你將榮耀歸給耶和華——以色列的神〔Lord God／Yahweh-Elohim〕，在他面前獻上感謝[8]，將你所做的事告訴我。」[16]

以色列合併為王國，是由於鄰近部落的威脅日增。以色列人為了維持獨立與求取生存，便集中權力，從先知（prophet）與士師（judge）統治的神權部落轉變為國王統治的君主國。

如同巴比倫、亞述、埃及和其他地區所出現的情況，人間統治的性質一旦改變，天界諸神統治的方式也會隨之改變；換句話說，這就是「政治映型」。[17]

以色列的新興君主需要一位國神：天界國王反映塵世君主的權威。由於王國的首都耶路撒冷位於南部的猶大（Judah），耶和華（此時已經被視為「耶和華—埃爾」）便順理成章擔任起天界國王的角色。這位受到西奈半島游牧民族崇拜的沙漠神祇從此被提升到以色列神系的頂端，成為統領眾神的天界之王。「耶和華在天上立定寶座；他的權柄（原文作「國」）統管萬有。」（《詩篇》第一〇三篇第十九節）。

耶和華成了以色列國王的守護神。在耶路撒冷建起了一座神廟，這位新的國神以「約櫃」（Ark of the Covenant，「約」指摩西的十誡）的形式被供奉於此。在以色列王國王室的鼎力贊助之下，敬拜耶和華的信仰就如古代近東普遍的部落崇拜模式進一步演化成體制嚴謹的儀式化獻祭、神話敘事，與悅耳的禱告詞。

如同馬爾杜克、阿蘇爾、阿蒙—雷和其他至高神，耶和華在以色列神系中逐漸往上爬時，不斷吸收其他神祇的特質和屬性。因此，我們會在《詩篇》（《聖經》中宣揚耶和華君王地位

7　譯注：中文和合本聖經翻譯成以色列人。
8　譯注：中文和合本聖經翻譯成：認罪。

的主要形式）中看到耶和華吸收了埃爾的天界國王角色，登上寶座，在天庭會議中被一群天界的主人圍繞，就像埃爾先前一樣。

> 耶和華啊，諸天要稱讚你的奇事；在聖者的會中，要稱讚你的信實。
> 在天空誰能比耶和華呢？神的眾子中，誰能像耶和華呢？
> 他在聖者的會中，是大有威嚴的神，比一切在他四圍的更可畏懼。
>
> ——《詩篇》第八十九篇第五節到第七節；也請參閱《詩篇》第八十二篇、第九十七篇和第九十九篇

耶和華開始體現暴風雨神巴力那位騰雲駕霧者的形象，成為「用雲彩為車輦，藉著風的翅膀而行」（《詩篇》第一〇四篇第三節）。詩人唱道：「你管轄海的狂傲；波浪翻騰，你就使他平靜了」（《詩篇》第八十九篇第九節）。

耶和華甚至繼承了阿瑟拉女神的女性特徵，尤其是祂的母性、育養的性格，例如在耶和華「像難產的婦人」般呼喊時（《以賽亞書》第四十二章第十四節）。耶和華說：「雅各家，以色列家一切餘剩的要聽我言：你們自從生下，就蒙我保抱，自從出胎，便蒙我懷揣」（《以賽

亞書》第四十六章第三節)。

然而即使是在以色列歷史上的這個融合點，雖然耶和華的地位在上升，但以色列人還是不否認其他神祇的存在。有證據指出，耶路撒冷有一派人「只敬拜耶和華」，但王室既不禁止、也不鼓勵敬拜其他神，他們只是專心敬拜自己的國神。著名的聖經學者莫頓・史密斯(Morton Smith)寫道：「以色列神(耶和華)的屬性，就是和古代近東民族主要神祇同樣的屬性……，要比鄰國的神更偉大。」

「耶和華啊，眾神之中，誰能像你？誰能像你——至聖至榮，可頌可畏，施行奇事？」(《出埃及記》第十五章第十一節)。

這仍然不是一神論。頂多是崇拜一神教，考慮到其他神是如何無縫地被融入以色列的崇拜之中，這個字面上的定義就失去了作用。就跟多數遠古民族一樣，以色列很難把耶和華想像成宇宙間唯一的神。他們認為耶和華只是宇宙中最棒的神。「因為你——耶和華至高，超乎全地；你被尊崇，遠超萬神之上」(《詩篇》第九十七篇第九節)。他們將耶和華視為諸神之王和諸神的統治者：至高之神，最強大之神——眾神之神(god of gods)。

然後有一天，一位更強的神馬爾杜克出現了，擊敗了耶和華，把這位以色列之神從天庭寶座上丟下，這個過程替一種新的思維方式奠定了基礎，不只是關於耶和華，而是關於宇宙的本質。因為只有在以色列歷史的這個時間點上(當以色列人被從他們的神所應許他們的土地驅逐，散居到近東各地），我們才開始看到整本《聖經》首度明確出現一神論的經文：「耶和華──以色列的君，以色列的救贖主……。我是首先的，我是末後的；『除我以外再沒有真神』。」（《以賽亞書》第四十四章第六節）。[18]

換句話說，猶太人在以色列慘敗給巴比倫之後引入一神論，是一種合理化自己為何會遭逢國難的方法。巴比倫流放造成的認同危機，迫使以色列人重新審視他們的神聖歷史，重新詮釋他們的宗教意識型態。流亡造成的認知失調（cognitive dissonance）需要一個更戲劇性，此前尚不可行的宗教框架來合理化這個經歷。先前難以接受的神學思想（譬如：一位神有可能既為善、又為惡嗎？一位神有可能同時擁有所有的人類屬性嗎？），突然變得比較容易入口。如果部落及其神祇確實是一體的，一方落敗，代表著另一方滅亡，那麼對於這群流亡在巴比倫推動一神論的改革者而言，設計出一位充滿矛盾的復仇之神，好過於棄守他們的神和民族身分認同。於是突然之間，所有歷史上反對一神的論點都被這個微不足道的閃族部落想要延續命脈的巨大渴望一掃而空。「我是耶和華；在我以外並沒有別神。我造光，又造暗；我施平安，又降災禍；造作這一切的是我──耶和華。」（《以賽亞書》第四十五章第六節到第七節）。

我們所知道的猶太教便是如此誕生：不是在亞伯拉罕與神所立的約中，也不是在以色列人出埃及時產生，而是在被夷為平地的神廟悶燒的灰燼中，在一支被擊潰的民族拒絕承認自己的神被打敗時誕生出來。猶太教的信仰禱告，被稱為「施瑪篇」（Shema）的經文（「以色列啊，你要聽！耶和華——我們神是獨一的主。」[9]），乃是在這個以色列歷史轉變時刻後寫成的，我們如今所知的《希伯來聖經》或《舊約》，其中多數的內容也是在這個時刻之後寫的。甚至在流亡前撰寫的聖經經文（亦即耶和華文獻與伊羅興文獻），也被放逐之後的祭司文獻與申命記文獻作者重新編纂和改寫過，以便反映新的「一神」觀點。

最終在以色列人流亡巴比倫過程中崛起的神，不是艾基納登敬拜的抽象神祇，也不是查拉圖斯特拉幻想的純粹活靈，更不是希臘哲學家所寫的宇宙無形物質。這是一位嶄新類型的神，祂是獨一的且有位格（singular and personal）。這位獨一真神沒有人類形態，卻按照祂的形象造人。祂是一位永恆且不可分割的神，展現出人類的各種情緒與特質，包括好的與壞的。

這是宗教歷史上一項非凡的發展，歷時數十萬年才演化出來。然而，僅僅過了五百年，一批自稱基督徒（Christian）的末日論猶太人教派突然興起，顛覆了這項宗教成就。[19]

9 譯注：猶太教的禱詞，宣稱上帝是絕對唯一的，請參閱《申命記》第六章第四節。

第八章
神是三

「太初有道（Logos[1]），道與神同在，道就是神。」（《約翰福音》第一章）。

這是《約翰福音》開頭的文字。這些文字從將近兩千年前被寫出時起，便構成基督宗教（Christianity[2]）及其源頭猶太教之間主要的分水嶺。

《約翰福音》和新約聖經中的另外三部福音不同。《馬太福音》、《馬可福音》和《路加福音》被稱為「對觀福音」（Synoptic Gospels，又譯符類福音），因為它們大致上從共同的原始

---

1 譯注：直譯為「邏各斯」，希臘文原義指「話語」（word），這是基督教神學和西方哲學的重要概念。馬禮遜譯「言」，基督新教通常譯為「道」，天主教舊譯為「物爾朋」（源於拉丁文Verbum），現譯為「聖言」，聖經恢復本翻譯成「話」。

2 譯注：指包含羅馬天主教、東正教、基督新教，和一些獨立教派在內的廣義基督信仰。

材料取材，講述的或多或少都是同一個故事，關於一位來自拿撒勒（Nazareth）的猶太傳道者和農夫，名叫耶穌（Yeshua，希臘語的Jesus），他行神蹟並醫治病人，傳講神的國度，被稱作彌賽亞（Messiah）和救世主，並且因為這個名聲而遭到羅馬當局逮捕並處決，在死後三天復活。

《約翰福音》依循的是另外一套傳統，講述它獨特的故事，並對耶穌的活動提供截然不同的時間表，連耶穌去世和復活的日子都不同。「對觀福音」講述耶穌的故事時，不是從他開始傳道講起，就是以他神奇的誕生為開頭。《約翰福音》卻從太初（時間的開端）開始講述耶穌的故事。

然而，《約翰福音》與「對觀福音」最顯著的差別還在於，雖然後者針對耶穌是誰提出了許多說法：他是一位猶太拉比（《馬可福音》第九章第五節）？或是大衛後裔的某位國王（《路加福音》第十九章第三十八節）？還是一位如摩西一般的先知與法典制定者（《馬太福音》第二章第十六節到第十八節）？但唯有《約翰福音》明確宣稱耶穌是神的化身。[1]

這個主張從《約翰福音》開篇就已經可見。「太初有道（Logos）……。」英文版《聖經》經常將「logos」翻譯成「word」，但這並非「Logos」此處代表的意義。在希臘哲學中，「Logos」是個術語，意為「理性」（reason）或「邏輯」（logic），但即使這些定義也無法傳達它真正的含義。希臘人認為，「Logos」是構成宇宙最根本的理性力量。換句話說，它就是「神聖理性」

（divine reason），亦即創造天地背後的心智（the mind behind creation）。當芝諾芬尼、畢達哥拉斯和柏拉圖談論一位「一神」，作為引領創世背後唯一、統一的法則，他們談論的就是「Logos」。[2]

無論是誰撰寫了《約翰福音》（絕非使徒約翰；這部福音大約成書於公元一百年，當時約翰早已離世），這位作者必定是通曉希臘語的羅馬公民，且浸淫於希臘哲學之中。他的讀者也是生活在希臘化世界，會講希臘語的羅馬公民。因此，當約翰使用「Logos」這個字開始寫他的福音時，他的意思很可能正和希臘人看待這個字的意義一樣：開天闢地的原始力量，萬物皆由此而誕生。

然而，約翰接下來做了一件完全出乎意料的事情。他宣稱這種原始力量是一個人。沒錯，整部《約翰福音》的目的就是在描述創造天地的抽象、永恆和神聖本質（既與神分離，又與神同在）如何以耶穌基督的模樣顯現於塵世：「道成了肉身，住在我們中間」（《約翰福音》第一章第十四節）。

簡單地說，約翰是在主張天與地的創造者化身為猶太農夫，在加利利（Galilee，又譯加里利）的偏鄉僻壤生活了三十年；唯一的真神進入一位女性的子宮並從她誕生；全知的宇宙之王接受母親的哺乳，以無助嬰兒的模樣吃睡拉撒，而宇宙在他缺席的情況下仍持續運轉；人類的創造者是由人撫養，然後在他生命的盡頭被人所殺。

耶穌在《約翰福音》中宣稱：「我與父原為一。人看見了我，就是看見了父。」（《約翰福音》第十章第三十節以及第十四章第九節）。

「神人」在古代近東地區並非新的概念。羅馬人定期把他們的皇帝在死後神化，偶爾甚至在君主仍在世時便將其神化，譬如凱撒大帝（Julius Caesar）。在公元第一世紀到第四世紀之間，有六十位皇帝統治過羅馬帝國，其中三十六位皇帝被神化，另有二十七位皇室成員也被神化。人們建造祭壇與神廟來擺放他們的形象，設立祭司為他們獻祭，設計宗教儀式讓人們可以把他們當作神來祭拜。[3]

羅馬人可能是受了希臘人的影響，希臘有將人神化的悠久歷史。希臘神學從未明確區分人與神；偉大的希臘神話充滿半神半人（demigod）以及因服務眾神而位列神籍的英雄。亞歷山大大帝在位期間（公元前三三六年到前三二三年）被視為神；他的父親馬其頓的腓力（Philip of Macedon）（公元前三五九年到前三三六年）也被視為神，腓力甚至替自己樹立雕像，使其與奧林帕斯十二神的雕像並列。[4]

而希臘人可能又是仿效埃及人，埃及人認為法老是神聖的。雖然法老有可能是埃及神系中任何一位神祇的活化身，但他與隼頭人身的神祇荷魯斯關係最密切。具體而言，當法老坐在王位上，荷魯斯便居住在法老的身體裡。當法老參與被認為是他神聖職位的活動，尤其宗教儀式和公共儀典時，法老的人性便被神性所充滿。然後，在法老死亡時，他會蛻去人性，去到他在眾星之中的位置，成為值得敬拜的神祇。[5]

而埃及人很可能受到美索不達米亞統治者的影響。神王（divine king）的概念確實起源於美索不達米亞，並且經常被認為始自薩爾恭大帝，即在公元前二三四〇年到二二八四年之間短暫統一美索不達米亞各部落的阿卡德統治者。薩爾恭的阿卡德王朝第四位國王納拉姆—欣（Naram-Sin）創造了全新的王權意識型態，他在自己的名字納拉姆（Naram）前面冠上強大的月亮女神「欣」（Sin）的名稱，藉此宣稱自己為神。[6]

如前所述，「神人」可能是宗教歷史上最為成功的略微違反直覺的概念。其實，近東唯一的一個沒有穩固地神化人類的傳統的宗教，就是耶穌本人的宗教：猶太教。

我們已經知道，將神人性化的衝動是如何深植於人的認知過程。然而，是什麼使得一個社會會去神化一個人類：把一個人當作神來敬拜、令他充滿神聖的言語、神聖的知識與神聖的能量，向他祈禱，以及在今生與來世尋求他的協助？

將神人性化與將人神化是一體兩面，一點都不足為奇。在有組織的宗教歷史的最初幾千年，從哥貝克力石陣到希臘，隨著眾神逐漸一一承襲了人類的各項特質，自然也會襲用我們最明顯的一種人類衝動：對權力的渴望，主宰和控制他人的需求。這種動機愈是被歸於眾神，眾神與人類的關係就愈改變，神不再被視為自然世界的重要本質，亦即被神化的自然。現在，神就是王。眾神不再只是發光、降雨，或者施展維持人類存續的其他自然力量。現在諸神要伸張正義。祂們用嘴巴宣告祂們的神意。祂們用眼睛查看我們的一舉一動。祂們用雙手打擊挑戰祂們的人。

當然，眾神沒有可以說話的嘴巴，沒有可以看見的眼睛，也沒有可以重擊的雙手。這些是人類的，而不是神的特徵。因此，只能靠眾神的凡間代表替祂們說話，代表祂們伸張正義，懲罰祂們的敵人，這些塵世代理人手中握有力量，那是眾神為祂們自己要求的力量。

人神之間的斡旋者角色自然落到眾神在地上的對應人物：主要是國王、法老和皇帝，但也還有祭司、先知、神祕主義者和彌賽亞。我們可以看到這個過程如何在古代美索不達米亞成形，看到權力集中到少數專制者的手中，由他們揮舞神權的力量。並且，根據美索不達米亞的情況，一旦人們接受了自己需要人間的斡旋者，那麼下一步很可能就是神化這位斡旋者。畢竟，人們會覺得充當人神之間橋樑的人也具有神性（至少具備半神性）是非常合理的。

然而，耶穌的神化卻有其獨特的顛覆性。這並非是因為耶穌所來自的宗教，沒有將人神化的歷史。也不是因為古代近東的多數神人都是國王和皇帝，而耶穌卻是一位農夫。[7]

耶穌神化的不同之處不在於耶穌這個人，而在於宣稱他體現的神。因為其他古代近東的神人都被認為是眾神之中某一位神的人類化身之一，而耶穌是被視為宇宙唯一真神的唯一人類化身。

在基督教創立的最初數個世紀，許多基督徒認為很難接受這個概念。在早期教會中，對於約翰認為耶穌是「道」（Logos），信眾迅速分成兩派：一派認為，約翰誤解了，耶穌只是個人，而不是神。一派認為，約翰是對的，耶穌確實是神，但不是那位宇宙的唯一真神。傑出的基督教護教士（apologist）兼神學家殉教者游斯丁（Justin Martyr，公元一〇〇年到公元一六五年）被迫承認：倘若如約翰所述，耶穌乃是「聖道」（divine Logos），則他必然是一位不同的神，是一位「有別於創造一切之神」的神。安提阿（Antioch）曾是勢力和影響力僅次於羅馬的基督教社群，當地主教撒摩撒他的保羅（Paul of Samosata，公元二〇〇年到二七五年）主張，約翰的意思一定是道居住在耶穌內，而非道就是耶穌；獨一真神將「道」賜予耶穌，作為他「聖潔生命」的獎勵。極有影響力的教會神父安提阿的阿里烏（Arius of Antioch）更進一步宣稱：只有一位神。這位神必然從定義上是不可分割、不可被創造，且亙古常存。因此根本不可能將耶穌視為「道」。否則宇宙便有兩位神。對阿里烏而言，這簡直難以想像。[8]

然而，並非所有人都認為兩位神的概念荒誕無稽。在到底耶穌是人還是第二位神的兩極爭論中，兩派陣營最初毫不妥協（妥協直到公元第四世紀才達成），初期的教會有許多人其實認為宇宙不僅有兩位神（一位是耶和華，另一位叫耶穌），還認為這兩位神彼此為敵。

基督教「兩位神」理論（亦即二神論〔ditheism〕）最著名的支持者，是來自小亞細亞的年輕學者馬吉安（Marcion）。馬吉安大約出生於《約翰福音》寫作之際，乃是在新興基督宗教信仰中成長的第一代非猶太人。他的父親是黑海沿岸城市西諾普（Sinope）的主教，家族從事營收豐厚的造船業務。

馬吉安家庭富有，使他得以悠閒過活並飽覽群書。他浸淫於希臘哲學和基督教思想，並且他似乎對希伯來經文有深刻的理解。但正是因位馬吉安對於古代猶太宗教，與剛從猶太教中冒出頭但尚未統一的嶄新基督教教派有淵博的知識，他因此感到震驚無比。因為馬吉安無論如何努力，都無法調和他在希伯來聖經（Hebrew Bible[3]）中看到的耶和華和耶穌稱為父的那位神。

《聖經》中的耶和華是沾滿鮮血的「戰士」（Man of War）（《出埃及記》第十五章第三節；《以賽亞書》第六十三章第三節），祂是嫉妒的神，會興高采烈地呼籲屠殺不敬拜祂的人（《出埃及記》第二十二章第二十節）。這位神曾經讓四十二位童子被熊撕裂至死，只因他們嘲笑祂的一位先知禿頭（《列王紀下》第二章第二十三節到第二十四節）。宇宙的獨一真神怎麼會是如此小氣狹隘，占有慾強又貪婪呢？更重要的是，這位神和耶穌所啟示的那位愛、寬恕、和平、慈悲的父神有何關聯？

馬吉安接受了耶穌的神性；他完全同意約翰的立場，認為「道」就是神。當他說出「耶穌所啟示的神」時，他的意思是指以耶穌模樣來啟示的神。同時，馬吉安也認為希伯來聖經的神耶和華是創世者。其實，他似乎是從字面上的意思理解《創世記》。但是他的閱讀只是讓耶穌和耶和華看起來更加不同。這是一個匱乏與破壞、敵意與仇恨的世界，馬吉安自忖，怎樣的神會創造這種悲慘世界？耶穌不是說：「憑著他們的果子，就可以認出他們來」？（《馬太福音》第七章第十六節）。若真如此，這位神的果子似乎是爛到核心裡去了。[9]

對馬吉安唯一合理的解釋是：一定是有兩位神：一位是希伯來聖經中殘酷的創世神，名叫耶和華，是以色列的神；另一位是是慈悲與愛的神，亙古以來祂一直以道的形式常存，但祂藉由耶穌基督的形態才第一次向世人展現出來。

馬吉安絕非早期基督徒中唯一下這種結論的人。有一大群我們如今概稱為「諾斯替教徒」（Gnostic，源自希臘語gnosis，意思為「知識」）的講希臘語的基督徒也曾區分希伯來聖經的神與耶穌的神，但和馬吉安不同，多數諾斯替教徒拒絕承認耶和華是創世者。他們認為，創造世界是一位被稱為德木格（Demiurge），亦即「設計者」（fashioner）的神所為，這位殘缺、不完美的神愚蠢地相信自己是宇宙唯一的神。

《約翰祕密福音》（*The Secret Gospel of John*）的諾斯替作者如此寫道：「祂傲慢無禮，褻瀆

---

3 譯注：猶太人信仰中，指的是塔納赫（Thanach），共二十四卷正典，等同於基督新教有三十九卷正典的《舊約》。然而，對於天主教和東正教而言，希伯來聖經指的是包含更多卷正典的《舊約》。

上帝，因為祂說：『我是神，除我之外，別無他神。』因為祂渾然不知自己的實力，也不知自己來自何處。」[10]

毀壞所多瑪（Sodom）和蛾摩拉（Gomorrah）這兩座城市的就是德木格，發洪水滅絕多數人類的也是德木格，將亞當和夏娃從伊甸園驅逐出去的更是德木格。

「但這是一位怎樣的神？」《真理的證明》（*The Testimony of Truth*）的諾斯替作者如此抱怨：「首先，（祂）心存惡意，不准亞當吃知識樹的果子。然後祂問道：『亞當，你在哪裡？』……顯然祂已經顯示出祂是個惡意的怨恨者，心懷不軌。」[11]

馬吉安和諾斯替教徒將創造宇宙的差事交託於一位次級神之手（無論是耶和華或德木格），無非是極力想解釋一點：如果創世者毫無瑕疵且不帶罪惡，創造的世界為何會缺陷重重且充滿罪惡？他們想解釋這兩者之間的矛盾；他們想替耶穌從希伯來聖經中耶和華許多令人髮指的行為開脫。

然而還有別的。當這些基督徒宣稱存在兩位神時，他們是在嘗試讓基督教擺脫猶太教的根基，表明它是全新的宗教，有嶄新的啟示，和一位全新的神。[12]

在公元一三九年，馬吉安離開他在波羅的海的家園，前往羅馬，去與這個當時最大、最具影響力的基督教社群分享他的看法。他先討好羅馬教會，捐贈了一筆二十萬羅馬塞斯特斯幣（sesterce）的巨款，相當於今日的數百萬美元。有了這筆捐款馬吉安便能以教會的座上嘉賓的身分待在羅馬。

馬吉安在羅馬將他的教義彙整為兩份手稿，其中一份概述其神學觀（已經佚失，但我們透過教會長老對它的駁斥能知道其中一些觀點），另一份則是最早試圖編纂《新約》的嘗試。馬吉安的正典包括一份《路加福音》編輯過的版本，以及十封使徒保羅寫的書信，保羅在信中指出基督（Christ）是在太初之前便存在的宇宙存有（cosmic being），這種說法與馬吉安的觀點完全契合。

馬吉安耗費五年精心闡述自身觀點，然後召集羅馬教會的領袖，向他們介紹他「兩位神」神學觀。他首先提出耶穌是神的化身，會中的許多教會領袖（儘管不是全部）都抱持這種觀點。但是馬吉安接著主張耶穌不是他們所認識的上帝耶和華，而是一位完全不同、人類迄今未知的神，才剛剛向人類顯現。馬吉安告訴他們，耶穌降臨塵世的真正目的，乃是要從《聖經》邪惡的創世神手中放人類自由。因此，以耶穌之名形成的基督宗教不能再與它的起源猶太教相互聯繫。希伯來聖經已經過時，人們需要一部新的《聖經》。碰巧的是，他剛好帶來了一本。[13]

教會領袖很不高興。他們退還馬吉安的巨額捐款，並立即將他驅離羅馬。然而，馬吉安並不懼怕。他返回家鄉，成功地在小亞細亞開始傳道，吸引了一批願意接受「兩位神」教義的信眾。其實，馬吉安建立的二神論教會變成當時整個基督宗教中規模最大的教會之一。它在土耳其和敘利亞的大部分地區蓬勃發展，直到公元第五世紀才開始衰敗。

我們應該問問，為何羅馬教會的長老如此堅決維護猶太教一神論？基督教即便在這個草創初期，跟猶太教也沒有太多相同之處。基督教已經宣揚了一個全新的信仰，將猶太人妖魔化成殺害耶穌的凶手，開始用希臘語（而非希伯來語）撰寫它的聖典，並且賦予耶穌神性，這點就與猶太教對神的定義本身（單一獨有且無法分割）相互扞格。

真相是早期教會之所以想維繫猶太人的獨一真神信仰，其中的理由很可能政治因素不比神學理由少。因為當馬吉安與諾斯替教徒針對神的本質與基督教領袖起爭執時，他們便是在爭論新興基督教會權威的本質。著名的宗教學者伊萊恩．佩格斯（Elaine Pagels）指出，早期教會堅持信仰一位神，是在為由單一主教領導的統治體系，亦即羅馬主教的領導背書。佩格斯寫道：「天上由一位神掌權，擔任主人、首領、司令、審判者與國王，在塵世祂將祂的意志託付教會領導階層的成員，這些神職人員猶如指揮下屬軍隊的將軍；統治『百姓』的國王；以及掌管神國度的審判者。」[14]

這就是「政治映型」，簡單且清楚：「塵世政治的神化」。具有影響力的教會長老安提阿的依納爵（Ignatius of Antioch，大約公元三五年到公元一〇八年）曾用簡潔的口號來定位這種觀點：「一位神，一位主教（One God, One Bishop）。」倘若駁斥前者，必然會削弱後者的權威。套用依納爵的話語，基督徒的職責是服從主教，「要將他視為神」。羅馬的第一任主教

（亦即第一任教宗）克萊孟一世（Clement I，公元一〇一年去世）曾經警告：任何人不向他的主教權威「屈頸服從」，便是犯下背叛神的罪行，應該被處以死刑。

教會的統治集團堅持只有一位神和一位主教，對追隨馬吉安的信眾，和在基督教草創初期興盛的許多諾斯替教派影響不大。它真正的影響，是在這個新興信仰的核心種下了矛盾。因為，如果教會堅持接受猶太人在巴比倫流放中發展出的對神的定義（神是唯一的且不可分割），那麼他們就必須提出一套說詞，解釋何以一位來自加利利低矮丘陵的農夫同時也是神。這是一個有可能威脅到教會，導致教會瓦解，使得基督教在即將大展鴻圖之際便劃上休止符的問題。

到公元第二世紀末期，基督教已經傳遍羅馬帝國，當局已經無法迴避它的存在。就連帝國宮廷的一些高階成員也皈依了這個新的宗教。公元二〇二年，羅馬頒布一項法令，禁止所有新的皈依。該世紀中葉，羅馬帝國的基督教信徒遭到大規模迫害。在這個時期羅馬帝國政治動盪，經濟不穩，許多羅馬人把問題歸咎於人們背棄古老的神靈，自然將怒氣發洩在基督徒身上，因為撇開其他不談，基督徒拒絕替羅馬諸神獻祭極為顯眼。

後來有一位出身低微的羅馬公民，名叫戴克里先（Diocletian），在軍隊中迅速崛起，於公元二八四年被任命為羅馬帝國皇帝，他以全面消滅帝國境內所有形式的基督教為己任。教堂被燒毀、聖典被沒收、普通信徒與領袖遭到殺害，史稱「戴克里先大迫害」（Great

Persecution）。

幾年之後，戴克里先突然退位，他做了一個影響深遠的決策，將羅馬帝國分為四區，由兩組正副皇帝統治，東、西羅馬帝國各一組。這種統治局勢動盪不穩，隨即引爆爭奪帝位的內戰。公元三一二年，其中一位逐鹿之士率領軍隊抵達台伯河（River Tiber），試圖恢復一皇統治的局面。他名叫君士坦丁（Constantine），日後將永遠改變羅馬與基督教的運程。

傳聞君士坦丁在台伯河戰役前夕做了一個夢，夢中他看見天堂中有一個光明的十字架，和一段「CONQUER BY THIS」（憑此記號，克敵致勝）的文字。隔天，他讓部隊在盾牌描繪一個未知的符號：「凱樂符號」（Chi Rho），這個符號是用表示耶穌的希臘字「Χ Ρ Ι Σ Τ Ο Σ」的頭兩個字母Χ（Chi）和Ρ（Rho）合成的十字架。君士坦丁在這場戰役中獲得勝利，為他成為羅馬毫無爭議的唯一皇帝鋪下坦途。

君士坦丁將勝利歸功於這位基督教的神，他即位後結束羅馬對基督徒的迫害並讓基督教合法化。然而，這位新皇帝對他自己皈依的這個信仰知之甚少，他似乎以為基督教是一種太陽崇拜。最重要的是，就他所知，基督徒相信只有一位神。君士坦丁自己為了恢復一皇統治羅馬的體制，打了許多場戰役，他似乎出於本能就辨認出一神論宗教制度的政治優勢，不過君士坦丁的口號和依納爵與教會領袖喜愛的口號有點不同。君士坦丁偏好「一位神，一位皇帝（One God, One Emperor）。」[15]

當君士坦丁發現，不僅許多基督徒不相信只有一位神，而且教會對於這位神與耶穌基督的關係也沒有共識，我們不難想像他當時有多麼驚訝。諾斯替教徒與亞歷山大的教會強調耶穌的神性，某些諾斯替教徒甚至更進一步否認耶穌的人性（幻影說〔Docetism[4]〕）。伊便尼派（The Ebionites[5]）和安提阿教會則強調耶穌的人性，伊便尼派（猶太基督徒，代表基督宗教最初的形式）將耶穌視為先知與行神蹟者，他雖然以神的力量講道，但他本身卻不是神。

某些基督教教派則另出蹊徑，主張耶穌出生為人，復活之後才成為神（這種觀點稱為動力論〔Dynamism〕）。其他人則聲稱，耶穌是一個被神「收養」為兒子的人，當他在約旦河（River Jordan）被聖靈洗禮時便被賦予神的地位（這種觀點稱為嗣子論〔Adoptionism〕）。

君士坦丁是戰士，不是神學家，沒有耐心理會這些歧異。他要求得到一個明確的答案，究竟耶穌的本質以及聖子和聖父之間的關係為何。倘若他要以羅馬帝國唯一真正領袖的身分統領意見分歧的臣民，那麼他對於天界唯一真正領袖的本質需要有一個共識。[16]

公元三二五年，這位皇帝召集教會長老前往尼西亞（Nicea）召開會議，以求一勞永逸解決這個問題。為了突顯這場會議的重要性，君士坦丁決定身穿皇服，在帝國護衛隊侍立於兩

4 譯注：「幻影說」主張耶穌的現象，他在歷史上的存在、耶穌作為人的形式，都只是幻象顯現，並非真實。

5 譯注：「伊便尼派」認為耶穌是彌賽亞，但是否認耶穌的神性，也不承認處女生子，並堅持遵守猶太律法和儀式。

旁之下，親自主持會議。參與會議的長老心知肚明，皇帝絕不可能容許會議結論違反神的唯一性。因此，諾斯替教派、馬吉安信徒以及其他接受二神論基督教派的立場首先便遭到淘汰。教會長老也不願接受否認基督神性的觀點，於是伊便尼派、阿里烏信徒和安提阿多數教會所抱持的立場也被排除。

然而該如何調和這兩個要求呢？什麼樣的教條柔軟體操能克服這個不可改變的事實：唯一且不可分割的神如以多種形式存在，那麼根據定義，祂便不是唯一且不可分割的神？

尼西亞會議達成的妥協如下：宣布聖子耶穌基督與聖父上帝為「同一本質」（of one substance）。這個論點是基於早期的基督教最著名的神學家之一，迦太基的特土良（Tertullian of Carthage，大約公元一六〇年到公元二二〇年）的著作。特土良引導昔日希臘哲學家的講法，主張神是一種本質（substance）。然而，不同於那些希臘人，特土良相信這個本質化為三個分別的存有：聖父（耶和華）、聖子（耶穌基督）和聖靈（Holy Ghost，神在世界上的神聖精神〔the divine spin't of God in the world〕）。特土良利用類比（analogy）來解釋他的理論。他寫道：「當一道光線從太陽射出，即有一部分從整體中被取出；但在這道光線中有太陽，因為它是太陽光；它的本質沒有分開，而是擴展……。因此，從神開展前行的是神，也是神的兒子，兩者為一。」[17] 特土良創造了一個新詞來描述這種創新的神學：他稱其為「三位一體」（trinitas／Trinity）。

君士坦丁非常滿意尼西亞會議做出的妥協，但教會成員幾乎感到更多的疑問。聖父、聖子和聖靈是否等量分享神的本質？畢竟，雖然從太陽射出的光束包含了太陽的本質，卻不包含和太陽等量的本質。在這三位存有（being）之中，誰先擁有神的本質？雖然太陽和光束可能是由相同的本質構成，但太陽卻是該本質的唯一來源；光束完全仰賴於太陽。聖父和聖子也是同樣的關係嗎？是否聖父是這個本質的始祖，而聖子得仰賴聖父？果真如此，不可分割的神如何從自身創造耶穌？這樣不就違反神的唯一性了嗎？而且這不就使得耶穌成了被創造的秩序的一部分，也就抵觸了《約翰福音》所稱，耶穌從「太初」便與神同在嗎？或者，假使聖父和聖子是在同時包含神的本質，這不就意味著創世之初便有兩位分開但相等的「神聖存有」（divine being）嗎？[18]

某些教會長老遵循著神學家亞歷山大的亞他那修（Athanasius of Alexandria，公元二九八年到三七三年）的教導，提出聖父和聖子並非由「相同本質」構成，而是「相似本質」的說法，以嘗試解開困惑。然而這也只是更為添加混亂。

最後，這個問題由希波的奧古斯丁（Augustine of Hippo，公元三五四年到四三〇年）這位對形塑西方世界基督教神學貢獻最大的人物來做出結論。奧古斯丁在他的傑作《論三位一體》（*On the Trinity*）中聲言，神是一，神是永恆而且不變。但雖然如此，神以三種形式存在：聖父、聖子和聖靈。這三者並不相互隸屬。三者擁有等量的神性。三者從太初便已存在。如果這個觀念造成混亂，如果它違背邏輯和理性，如果它似乎與神的定義矛盾，那麼信徒的任務就是要把它視為謎來全盤接受，繼續向前。[19]

奧古斯丁去世幾年後，教會在迦克墩公會議（Council of Chalcedon，公元四五一年）中確認立場如下：耶穌基督既是真正的神，也是真正的人（「就神性而言，耶穌與聖父有相同的本質；從人性來看，耶穌與我們有同樣的本質」）。基督教不僅有效廢止了猶太人在被流放後形成的神是獨一且不可分割的觀點，更是全然臣服於人類最古老且最根深蒂固的衝動。它讓天堂與塵世的神完全人性化。如此一來，基督教便註定將與另一個新的一神教信仰起衝突。迦克墩公會議舉行之後一百多年，這個新的宗教從阿拉伯沙漠中崛起，對抗基督教將神人性化的觀點。[20]

第九章
神是全部

兩支軍隊隔著耶路撒冷的斷垣殘壁對峙。那一年是公元六一四年。在那座圍城當中，有數千名效忠拜占庭皇帝小弗拉維多斯・希拉克略（Flavius Heraclius the Younger，這位年輕英俊的戰士剛剛親自率軍從前任皇帝手中奪權取得了皇位[1]）的戰士正在那座圍城當中焦慮地等待著，他們知道萬王之王和波斯（薩珊）帝國的統治者霍斯勞二世（King Khosrow II）的皇家軍隊已即將發動猛攻。

三百年來，這兩個超級強權（一國信奉基督教，另一國信奉瑣羅亞斯德教）為了掌控近

1 譯注：公元六一〇年，小希拉克略接受父親迦太基總督老希拉克略的差遣，起義反抗拜占庭皇帝福卡斯的暴政。

東而交戰，力量的平衡在一場又一場的毀滅性戰役間來回拉鋸。這不僅是一場土地的爭奪，更是兩個神權國度迥異的宗教觀的衝突，兩國各自有其官方核可和法律規定的對神的概念，一方的神有兩種形式（瑣羅亞斯德教的二元論），另一方的神則有三種（基督教的三位一體論）。

到了公元第七世紀初期，兩個帝國因連年征戰而耗盡財富與國力。然而，雙方積怨已深，因此出於本能，只想拼命擊垮對方。小希拉克略剛即位不久，拜占庭帝國百廢待興，霍斯勞想把握機會，派出他幾乎已軍餉不濟的軍隊大舉進犯基督教領土。他的部隊已經占領安提阿與大馬士革，現在，他們集結於耶路撒冷城牆之前，準備要征服聖城，給整個基督宗教一記象徵性的重擊。

包圍耶路撒冷的是一萬霍斯勞波斯重裝士兵，外加二千名左右的猶太戰士助陣，後者打算為三個世紀以來，猶太人在基督徒統治下受到的壓迫、大規模屠殺，以及強迫改宗討回公道。這些猶太人最終如願以償。當城被攻破，波斯軍獲勝，霍斯勞皇帝將耶路撒冷交還給猶太人，而猶太人立即對城內的基督徒居民發動了一波殺戮與破壞。

拜占庭帝國隨即回攻。希拉克略重整旗鼓，把薩珊王朝的軍隊趕出他們剛剛占領的幾座城市。公元六三〇年，他重新奪回耶路撒冷，將戰敗的波斯人趕回他們的首都泰西封（Ctesiphon），但屠殺了留下的猶太人。兩個超級大國長期交戰，早已兵疲馬困，於是雙方談和，準備迎接彼此都認為是兩個衰弱帝國無止盡爭戰中的一個短暫喘息機會。然而，隨後的情勢發展出乎他們的意料。

希拉克略與霍斯勞在卡帕多西亞（Cappadocia）敲定了和平協議後幾個月，有使節來自阿拉伯半島被人遺忘的沙漠荒涼之地，分別請求謁見兩位皇帝。使節送來的是某位阿拉伯先知寫給兩位皇帝的書信，自稱代表一位神發言。那是一位無論三位一體論的基督徒或二元論的祆教徒皆未曾耳聞過的神，但這位先知宣稱祂是宇宙的唯一真神。

書信開宗明義寫道：奉至仁至慈阿拉之名。跟隨正確道路者將享有平安。吾邀請汝皈依伊斯蘭。汝若為穆斯林，將享有平安，阿拉將加倍報酬汝。汝若拒絕此伊斯蘭之邀約，恐將貽誤臣民，犯下罪孽。

簽署者名為穆罕默德．拉蘇拉（Muhammad Rasulullah），意思為：阿拉的使者穆罕默德（Muhammad the Messenger of Allah）。[1]

霍斯勞皇帝無視萬國君主的行為守則斬殺了來使，並令總督（viceroy[2]）揪出這位沙漠先知，將其斬首。至於希拉克略，傳聞他讀完這封膽大妄為的信件後開懷大笑。他驅逐了使者，撕毀了信件，顯然不作他想。

2 譯注：國王派駐殖民地的統治者。

不到十年，這位沙漠先知的追隨者幾乎吞併了整個薩珊帝國，使得瑣羅亞斯德退出全球性宗教的舞台。他們將拜占庭帝國趕出近東，使其領土縮減到原本的五分之一，徒留空虛的軀殼。他們甚至允許猶太人帶著他們的信仰重返耶路撒冷。這個新宗教被稱為伊斯蘭，從阿拉伯曠野崛起，挺身對抗當時由兩種盛行的神學觀主導的世界——「神為三」與「神為二」——伊斯蘭的軍隊試圖從已知世界拔除這兩種信仰，用猶太人的對神的觀念取代，因為那也是他們的先知穆罕默德所全心擁抱的觀點：神是一。[2]

穆罕默德全名穆罕默德．本．阿布杜拉．本．阿布杜勒—穆塔利卜（Muhammad Ibn Abdallah ibn Abd al-Muttalib），在公元第六世紀下半葉左右出生於阿拉伯半島的麥加（Mecca），他的母親守寡，而在麥加寡婦的生活毫無保障。他年幼時便成了孤兒，而那個社會對待孤兒如同牲口，可以買賣。幸好有一位善心的叔父幫助他，小穆罕默德免於被買賣的命運，而得以在北至敘利亞、南至葉門間往來經商，賺取微薄收入餬口。穆罕默德在二十多歲時迎娶了一位較他年長的富商哈蒂嘉（Khadija），接管她成功的商隊生意，從此境遇大為改善。

雖然穆罕默德的新生活過得較為富裕舒適，但他感到社會存在著深層的問題，才會使得他年幼時幾乎淪為奴隸，陷入絕境，這個感覺一直沒有動搖——當時的社會，沒人保護的大眾很容易會被有權有錢的人剝削，只為後者獲利。他變得焦躁不安，深感不滿。他開始捐出財產，前往麥加谷地的山巒峽谷間尋求慰藉，在那裡他會在夜裡祈禱冥想，懇求上天給他一個答案，解答他在世上看到的痛苦與悲傷。

然後，某一天，上天回應了他。

根據傳統說法，穆罕默德當時正在希拉山（Mount Hira）上的一個洞穴裡冥想，突然一個看不見的存在占據了他，命令他：「唸誦（Recite）。」從這個最初的經驗之後，接下來的二十二年他幾乎不間斷地從一位他稱為阿拉的神接受天啟。這些啟示最終會被收錄到現今所謂的《古蘭經》，直譯為「誦讀」（Recitation）。

古代的阿拉伯人很熟悉阿拉，可能將阿拉視為如同印歐的神祇帝烏斯，或希臘的宙斯：亦即原本是一位天空之神，後來在阿拉伯神系中穩步上升到成為「至高神」。然而，目前尚不清楚阿拉伯人是將阿拉視為一位人性化的神祇，或是一種抽象的精神，類似於古代埃及人和美索不達米亞人相信支撐起宇宙的神聖力量。阿拉並非是一個真正的名字，而是阿拉伯字「al-ilah」的縮寫，意思為「那位神」（the god）——這樣的稱呼方式表示阿拉更可能被視為神聖的精神（spirit）而非神聖的個體（personality）。阿拉有別於古代阿拉伯人認可的其他數百位神祇，似乎從未被人以偶像代表過，如果阿拉被認為是一股生命力盎然，但沒有實體的精神，當然不會有祂的偶像。

與此同時，阿拉伯人稱阿拉是天與地的創造者，因此他們認為這位神有意志和意圖。他們想像阿拉就像宙斯一樣，生下兒女。阿拉有三位女兒，一是與希臘女神雅典娜有關聯的阿拉特（Allat），二是與美索不達米亞女神伊絲塔有關聯的瑪納特（Manat），三是烏札（al-Uzza）地位等於阿拉伯的阿芙蘿黛蒂，這三個女兒是阿拉的中間人，在古代阿拉伯人的靈性中扮演重要的角色。

無論情況為何，古代阿拉伯人用不太到他們看不見、無法在日常生活中互動的抽象神祇。阿拉伯神系中到處都是神祇和女神、天使和魔鬼，以及邪惡巨靈（djinn[3]），他們全部都是來滿足他們的沙漠信徒的特定需求，而且幾乎全部都是明確地被用擬人化的方式想像。阿拉伯世界的眾神會吃喝飲酒、做愛生育、穿著衣服且攜帶武器（女神瑪娜特身穿兩件鎧甲，攜帶兩把劍）。除了阿拉，大部分的阿拉伯神都被刻成石雕，模樣類似人（偶爾像其他生物），安置於麥加的中央聖所卡巴天房（Kaaba[4]）裡，各地的阿拉伯人會攜帶禮物和祭品來交換祂們的祝福與護佑。[3]

然而這是一種高度發展的多神論形式，自由地吸收了來自其他宗教的神，包括猶太教和基督教。卡巴天房裡有猶太族長亞伯拉罕的偶像，也有耶穌基督及其母親瑪利亞。其實，許多阿拉伯人認為，所有這些神都只是同一個神聖但遙遠的存在的多重化身——那個存在就是阿拉。

因此，當穆罕默德從希拉山下來，帶著這位自稱宇宙唯一真神的阿拉所啟示的訊息時，他並沒有遭遇太多神學上的反對。麥加當時是個活力充沛、宗教多元的大都會，是一座貿易和商業中心，猶太人、基督徒、瑣羅亞斯德教徒、印度教徒和多神教徒混雜在一個鼓勵大膽宗教實驗的環境裡。對多數居民而言，穆罕默德宣揚的一神論既非嶄新的觀點，也沒有特別冒犯到人。即便是穆罕默德用來形容阿拉為創造者和王，稱祂為「人類的征服者」（Subduer of Men）與「運的施予者」（Bestower of Fates）的詞彙，也還是和古代阿拉伯人形容阿拉的詞彙幾乎相同。

然而，穆罕默德確實針對阿拉伯宗教系統提出兩項主要的改革，並因此與麥加的當權派起了衝突，也使得他的宗教運動與眾不同。首先，他堅定擁抱他的一神論體系中隱含的排他觀念。阿拉伯人相信阿拉是宇宙唯一真神還不夠，必須否認其他的神。「我的宗族啊！你們要崇拜真主，除祂之外，絕無應受你們崇拜的。」（《古蘭經》第七章第五十九節[5]）。

這不僅是思考阿拉的全新方式，更是對現有秩序的直接攻擊。穆罕默德聲稱沒有其他的

3 譯注：同jinn，表示鬼怪。

4 譯注：又譯天房或卡巴聖所，乃是一座立方體建築，位於聖城麥加的聖寺內，為朝覲的終點，穆斯林認為，伊布拉欣（亞伯拉罕）、伊斯馬義（以實馬利）父子共同修建天房。

5 譯注：這段翻譯出自於馬堅譯本。

神存在，便是在破壞麥加的經濟，因為麥加當時作為聖城，對所有阿拉伯已知眾神的信徒開放。如果其他神不存在，便不需要卡巴天房，麥加也沒有理由作為阿拉伯的宗教與經濟中心而繼續享有崇高地位。

第二項改革和第一項有關，亦即穆罕默德明確認定阿拉就是猶太人的神，耶和華。阿拉伯人當然很熟悉耶和華。猶太人已經在阿拉伯半島生活了數百年，或許可追溯至流亡巴比倫的時期，阿拉伯社會的各個階層都有他們的蹤影。阿拉伯人甚至或多或少接受耶和華與阿拉有關聯，特別是在論及阿拉作為創造者的角色時。

然而，穆罕默德重新想像了這兩位神的關係，宣稱亞伯拉罕立約以換取後代豐饒繁盛承諾的對象是阿拉（《古蘭經》第二章第一二四節到第一三三節）；以著火的灌木叢向摩西顯現，並且指示他返回埃及去釋放以色列人的也是阿拉（《古蘭經》第二十八章）；是阿拉以災難性的大洪水毀滅整個世界，只讓挪亞和他的家人免受劫難（《古蘭經》第七十一章）；是阿拉派遣一位天使向瑪利亞報喜，告訴她會產下彌賽亞耶穌（《古蘭經》第三章第四十五節到第五十一節）；其實，啟示《討拉特》（Torah[6]）與《福音書》（the Gospels[7]）的就是阿拉（《古蘭經》第五章第四十四節到第四十六節）。

更清楚地說，穆罕默德沒有用阿拉取代耶和華，只是將耶和華和阿拉視為同一位神。穆罕默德的核心訊息是：他只是自亞當以降一長串世系的先知當中的一位，他被付託的不是去揭示一部新經，而是「證實前經」（《古蘭經》第十二章第一一一節[8]）。「我們信仰真主（安拉）和祂所啟示給我們的，以及（祂）啟示給伊布拉欣（亞伯拉罕）、伊斯馬義（以實馬利）、伊斯哈格（以薩）、雅穀和各部族（雅穀的十二個兒子）的，以及他們的主賜給穆薩（摩西）、爾撒（耶穌）及（其他）先知們的經典。我們在他們之間不加區別。」（《古蘭經》第三章第八十四節[9]）。

穆罕默德詳述猶太神話、尊敬猶太先知、崇敬猶太聖城耶路撒冷，而且幾乎全盤接受猶太人的飲食和潔淨法律（purity law[10]），表示他熟悉猶太教，這點毫無疑問。由於猶太教深切影響穆罕默德的思想，一些歷史學家甚至更進一步主張伊斯蘭教可能就像基督教，起源是

---

6 譯注：與《古蘭經》、《引支勒》和《則逋爾》並稱伊斯蘭教四部天啟經典。某些基督徒認為《討拉特》就是猶太教的《摩西五經》，宣稱它等同於《舊約》。

7 譯注：穆斯林認為，基督教的四部福音書是篡改的《引支勒》，原本指的是《馬太福音》第二十六章第十三節提及的聖典。當然也有人抱持對立觀點，認定福音書便是《古蘭經》提到的《引支勒》。引支勒一詞源於希臘語詞 Εαγγλιον (euangelion)，表示「福音」。

8 譯注：出自於馬堅譯本。

9 譯注：此處翻譯參照各家譯本修改，以便配合英文版的內文，同時附帶《古蘭經》以外的常見人名翻譯以利讀者閱讀和查詢。

10 譯注：Kosher為教規食品，代表符合猶太教飲食規定的食物，隱含「潔淨、完整和無瑕」的意思，除了限制可食動物的種類，還規定屠宰與烹調方法。伊斯蘭教的清真食物相似，卻更為嚴苛，穆斯林若缺乏清真食物時，會食用猶太教規食品。

猶太教的一派，爾後才分支出去成為獨立的宗教。雖然大多數學者否認這個觀點，但不可否認的是，穆罕默德深受他和阿拉伯的猶太人接觸交往的影響。這個影響最明顯的就是穆罕默德無條件接受猶太人認為神只有一位且不可分割的認識。《古蘭經》斬釘截鐵指出：「他是安拉，是『獨一的』。他不生，也不被生。沒有可以與他比擬的。」（《古蘭經》第一一二章第一節到第三節）。[4]

這個陳述之所以這般重要，乃是因為在這個時間點上，猶太教的一神論作為一種宗教思想正在近東遭遇兩邊夾擊，一邊是拜占庭的三位一體論，另一邊則是瑣羅亞斯德教的二元論。無論穆罕默德是否知道這點，他的決定是拋棄瑣羅亞斯德教和基督教（「不要說『三位』！」《古蘭經》如此警告。「真主是獨一的主宰！」（《古蘭經》第四章第一七一節）），明確支持猶太教的一神論，不僅替羽翼未豐的猶太教單一、有位格（singular, personal）的一神定義注入新的生命，更創立了一個全新的全球宗教。[5]

這個新興宗教的核心，是一種對一神論觀念的加倍強化，這在伊斯蘭教中是建立在一種複雜的神學觀，稱為「認主學」（tawhid）之上。阿拉伯語「tawhid」表示「造一」（making one），認主學不太是一種對神的「唯一性」（singularity）的確認，而更像是一種對神的「本質」（essence）的描述。它的意思不是只有一位神。而是表示神，在形式和本質上，是「一」（oneness）。

「認主學」是「神聖一體」（Divine Unity）的一種表達，認定神不僅無法分割，而且是完全獨特的。阿布・哈尼法・努曼（Abu Hanifa al-Numan）（大約公元六九九年到七六七年）是最早論述這個主題的穆斯林神學家之一。阿拉「之為事物，不像其他物（a thing, not as other things）。」他如此寫道：「祂不像任何受造物，也無任何受造物像祂。」[6]

從根本來講，這就表示阿拉和祂的創造物之間沒有任何實體上的相似，這就是為什麼《古蘭經》不同於所有古代近東地區的創世神話，明確駁斥「神以自身形象造人」的信仰。神沒有形象。祂沒有身軀，不以物質構成，沒有任何形式的形狀，無論是人類的形象或其他。

從表面看來，穆罕默德有意識地嘗試讓阿拉去人性化。當然他偶像崇拜的痛恨眾所周知。穆罕默德以新宗教之名征服麥加後，立即採取的行動就是從卡巴天房清空裡頭的偶像並且砸碎。

然而《古蘭經》中滿是對神的擬人化文字。阿拉被描述為「將人類握在手中」，有「全視的眼睛」和一張臉——「你們朝向哪裡，哪裡就是安拉的面容」（《古蘭經》第二章第一一五節）。《古蘭經》也賦予阿拉各種人類特質和屬性（這些屬性偶爾被稱為為阿拉美麗的名字〔Allah's Beautiful Names[11]〕），這些顯然是要替阿拉創造出一種神聖的個性；然而，倘若認真

11 譯注：形容阿拉不同屬性的名字。穆斯林認為，這些是真主最優美的名字。

看待「認主學」的教義，理論上真主不該具備個性。

面對「阿拉應該是什麼」和「《古蘭經》如此描述阿拉」的反差，最好的解釋就是在閱讀經文中的描述時要視為隱喻，而不是對神的身軀的字面描述。否則就會違背「認主學」的原則。

問題是大多數穆斯林不會那樣閱讀《古蘭經》。阿布．哈尼法就不會。遜尼派伊斯蘭教法學有四大派別，阿布．哈尼法是其中一派[12]的創始人。他堅決反對可以用比喻方式閱讀《古蘭經》，從而替《古蘭經》釋經（Quranic exegesis）開創了先例。其實，伊斯蘭教法學的各派幾乎都認為《古蘭經》記載的真主話語都必須根據字面意義去理解。畢竟，按照「認主學」，神倘若不可分割，便無法與祂的話語分割。祂即是祂的話。因此，神的話語必然跟神一樣，永恆而神聖，亙古不變且不可改變。如果《古蘭經》提及阿拉的手、眼或臉，就表示阿拉必定真的有手、眼或臉。甭管是否得調整神學理論去自圓其說（阿拉只有兩隻手嗎？為什麼不是三隻手或一千隻手？若只有兩隻手，難道不會限制祂無所不包的力量嗎？）。阿布．哈桑．阿沙里（Abu al-Hasan al-Ashari，公元八七四年到公元九三六年）是阿布．哈尼法精神上的繼承人，他開創了伊斯蘭教最強大的傳統主義思想學派。他主張，阿拉有一張臉，因為《古蘭經》這麼說。如果這樣照字面意義理解經文恰好抵觸了「認主學」的核心宗旨和伊斯蘭的創教基礎，那也沒有辦法。[7]

這些穆斯林神學家的立場（以及如今遵循他們教義的絕大多數穆斯林）不僅證明我們人類將神人性化的先天進化衝動有多麼強韌，同時也暴露了伊斯蘭教對神的定義的核心中存在著矛盾。如果神確實具備特質和屬性，而且如果神事實上是不可分割的（正如「神聖一體」的概念所主張），這就表示神不能與這些特質和屬性的任何一個區分開來。假使神是永恆的且始終存在，則神的屬性也必定是永恆的；它們也必須一直與神同在。否則這些屬性就會是與神分離的，而這違反「認主學」的觀點。甚至阿布．哈尼法都曾被迫承認：「祂憑藉祂的知識便知道，知識是一種永恆的特質；祂因祂的力量而全能，祂的力量就是一種永恆的特質；祂用祂的創造力量來創造，祂的創造力量就是一種永恆的特質。」

阿布．哈尼法最末提到的神的屬性（亦即神的創造力量），最能揭露其中的悖論。問題很簡單：如果神是不可分割的，而且神是造物主，造物主和受造物之間怎麼有任何分裂？雙方不是應該一體且相同嗎？

從先知穆罕默德最早開始在麥加傳教的那一刻起，這個問題便一直困擾著伊斯蘭教，雖然，老實說，多數的伊斯蘭學者選擇忽略這整個問題。這類神學關注經常被伊斯蘭的學問階級斥為「胡言亂語」（babble）而打發掉。阿拉伯語中的「神學」一詞是「kalam」，意思為「言

12　譯注：Hanafi哈納菲法學派。

說」（talking），而在整個伊斯蘭歷史中，試圖解決神學難題的穆斯林經常被嘲笑為「ahl al-kalam」，亦即「多嘴的人」（the people of talking），這就是為什麼數世紀以來伊斯蘭思想壓倒性的焦點放在律法，而不在神學問題。

然而從一開始，便有一些穆斯林思想家在如何調和神的統一性與神的創造力的根本問題上公開角力。這些穆斯林不僅在僵化的正統面前替伊斯蘭神學注入活力，還創造出一支全新的伊斯蘭神祕主義分支，他們通常被稱為「蘇菲派」（Sufism）。

傳奇的蘇菲派愛情詩人賈拉魯丁．魯米（Jalal ad-Din Rumi）與他的朋友兼精神導師沙姆斯─伊．塔布里茲（Shams-i Tabrizi）第一次相遇的故事有非常多的版本，魯米的許多詩都是寫給沙姆斯的。兩人之間發展出蘇菲派最著名的友誼：沙姆斯日後成為聖人，而魯米當然便是成為了歷史上最著名的蘇菲行者（Sufi），在全世界被奉為毛拉納（Mawlana），意思是「我們的導師」（our Master）。但當他們在公元一二四四年首度碰面時，魯米只是一位沒有名氣的學者，屬於現今土耳其境內科尼亞（Konya）的「纏頭巾階層」（turbaned class）的一員，而沙姆斯也只是一位狂野、流浪的苦修士（dervish[13]），因其四處漫遊而被人戲稱為「鳥兒」（the Bird）。

魯米與沙姆斯初次相遇的故事流傳成了傳奇；如同多數的蘇菲傳記，這些傳聞應被當成寓言來閱讀，意在揭露某些隱藏的真相，而不能當作歷史。根據某些故事版本，沙姆斯遇到魯米時，魯米正獨自坐在池塘邊讀書。

沙姆斯問道：「你在做什麼？」

魯米抬頭看到眼前站著一名衣衫襤褸的骯髒旅人，以為他是無家可歸的農民，於是回答：「做你不會懂的事。」

就在那個時刻，魯米手握的書籍不是著了火，便是從他的大腿上跳出去掉入池塘裡，不同版本的故事有不一樣的說法。無論如何，最後那些書籍都奇蹟式地絲毫無損。

魯米看到奇蹟之後驚呼：「這是怎麼一回事？」

沙姆斯回答：「是你不會懂的事。」

這個故事有一個比較少人知道，但也比較平淡無奇的版本，應該是沙姆斯本人的敘述，在這個版本中沙姆斯看見魯米騎馬穿越科尼亞的市集，便走到他的面前，阻擋了他的去路。無論他們如何首度相遇（是在池塘邊或在市集上），故事的結局都一樣，沙姆斯都會問魯米對另一位蘇菲神祕主義者的看法，這位修道者早已去世，名為泰福·阿布·亞茲德·巴斯塔米（Tayfur Abu Yazid al-Bastami），公眾稱他為巴耶濟德（Bayazid）。[8]

---

13 譯注：神祕派修道者。

公元八〇四年左右，巴耶濟德出生於伊朗東北部的巴斯坦鎮（Bastam）。他來自一個瑣羅亞斯德教祭司家族，這個家族在阿拉伯入侵波斯使薩珊帝國於公元六五一年滅亡後不久便皈依伊斯蘭教。他在哈納菲（Hanafi）學校接受正規教育，浸淫於「認主學」神學，「神聖一體」的概念，與神的永恆屬性之謎。

這些鑽研叩問的本質當中，有些什麼使得巴耶濟德感到不安和深深地不滿足。他放棄正規教育，開始獨自去追尋學校無法傳授的、更親近神的體驗。他最終受到一群由波斯神祕主義者薩爾．圖斯塔里（Sahl al-Tustari）領導的蘇菲行者的影響。

作為一種靈性運動，蘇菲主義（Sufism）抗拒歸類。蘇菲派的主要關注是尋求與神直接的接觸，因此蘇菲行者經常無視伊斯蘭律法和神學等傳統關注，而追求沒有中介的直接神聖體驗。蘇菲行者不關心該根據字面意義或從比喻角度去閱讀《古蘭經》的辯論。反而認為《古蘭經》有兩層不同的含義：一是外在的層次，所有穆斯林皆可藉由閱讀經文並自行詮釋而接觸到；但還有一個祕密、隱藏的層次，唯有少數人能理解，且只有透過一生祈禱和冥想所得到的直覺知識方能證悟。外在層次幫助信徒學習神；隱藏層次讓信徒認識神。

正是這種認識神的渴望帶領巴耶濟德加入蘇菲派。他日夜冥想，一心要解開他認為潛藏於「認主學」概念中的神祕真相。然後有一天真相到他面前了，深深地震動了他，深入到他的核心。巴耶濟德從座位跳下，在狂喜中大喊：「榮耀歸於我！我的威嚴真是崇高偉大！」

耳聞這段話的人認為，巴耶濟德說出最令人震驚的異端邪說。毫無疑問，他自稱為神。實際上，類似的陳述在特定的蘇菲派神祕主義群體中相當常見，這些神祕主義者有時被稱為「沉醉蘇菲行者」（Drunken Sufi），因為他們經常會說出類似的狂喜之語。巴耶濟德的導師圖斯塔里自己就說過一句名言：「我就是神的證明。」他的另一位門徒曼蘇爾・哈拉傑（Mansur al-Hallaj）甚至跑到巴格達街頭大喊：「我就是真理（Truth）！」他為此而被釘死在十字架上。[9]

雖然多數穆斯林認為，這些沉醉蘇菲行者是在把自己和神聯繫在一起，但對於像沙姆斯這樣的蘇菲行者而言，這些說法中暗藏著更為驚人、更為重要的宣稱，是有關現實的本質。沒錯，正是因為體認到那種現實（能夠直觀理解巴耶濟德、圖斯塔里和哈拉傑的話的意義），方能初步融入蘇菲主義。這就是為何沙姆斯首度在科尼亞遇見魯米時會問他巴耶濟德的話。當這位蘇菲導師大喊「榮耀歸於我！」的時候，他的意思到底是什麼？

就像多數神秘的提問一樣，對沙姆斯提出的問題，答案不重要。沙姆斯只是在評估魯米是否能成為他的門徒。在某些版本中，魯米甚至懶得回應。他只是心醉神迷、陷入恍惚出神，或深深凝視著沙姆斯的眼睛，迷失在只有他們倆人知道的祕密裡。重要的乃是隱藏在問題中的真理。因為藉著提問巴耶濟德話中的意思，沙姆斯其實是在提出一個截然不同的問題：「什麼是神？」

從一開始，這個問題就一直存在於人類探索、試圖理解神的核心當中。神是否就是如我們史前祖先所相信的，那股連結生命萬物的蓬勃力量？或是像早期美索不達米亞人所認為的，神化的自然界？還是如同某些希臘哲學家所描述的，神乃是滲透在宇宙中的抽象力量？或者神就是人性化的神祇，外表與行為就像人類一樣？或者神根本就是人？

無論一個人如何回答這個問題，「神究竟是什麼」在數十萬年來都是信神者與不信神者持續關心的問題。光是這個問題本身就創建了文明，也毀滅了文明。這個問題帶來了和平與繁榮，也引發戰爭和暴力。

然而，這一群神祕主義者，受到他們嚴格堅守的一神論驅動，提出了一個激進的主張：若想理解造物主（Creator）的統一性，唯有接受整個創造是一體的。換句話說，如果神是「一」，神必定就是「全部」。

描述這個概念的說法是「萬有一體」（wahadat al-wujud／Unity of Being），而創造這個術語的是史上最偉大的哲學家之一慕尤丁．伊本．阿拉比（Muhyiddin ibn al-Arabi，公元一一六五年到一二四〇年）。為了替蘇菲派對神的概念奠定堅實的哲學基礎，伊本．阿拉比首先處理了「認主學」教義的根本缺陷：如果起初只有神，祂要如何創造萬物，除非神能從祂自身創造一切？如果神確實從祂自身創造萬物，造物主與受造物豈不是分裂開來，這樣不就違反神的一體性和獨一性？

伊本．阿拉比對這個問題的答案，就是確認沙姆斯和巴耶濟德等的蘇菲行者所言：如果神是不可分割的，則所有能夠存在的事物也都必是神。至少，造物主和受造物必須共享完全相同的永恆、不可區分、不可分離的本質，這就表示宇宙中存在的一切萬物，唯有在神的存在中共享方能存在。因此，就本質而言，神必是所有存在的總和。[10]

這便是沙姆斯對魯米問題的答案。這就是巴耶濟德說「榮耀歸予我」的涵義。這也是為什麼圖斯塔里說：「我就是神的證明。」這些蘇菲行者並不是在說自己是神；他們是在說自己與神為一體。沒錯，大多數蘇菲派信徒認為，基督教的錯誤不在於把神轉變為一個人類，違反神不可分割的本質；而是在於基督徒相信神只是一位特定的人類，其他人則不是。根據蘇菲主義，倘若神確實不可分割，神便是萬物，萬物便是神。

我們至此便抵達一神論實驗必然的終點：這個相當新近的信仰抵達了它的高峰，從後巴比倫流亡時期的猶太教定義下的單一、獨一、非人類、不可分割的造物主之神，先被瑣羅亞斯德教的二元論和基督教的三位一體論拋棄，又在蘇菲派對「認主學」的詮釋中復興：神並非所有一切存在萬物的創造者。

神就是所有一切存在的萬物。[11]

結論
萬物一體

在《聖經》版的創世故事中（更準確而言，是在《聖經》兩種創世說法中的耶和華文獻版本裡），神以自己的形象創造了亞當和夏娃，讓他們在伊甸園中自由行走，只下了一道簡單的命令：「園中各樣樹上的果子，你可以隨意吃，只是分別善惡樹上的果子，你不可吃，因為你吃的日子必定死！」

然而，神所創造最狡猾的受造物──蛇，告訴了他們不一樣的話：「你們不一定死；因為神知道，你們吃的日子眼睛就明亮了，你們便如神能知道善惡。」

男人和女人都吃了禁果，不過沒有死。蛇沒說錯。耶和華向祂的天庭坦承：「那人已經與我們相似，能知道善惡；現在恐怕他伸手又摘生命樹的果子吃，就永遠活著。」

因此，耶和華將亞當和夏娃從伊甸園驅逐出去，並且讓天使[1]手持發火焰的劍把守伊甸園大門，男人和女人都不能返回園子。

我年幼讀到這個故事時，認為這是在警告絕對不要違背神的命令，以免我也會像亞當和夏娃一樣遭受懲罰。現在對我而言似乎很清楚，亞當和夏娃不是因為不服從神而受到懲罰，是因為他們試圖成為神。或許在這個古老的民間記憶之中，隱藏著一個深刻的真理，是我們的史前祖先似乎根據本能便了解的真理，但當我們從過往純粹的泛靈論過渡到現今嚴格的宗教教義時，我們卻遺忘了，那就是：神並未以祂的形象創造我們；我們也沒有以自身的形象造神。我們是神在世界中的形象：不是形式或外觀上形似，而是在本質上。[1]

我走過我自己漫長、而且不可否認相當迂迴的精神之旅（既作為一名宗教學者，也作為一位信仰著），而到達這個領悟。沒錯，本書中所概述的人類追求靈性的歷史，密切反映了我自己追求信仰的過程：從一個傾向靈性的孩子，認為神是會施魔法的老翁，到成為虔誠的基督徒，將神想像為完美的人類；從一個拋棄基督信仰，轉向伊斯蘭純正一神信仰的穆斯林學者，到成為蘇菲行者，被迫承認若要接受唯一、永恆和不可分割的神，唯一方法是消除造物主與受造物之間的區隔。

有一個現代術語可以描述這種有關於神的概念，即是：泛神論（pantheism），意指「神即萬物」或「萬物即神」。最簡單來說，泛神論便是一種信念，認為神和宇宙是一體且相同的：在神必然的存在之外，不存在任何事物。泛神論哲學家邁可・P・萊文（Michael P. Levine）指出：「沒有任何東西可以在本質上獨立於神之外，因為除了神，沒有任何事物。」換句話說，我們所說的世界和我們所說的神不是彼此獨立或分離的。毋寧說，這個世界是神的自我表達。它是神本質的體現與體驗。[2]

不妨將神想像成一道光線，它穿過稜鏡，折射出無數的顏色。各個顏色看似不同，但實際上它們是相同的。它們具有相同的本質。它們具有相同的來源。因此，表面上看似分離且不同的事物，實際上是一個單一的實體，而那個實體便是我們所謂的神。[3]

基本上這就是我們的史前祖先所相信的。他們的原始泛靈論是基於這種觀念，認為萬物（無論有沒有生命）皆共有一種單一的本質：或許可以說是一個單一的靈魂。同一種信念使得遠古美索不達米亞人早在他們開始將大自然的各種元素轉變成個別且有位格的眾神之前，就開始神化自然元素。它也是早期埃及信仰的核心，埃及人相信世間存在神聖的原力（divine force），這個力量自我體現為眾神與人類。希臘哲學家提到「一神」，作為指導一切創造的單一且統一的原則時，指的也是它。所有這些信仰體系皆可視為以不同方式表達

1 譯注：基路伯。

泛神論對神的概念，即神是萬物的總和。

我是透過蘇菲主義而領悟泛神論的。但幾乎所有的宗教傳統中都能找到相同的信念。泛神論存在於印度教，既存在於《吠陀》，也存在於《奧義書》，特別是在吠陀哲學的傳統中，認為唯有梵天（Brahman，亦即「絕對實體」〔Absolute Reality〕）真實無妄，其餘皆為幻覺：「無物非神，神即一切。」它也存在佛教教理中，世界及世間萬事萬物皆是佛陀的示現；所有現象都存在於一體的實相之中。偉大的道元禪師（Dogen Zenji，公元一二〇〇年到一二五三年）曾說：「眾生皆是佛性。」這種觀念也深植於道教，認為神聖的道（divine principle）是所有存在的基礎。公元前第四世紀的中國哲學家莊子寫道：「（道）無所不在……（汝唯莫必，）無乎逃物。」[4] 2

你可以通過猶太神祕主義以及「限制」（tzimtzum，亦即神收縮〔divine withdrawal〕）概念——神必須在自身內部挪出空間，以便形成宇宙——來到達某種形式的泛神論。即使在基督教這個典型的將神人性化的宗教中，你也可以從神祕主義思想家的作品中找到泛神論的趨向（譬如：德國埃克哈特大師〔Meister Eckhart〕，他曾寫下著名的論述：「神是存有〔Being〕，一切存有直接源自於祂。」）。[5]

甚至，透過哲學，無需藉由宗教也可以抵達泛神論。理性主義哲學家巴魯赫・斯賓諾莎（Benedict Spinoza，公元一六三二年到一六七七年）讓泛神論在西方廣受歡迎。他主張，既然宇宙只會有一種「物質」（substance）具有無限的屬性，無論那個物質被稱為「神」或「自然」，它都必須是單一、不被分化的實體。[6]

你也可以完全不理會神，只著眼於科學以及自然界的統一概念，著眼於能量守恆，物質不滅，以及能量與物質這兩者不可分割的本質：只要宇宙存在，如今存在的，自始至終都會存在，這個不可改變的事實。

無論如何，這個基本真理仍然存在：一切即一，一即一切（All is One, and One is All）。至於這個「一體」（the One）是什麼，該如何定義，以及應該如何體驗，則是每個人的選擇。

對我和許多人而言，「一體」就是我所謂的神。但我所相信的神並不是一位人性化的神，而是非人性化的神：祂沒有物質形式，祂是純粹的存在，沒有名稱、本質或個性。

我每回如此談論神，都會得到負面的反應，是昔日艾基納登、查拉圖斯特拉、色諾芬尼，以及幾乎每位嘗試將神去人性化的宗教改革者都會面臨的反應。人們就是不知道該如何與一位沒有人類特徵、屬性或需求的神溝通。人們怎麼有辦法與這樣一位神建立有意義的關係？畢竟，如我們已經了解到的，我們是在演化過程中演化出用擬人的方式將神概念化。這是我們大腦的功能，這就是為何那些試圖想要擺脫將神人性化衝動的人們必須付出巨大的努力，

2 譯注：出自於《莊子．外篇》的最後一篇《知北遊》，「無乎逃物」指沒有任何事物可以不在道的範圍內。

刻意為之。

或許我們應該考慮到以下這種可能性，人類之所以有一股認知衝動，想要將神視為我們自己神聖的反映，或許是因為我們，我們每一個人，都是神。也許與其想著如何去和神建立關係，我們更應該體認到這個關係早已存在。

我曾經以為自己與神之間存在著一道鴻溝，於是將我靈性生活的大部分花在透過信仰，或學術研究，或者結合信仰和研究努力跨越那道鴻溝。我現在相信，那道鴻溝根本不存在，因為我與神之間沒有區隔。在我最本質的實相之中，就是神的體現。我們皆是如此。

我是個信仰者，也是個泛神論者，我敬拜神，不是出於恐懼顫抖，而是因為宇宙的運行令我心生敬畏並感受到奇蹟——因為宇宙就是神。我向神祈禱，不是有所求，而是為了與神合而為一。我體認到，《創世記》中的那位神唯恐人類會得到的分辨善惡的知識始自這樣的認識：善與惡並不是形而上的事物，而是道德的選擇（moral choice）。而我的道德選擇不是基於害怕永恆的懲罰，或希求永恆的獎賞。我認識到世界的神性，和俯仰其中的每個生命，我以萬物皆為神的心態回應每個人和每件事——因為萬物就是神。我也知道，我唯一能真正認識神的途徑，是依靠我唯一真正能了解的東西：我自己。如同伊本·阿拉比所說：「凡認識自身靈魂，便是認識主。」

這本書結束在它開始的地方，談到關於靈魂，並不是偶然。無論你如何稱呼靈魂：根據希臘人的說法，稱他「心靈」（psyche）；希伯來人喜歡稱它為「nefesh」[3]；中國人稱之為「氣」；印度人將它視為「梵天」。你也可以稱它為佛性（Buddha Nature）或「原人／神我」（purusa[4]）。請把它想成和心是同一種材料，或是和宇宙共存。不妨想像人死後靈魂重新與神融合，或者從一個身體轉移到另一個身體。把它當作你個人本質的所在之處，或是一股潛藏於所有受造物中的非個人力量來體驗。無論你如何定義，相信靈魂與身軀分離是人類普世的信仰。這是我們的第一個信仰，遠比我們對神的信仰更古老。是從這個信仰才產生對神的信仰。

有無數對兒童認知的研究已經指出，人具有「實體二元論」（substance dualism）的本能傾向——亦即相信身體和心靈／靈魂在形式和本質上是不同的。這表示我們帶著一種天生的感覺來到世上（未曾有人教導、不受強迫、也無人提示），認為我們不只是我們的身軀。有某些特定的認知過程會讓我們將這種對靈魂的天生信仰應用到其他事物上——無論是人類也好，非人類亦然。但是說到對靈魂的相信，簡而言之，我們天生就相信有靈魂。[7]

人是否仍然相信，無非就是選擇。你可以選擇將人類對靈魂的普世信仰視為混亂或推理

3 譯注：通常譯為「魂」或「靈」，但字義比較接近「肉體」，如同動物（包括人）的生命，與「神的永恆生命」完全無關。

4 譯注：梵文指「靈魂」或「神」，正確而言是指永恆不變、毫無形式且無所不在的實體。

錯誤的產物：把它當做心靈的錯覺，或者演化的意外。沒錯，你可以認為一切現象——比如宇宙大爆炸（Big Bang）、時空分布、質能平衡等等——無非是原子碰撞的偶發事件。創世很可能純粹是源自於物理過程，反映的無非是質能最基本特性的接合——沒有原因、價值或目的。這是一個對宇宙和萬物存在完全合理的解釋。同樣合理也同樣無法證明的，則是存在著一股蓬勃的精神，祂構成了宇宙的基礎，昔在、今在、永在，將你我和其他所有人的靈魂（或許也是萬物的靈魂）連結在一起。

既然如此，你為自己選擇。

相信或不信神。憑你所願去定義神。無論如何，請效法我們的神話先祖亞當和夏娃，放膽去吃禁果。你不必懼怕神。

你就是神。

Williams, Lukyn. *Dialogue with Trypho the Jew.* New York: Macmillan, 1930.

Wilson, David Sloan. *Darwin's Cathedral: Evolution, Religion, and the Nature of Society.* Chicago: University of Chicago Press, 2002.

Wise, Michael. *Language and Literacy in Roman Judaea: A Study of the Bar Kokhba Documents.* New Haven: Yale University Press, 2015.

Wisse, Frederik. "The Apocryphon of John." Pages 104–23 in *The Nag Hammadi Library in English*. Edited by James M. Robinson. San Francisco: HarperSanFrancisco, 1978.

Wobst, H. Martin. "The Archaeo-Ethnology of Hunter-Gatherers or the Tyranny of the Ethnographic Record in Archaeology." *American Antiquity* 43/2 (1978): 303–309.

Wolf, Laibl. *Practical Kabbalah: A Guide to Jewish Wisdom for Everyday Life.* New York: Three Rivers Press, 1999.

Wood, Bryant. "The Rise and Fall of the 13th-Century Exodus-Conquest Theory." *Journal of the Evangelical Theological Society* 48/3 (2005): 475–89.

Wray, Tina J., and Gregory Mobley. *The Birth of Satan: Tracing the Devil's Biblical Roots.* New York: Palgrave Macmillan, 2005.

Wynn, Thomas, and Frederick Coolidge. "Beyond Symbolism and Language: An Introduction to Supplement 1, *Working Memory*." *Current Anthropology* 51 (2010): S5–S16.

Wynn, Thomas, Frederick Coolidge, and Martha Bright. "Hohlenstein-Stadel and the Evolution of Human Conceptual Thought." *Cambridge Archaeological Journal* 19/1 (2009): 73–84.

Yarshater, Ehsan, ed. *Mystical Poems of Rumi*. Chicago: University of Chicago Press, 2008.

Zagorska, Ilga. "The Use of Ochre in Stone Age Burials of the East Baltic." Pages 115–24 in *The Materiality of Death: Bodies, Burials, Beliefs*. Edited by Fredrik Fahlander and Terje Oestigaard. Oxford: Archaeopress, 2008.

Zarrinkoob, Abdol-Hosein. "Persian Sufism in Its Historical Perspective." *Iranian Studies* 3/4 (1970): 139–220.

Zeder, Melinda A. "Religion and the Revolution: The Legacy of Jacques Cauvin." *Paléorient* 37/1 (2011): 39–60.

Zimmerli, Walther. *Old Testament Theology in Outline*. Edinburgh: T&T Clark, 1978.

in *The Believing Primate: Scientific, Philosophical, and Theological Reflections on the Origin of Religion.* Edited by Jeffrey Schloss and Michael Murray. Oxford: Oxford University Press, 2009.

VanPool, Christine S., and Elizabeth Newsome. "The Spirit in the Material: A Case Study of Animism in the American Southwest." *American Antiquity* 77/2 (2012): 243–62.

Verhoeven, Marc. "The Birth of a Concept and the Origins of the Neolithic: A History of Prehistoric Farmers in the Near East." *Paléorient* 37/1 (2001): 75–87.

Vinnicombe, Patricia. *People of Eland: Rock Paintings of the Drakensberg Bushmen as a Reflection of Their Life and Thought.* 2nd ed. Johannesburg: Wits University Press, 2009.

von Franz, Marie-Louise. *Creation Myths.* Boston: Shambhala, 1995.

Walker, Williston. *A History of the Christian Church.* New York: Scribner, 1918.

Walton, John H. *Ancient Near Eastern Thought and the Old Testament: Introducing the Conceptual World of the Hebrew Bible.* 3rd ed. Grand Rapids: Baker Academic, 2009.

Watkins, Trevor. "Building Houses, Framing Concepts, Constructing Worlds." *Paléorient* 30/1 (2004): 5–23.

Weinberg, Saul S. "A Review Article: Man' s Earliest Art." *Archaeology* 6/3 (1953): 174–80.

Weisdorf, Jacob L. "From Foraging to Farming: Explaining the Neolithic Revolution." *Journal of Economic Surveys* 19/4 (2005): 561–86.

Wengrow, David. "Gods and Monsters: Image and Cognition in Neolithic Societies." *Paléorient* 37/1 (2011): 154–63.

Wensinck, Arent Jan. "The Two Creeds, Fikh Akbar II." Pages 1553–59 in *The Norton Anthology of World Religions: Volume II.* Edited by Jack Miles. New York: W. W. Norton, 2015.

West, Martin. "Towards Monotheism." Pages 21–40 in *Pagan Monotheism in Late Antiquity.* Edited by Polymnia Athanassiadi and Michael Frede. Oxford: Oxford University Press, 1999.

White, Randall. *Prehistoric Art: The Symbolic Journey of Humankind.* New York: Harry N. Abrams, 2003.

Williams, David Salter. "Reconsidering Marcion' s Gospel." *Journal of Biblical Literature* 108/3 (1989): 477–96.

The New Iron Age Mortuary Stele from Zincirli in Context." *Bulletin of the American Schools of Oriental Research* 356 (2009): 15–49.

Taraporewala, Irach J. S. *The Divine Songs of Zarathustra: A Philological Study of the Gathas of Zarathustra, Containing the Text and Literal Translation into English, a Free English Rendering and Full Critical and Grammatical Notes, Metrical Index and Glossary.* Bombay: D. B. Taraporevala Sons, 1951.

Tattersall, Ian. *Becoming Human: Evolution and Human Uniqueness.* New York: Harvest, 1999.

Tertullian, *Apologetical Works,* and Minucius Felix, *Octavius.* Translated by Rudolph Arbesmann, Sister Emily Joseph Daly, and Edwin A. Quain. Fathers of the Church, volume 10. Washington, D.C.: The Catholic University of America Press, 1950.

Teske, Roland. "The Aim of Augustine' s Proof that God Truly Is." *International Philosophical Quarterly* 26 (1986): 253–68.

Thomassen, Einar. "Orthodoxy and Heresy in Second-Century Rome." *Harvard Theological Review* 97/3 (2004): 241–56.

Tobin, Frank. "Mysticism and Meister Eckhart." *Mystics Quarterly* 10/1 (1984): 17–24.

Treves, Marco. "The Reign of God in the O.T." *Vetus Testamentum* 19/2 (1969): 230–43.

Tylor, Edward Burnett. *Primitive Culture.* London: J. Murray, 1889.

Ucko, Peter. "Subjectivity and the Recording of Palaeolithic Cave Art." Pages 141–80 in *The Limitations of Archaeological Knowledge.* Edited by T. Shay and J. Clottes. Liege: University of Liege Press, 1992.

Urquhart, William Spence. *Pantheism and the Values of Life with Special Reference to Indian Philosophy.* London: Epworth Press, 1919.

______. "The Fascination of Pantheism." *International Journal of Ethics* 21/3 (1911): 313–26.

VanderKam, James. *The Dead Sea Scrolls Today.* 2nd ed. Grand Rapids: Eerdmans, 2010.

van der Toorn, Karel. *Family Religion in Babylonia, Ugarit, and Israel: Continuity and Change in the Forms of Religious Life.* Leiden: Brill, 1996.

van Inwagen, Peter. "Explaining Belief in the Supernatural: Some Thoughts on Paul Bloom' s 'Religious Belief as an Evolutionary Accident.' " Pages 128–38

Landscape. Tucson: University of Arizona Press, 2007.

Smart, Ninian. *Dimensions of the Sacred: An Anatomy of the World's Beliefs.* Berkeley: University of California Press, 1996.

Smith, Huston. *The World's Religions: Our Great Wisdom Traditions.* New York: HarperCollins, 1991.

———. "Is There a Perennial Philosophy?" *Journal of the American Academy of Religion* 55/3 (1987): 553–66.

Smith, Mark S. *The Early History of God: Yahweh and the Other Deities in Ancient Israel.* 2nd ed. Grand Rapids: Eerdmans, 2002.

Smith, Morton. *Studies in the Cult of Yahweh.* 2 vols. Leiden: Brill, 1996.

———. "The Common Theology of the Ancient Near East." *Journal of Biblical Literature* 71/3 (1952): 135–47.

Smith, Noel. *An Analysis of Ice Age Art: Its Psychology and Belief System.* American University Studies: Series XX, "Fine Arts," vol. 15 (book 15). New York: Peter Lang, 1992.

Smith, W. Robertson. *Lectures on the Religion of the Semites: Fundamental Institutions.* New York: Ktav Publishers, 1969.

Snow, Dean R. "Sexual Dimorphism in Upper Palaeolithic Hand Stencils." *Antiquity* 80 (2006): 390–404.

———. "Sexual Dimorphism in European Upper Paleolithic Cave Art." *American Antiquity* 4 (2013): 746–61.

Sobat, Erin. "The Pharaoh's Sun-Disc: The Religious Reforms of Akhenaten and the Cult of the Aten." *Hirundo: McGill Journal of Classical Studies* 12 (2013–2014): 70–75.

Sprigge, Timothy Lauro Squire. "Pantheism." *Monist* 80/2 (1997): 191–217.

Sproul, Barbara C. *Primal Myths.* New York: HarperCollins, 1991.

Srinivasan, Doris. "Vedic Rudra-Siva." *Journal of the American Oriental Society* 103/3 (1983): 543–56.

Stone, Alby. *Explore Shamanism.* Loughborough, U.K.: Explore Books, 2003.

Stringer, Chris. *Lone Survivors: How We Came to Be the Only Humans on Earth.* New York: Henry Holt and Company, 2012.

Stringer, Martin D. "Rethinking Animism: Thoughts from the Infancy of Our Discipline." *Journal of the Royal Anthropological Institute* 5/4 (1999): 541–55.

Struble, Eudora J., and Virginia Rimmer Herrmann. "An Eternal Feast at Sam' al:

(Ancient Sam' al) and the Discovery of an Inscribed Mortuary Stele." *Bulletin of the American Schools of Oriental Research* 356 (2009): 1–13.

Schloss, Jeffrey, and Michael J. Murray. *The Believing Primate: Scientific, Philosophical, and Theological Reflections on the Origin of Religion*. Oxford: Oxford University Press, 2009.

Schneider, Laurel. *Beyond Monotheism: A Theology of Multiplicity*. London: Routledge, 2007.

Sellers, Robert Victor. *Council of Chalcedon: A Historical and Doctrinal Survey.* London: SPCK, 1953.

Selz, Gebhard. " 'The Holy Drum, the Spear, and the Harp' : Towards an Understanding of the Problems of Deification in Third Millennium Mesopotamia." Pages 167–209 in *Sumerian Gods and Their Representations.* Edited by I. J. Finkel and M. J. Geller. Groningen: Styx, 1997.

Shafer, Byron E., ed. *Religion in Ancient Egypt: Gods, Myths and Personal Practice.* Ithaca and London: Cornell University Press, 1991.

Sharpe, Kevin, and Leslie Van Gelder. "Human Uniqueness and Upper Paleolithic 'Art' : An Archaeologist' s Reaction to Wentzel van Huyssteen' s Gifford Lectures." *American Journal of Theology & Philosophy* 28/3 (2007): 311–45.

Shaviv, Samuel. "The Polytheistic Origins of the Biblical Flood Narrative." *Vetus Testamentum* 54/4 (2004): 527–48.

Shaw, Ian, ed. *The Oxford History of Ancient Egypt*. Oxford: Oxford University Press, 2003.

Shear, Jonathan. "On Mystical Experiences as Support for the Perennial Philosophy." *Journal of the American Academy of Religion* 62/2 (1994): 319–42.

Shults, LeRon. "Spiritual Entanglement: Transforming religious symbols at Çatalhõyiik." Pages 73–98 *in Religion in the Emergence of Civilization: Çatalhõyiik as a Case Study.* Edited by Ian Hodder. Cambridge: Cambridge University Press, 2010.

Siddiqi, Mazheruddin. "A Historical Study of Iqbal' s Views on Sufism." *Islamic Studies* 5/4 (1966): 411–27.

Silverman, David. "The Nature of Egyptian Kingship." Pages 49–94 in *Ancient Egyptian Kingship*. Edited by David O' Connor and David P. Silverman. Leiden: Brill, 1995.

Simmons, Allan. *The Neolithic Revolution in the Near East: Transforming the Human*

Riel-Salvatore, Julien, and Geoffrey A. Clark. "Grave Markers: Middle and Early Upper Paleolithic Burials and the Use of Chronotypology in Contemporary Paleolithic Research." *Current Anthropology* 42/4 (2001): 449–79.

Riel-Salvatore, Julien, and Claudine Gravel-Miguel. "Upper Palaeolithic Mortuary Practices in Eurasia: A Critical Look at the Burial Record." Pages 303–46 in *The Oxford Handbook of the Archaeology of Death and Burial*. Edited by Sarah Tarlow and Liv Nilsson Stutz. Oxford: Oxford University Press, 2013.

Riesebrodt, Martin. *The Promise of Salvation: A Theory of Religion*. Chicago: University of Chicago Press, 2010.

Robins, Gay. "The Representation of Sexual Characteristics in Amarna Art." *Journal of the Society for the Study of Egyptian Antiquities* 23 (1993): 29–41.

Rollefson, Gary. "2001: An Archaeological Odyssey." *Cambridge Archaeological Journal* 11/01 (2001): 112–14.

Rossano, Matt J. "Supernaturalizing Social Life: Religion and the Evolution of Human Cooperation." *Human Nature* 18/3 (2007): 272–94.

______. "Ritual Behaviour and the Origins of Modern Cognition." *Cambridge Archaeological Journal* 19/2 (2009): 249–50.

Rowe, William. "Does Panentheism Reduce to Pantheism? A Response to Craig." *International Journal for Philosophy of Religion* 61/2 (2007): 65–67.

Safi, Omid. "Did the Two Oceans Meet? Historical Connections and Disconnections Between Ibn 'Arabi and Rumi." *Journal of Muhyiddin Ibn 'Arabi Society* 26 (1999): 55–88.

Sahly, Ali. *Les Mains mutilées dans l'art préhistorique*. Toulouse: privately published, 1966.

Sampson, Geoffrey. *Writing Systems: A Linguistic Introduction*. Palo Alto: Stanford University Press, 1990.

Sandman, Maj. *Texts from the Time of Akhenaten*. Bruxelles: Édition de la Fondation Égyptologique Reine Élisabeth, 1938.

Schimmel, Annemarie. *I Am Wind, You Are Fire: The Life and Works of Rumi*. Boston and London: Shambhala, 1992.

Schjoedt, Uffe. "The Religious Brain: A General Introduction to the Experimental Neuroscience of Religion." *Method and Theory in the Study of Religion* 21/3 (2009): 310–39.

Schloen, J. David, and Amir S. Fink. "New Excavations at Zincirli Höyük in Turkey

Pope, Marvin H. *El in the Ugaritic Texts*. Leiden: Brill, 1955.

Potts, Daniel T. "Accounting for Religion: Uruk and the Origins of the Sacred Economy." Pages 17–23 in *Religion: Perspectives from the Engelsberg Seminar 2014*. Stockholm: Axel and Margaret Ax:son Johnson Foundation, 2014.

Preuss, Horst Dietrich. *Old Testament Theology*. Louisville: Westminster John Knox Press, 1995.

Radcliffe-Brown, Alfred Reginald. *Structure and Function in Primitive Society: Essays and Addresses*. New York: Free Press, 1952.

______. "Taboo." Pages 46–56 in *Reader in Comparative Religion: An Anthropological Approach*. Edited by William A. Lessa and Evon Z. Vogt. New York: Harper and Row, 1979.

Radhakrishnan, Sarvepalli. "The Vedanta Philosophy and the Doctrine of Maya." *International Journal of Ethics* 24/4 (1914): 431–51.

Rainey, Anson F. "Israel in Merneptah' s Inscription and Reliefs." *Israel Exploration Journal* 51/1 (2001): 57–75.

Rauf, Bulent. "Concerning the Universality of Ibn 'Arabi." *Journal of the Muhyiddin Ibn 'Arabi Society*, vol. 6, 1987.

Redford, Donald B. *Akhenaten the Heretic King*. Princeton: Princeton University Press, 1984.

______. "The Sun-Disc in Akhenaten' s Program: Its Worship and Antecedents, I." *Journal of the American Research Center in Egypt* 13 (1976): 47–61.

______. "The Sun-Disc in Akhenaten' s Program: Its Worship and Antecedents, II." *Journal of the American Research Center in Egypt* 17 (1980): 21–38.

Reed, Robert C. "An Interpretation of Some Anthropomorphic Representations from the Upper Palaeolithic." *Current Anthropology* 17/1 (1976): 136–38.

Rendu, William, et al. "Evidence Supporting an Intentional Neandertal Burial at La Chapelle-aux-Saints." *Proceedings of the National Academy of Sciences of the United States of America* 111/1 (2014): 81–86.

Reynolds, Gabriel Said. *The Emergence of Islam: Classical Traditions in Contemporary Perspective*. Minneapolis: Fortress Press, 2012.

Rice, Patricia C., and Ann L. Paterson. "Cave Art and Bones: Exploring the Interrelationships." *American Anthropologist*, New Series, 87/1 (1985): 94–100.

______. "Validating the Cave Art–Archeofaunal Relationship in Cantabrian Spain." *American Anthropologist*, New Series, 88/3 (1986): 658–67.

Pagels, Elaine. "The Demiurge and his Archons: A Gnostic View of the Bishop and Presbyters?" *Harvard Theological Review* 69/3–4 (1976): 301–24.

______. *The Gnostic Gospels.* New York: Random House, 1979.

Pardee, Dennis. *Ritual and Cult at Ugarit.* Atlanta: Society of Biblical Literature, 2002.

______. "A New Aramaic Inscription from Zincirli." *Bulletin of the American Schools of Oriental Research* 356 (2009): 51–71.

Parkinson, George Henry Radcliffe. "Hegel, Pantheism, and Spinoza." *Journal of the History of Ideas* 38/3 (1977): 449–59.

Pausanias. *Description of Greece.* Translated by W.H.S. Jones. 5 vols. Loeb Classical Library. Cambridge, Mass.: Harvard University Press, 1935.

Peregrine, Peter, and Melvin Ember, eds. *Encyclopedia of Prehistory,* vol. 3: *East Asia and Oceania.* New York: Springer, 2001.

Peters, Joris, et al. "Early Animal Husbandry in the Northern Levant." *Paléorient* 25/2 (1999): 27–48.

Pettitt, Paul. *The Palaeolithic Origins of Human Burial.* New York: Routledge, 2010.

Pettitt, Paul, and Alistair Pike. "Dating European Palaeolithic Cave Art: Progress, Prospects, Problems." *Journal of Archaeological Method and Theory* 14/1 (2007): 27–47.

Pettitt, Paul, et al. "New Views on Old Hands: The Context of Stencils in El Castillo and La Garma Caves (Cantabria, Spain)." *Antiquity* 88 (2014): 47–63.

Piaget, Jean. "Children' s Philosophies." Pages 534–47 in *A Handbook of Child Psychology*. Edited by C. Murchison. Worcester, Mass.: Clark University Press, 1933.

______. *The Child's Conception of the World*. New Jersey: Littlefield, Adams, 1960.

Picton, J. Allanson. "Pantheism: Some Preliminary Observations." *New England Review:* 24/1 (2003): 224–27.

Pike, Alistair, et al. "U-Series Dating of Paleolithic Art in 11 Caves in Spain." *Science* 336 (2012): 1409–13.

Pitulko, Vladimir V., et al. "Early Human Presence in the Arctic: Evidence from 45,000-Year-Old Mammoth Remains." *Science* 351/6270 (2016): 260–63.

Pollack, Gloria Wiederkehr. "Eliezer Zvi Hacohen Zweifel: Forgotten Father of Modern Scholarship on Hasidism." *Proceedings of the American Academy for Jewish Research* 49 (1982): 87–115.

Morenz, Siegfried. *Egyptian Religion*. Translated by Ann E. Keep. Ithaca: Cornell University Press, 1992.

Morkot, James. "Divine of Body: The Remains of Egyptian Kings—Preservation, Reverence, and Memory in a World Without Relics." *Past and Present,* Supplement 5 (2010): 37–55.

Morris-Kay, Gillian. "The Evolution of Human Artistic Creativity." *Journal of Anatomy* 216 (2010): 158–76.

Mowinckel, Sigmund. "The Name of the God of Moses." *Hebrew Union College Annual* 32 (1961): 121–33.

Muesse, Mark. *The Hindu Traditions: A Concise Introduction.* Minneapolis: Fortress Press, 2011.

Müller, Max. *Introduction to the Science of Religion.* London: Longmans, Green, 1873.

______. *Comparative Mythology: An Essay*. London: Routledge and Sons, 1909.

Murray, Gilbert. *Five Stages of Greek Religion*. New York: Anchor Books, 1955.

Murray, Michael. "Scientific Explanations of Religion and the Justification of Religious Belief." Pages 168–78 in *The Believing Primate: Scientific, Philosophical, and Theological Reflections on the Origin of Religion*. Edited by Jeffrey Schloss and Michael Murray. Oxford: Oxford University Press, 2009.

Nadeau, Randall L., ed. *Asian Religions: A Cultural Perspective.* Chichester, U.K.: Wiley-Blackwell, 2013.

Nederhof, Mark-Jan. "Karnak Stela of Ahmose," n.p. [cited 24 April 2014]. https://mjn.host.cs.st-andrews.ac.uk/egyptian/texts/corpus/pdf /urkIV-005.pdf.

Nicholson, Reynold A. *Rumi: Poet and Mystic (1207–1273).* Oxford: Oneworld, 1995.

O' Connor, David, and David P. Silverman, eds. *Ancient Egyptian Kingship.* Leiden: Brill, 1995.

O' Connor, David, and Eric H. Cline, eds. *Amenhotep III: Perspectives on His Reign.* Ann Arbor: University of Michigan Press, 2001.

Olyan, Saul M. *Asherah and the Cult of Yahweh in Israel.* Atlanta: Society of Biblical Literature, 1988.

Osborne, Catherine. *Presocratic Philosophy: A Very Short Introduction*. Oxford: Oxford University Press, 2004.

Owen, Huw Parri. *Concepts of Deity.* London: Macmillan, 1971.

MacIntyre, Alasdair. "Pantheism." Pages 31–35 in vol. 6 of *Encyclopedia of Philosophy*. Edited by Paul Edwards. 10 vols. New York: Macmillan, 1967.

Macquarrie, John. *In Search of Deity.* London: SCM Press, 1984.

Mallory, James Patrick. *In Search of the Indo-Europeans: Language, Archaeology and Myth.* New York: Thames and Hudson, 1989.

———, and D. Q. Adams, eds. *The Encyclopedia of Indo-European Culture*. London and Chicago: Fitzroy Dearborn Publishers, 1997.

Marett, Robert Ranulph. *The Threshold of Religion*. London: Methuen, 1914.

Marinatos, Nanno. *The Goddess and the Warrior: The Naked Goddess and Mistress of the Animals in Early Greek Religion*. London: Routledge, 2000.

Maringer, Johannes. "Priests and Priestesses in Prehistoric Europe." *History of Religions* 17/2 (1977): 101–20.

Marshack, Alexander. "Images of the Ice Age." *Archaeology* 48/4 (1995): 28–36.

McFarland, Thomas. *Coleridge and the Pantheist Tradition*. Oxford: Oxford University Press, 1969.

Mehr, Farhang. *The Zoroastrian Tradition: An Introduction to the Ancient Wisdom of Zarathustra.* Rockport, Mass.: Element, 1991.

Mendenhall, George E. "The Hebrew Conquest of Palestine." *Biblical Archaeologist* 25/3 (1962): 65–87.

Mendenhall, George E., and G. A. Herion. *Ancient Israel's Faith and History: An Introduction to the Bible in Context.* Louisville: Westminster John Knox Press, 2001.

Menocal, Maria Rosa. *Ornament of the World: How Muslims, Jews and Christians Created a Culture of Tolerance in Medieval Spain.* New York: Back Bay Books, 2003.

Metso, Sarianna. *The Serekh Texts*. New York: T&T Clark, 2007.

Mithen, Steven J. "To Hunt or to Paint: Animals and Art in the Upper Palaeolithic." *Man,* New Series, 23/4 (1988): 671–95.

Mohr, Richard D. "Plato' s Theology Reconsidered: What the Demiurge Does." *History of Philosophy Quarterly* 2/2 (1985): 131–44.

Momigliano, Arnaldo. "How Roman Emperors Became Gods." *American Scholar* 55/2 (1986): 181–93.

Moore-Colyer, R. J. "Review of *The Birth of the Gods and the Origins of Agriculture* by Jacques Cauvin." *Agricultural History Review* 49/1 (2001): 114–15.

______. "The Religion of the Caves: Magic or Metaphysics?" *October* 37 (1986): 6–17.

______. *Treasures of Prehistoric Art.* New York: Harry Abrams, 1967.

Lesher, James H. *Xenophanes of Colophon: Fragments: A Text and Translation with Commentary*. Toronto: University of Toronto Press, 1992.

Levine, Michael P. *Pantheism: A Non-Theistic Concept of Deity.* New York: Routledge, 1994.

______. "Pantheism, Substance and Unity." *International Journal for Philosophy of Religion* 32/1 (1992): 1–23.

Levine, Morton H. "Review *Four Hundred Centuries of Cave Art* by Abbé H. Breuil." *American Anthropologist*, New Series, 59/1 (1957): 142–43.

______. "Prehistoric Art and Ideology." *American Anthropologist* 59/6 (1957): 949–64.

Lévi-Strauss, Claude. *Totemism.* Translated by Rodney Needham. London: Merlin Press, 1991.

Lewis, David Levering. *God's Crucible: Islam and the Making of Europe, 570–1215.* New York: W. W. Norton, 2008.

Lewis-Williams, David. *Conceiving God: The Cognitive Origin and Evolution of Religion.* London: Thames and Hudson, 2010.

______. "Debating Rock Art: Myth and Ritual, Theories and Facts." *South African Archaeological Bulletin* 61/183 (2006): 105–14.

______. *Inside the Neolithic Mind.* London: Thames and Hudson, 2009.

______. *The Mind in the Cave: Consciousness and the Origins of Art.* London: Thames and Hudson, 2004.

Lewis-Williams, David, and David Pearce. *Inside the Neolithic Mind: Consciousness, Cosmos, and the Realm of the God.* London: Thames and Hudson, 2005.

Lommel, Herman. *Die Religion Zarathustras. Nach dem Awesta dargestellt.* Hildesheim: Olms, 1971.

Lorblanchet, Michel. "The Origin of Art." *Diogenes* 214 (2007): 98–109.

______. "Claw Marks and Ritual Traces in the Paleolithic Sanctuaries of the Quercy." Pages 165–70 in *An Enquiring Mind: Studies in Honour of Alexander Marshack.* Edited by Paul Bahn. Oxford: Oxbow Books, 2009.

MacCulloch, Diarmaid. *Christian History: An Introduction to the Western Tradition.* London: SCM Press, 2012.

Design in Nature." *Psychological Science* 15/5 (2004): 295–301.

Kelemen, Deborah, and Cara DiYanni. "Intuitions About Origins: Purpose and Intelligent Design in Children' s Reasoning About Nature." *Journal of Cognition and Development* 6/1 (2005): 3–31.

Kenyon, Kathleen. *Digging up Jericho*. New York: Praeger, 1957.

Keyser, James D., and David S. Whitley. "Sympathetic Magic in Western North American Rock Art." *American Antiquity* 71/1 (2006): 3–26.

Knight, Nicola, Paulo Sousa, Justin L. Barrett, and Scott Atran. "Children' s Attributions of Beliefs to Humans and God: Cross-Cultural Evidence." *Cognitive Science* 28 (2004): 117–26.

Köhler, Ludwig. *Old Testament Theology.* Translated by A. S. Todd. Philadelphia: Westminster Press, 1957.

Kreitzer, Larry. "Apotheosis of the Roman Emperor." *Biblical Archaeologist* 53/4 (1990): 210–17.

Kubler, George. "Eidetic Imagery and Paleolithic Art." *Yale University Art Gallery Bulletin* 40/1 (1987): 78–85.

Kuiper, F.B.J. "Ahura 'Mazda' 'Lord Wisdom' ?" *Indo-Iranian Journal* 18/1–2 (1976): 25–42.

Lambert, Wilfred G. "The God Aššur." *Iraq* 45/1 (1983): 82–86.

———. *Babylonian Creation Myths.* Winona Lake, Ind.: Eisenbrauns, 2013.

Larson, Gerald James, ed., *Myth in Indo-European Antiquity.* Berkeley: University of California Press, 1974.

Lasheras, Jose Antonio. "The Cave of Altamira: 22,000 Years of History." *Adoranten* (2009): 5–33.

Leeming, David, and Margaret Leeming, eds. *A Dictionary of Creation Myths.* New York: Oxford, 1994.

Legrain, Georges. "Second rapport sur les travaux exécutés à Karnak du 31 octobre 1901 au 15 mai 1902." *Annales du Service des Antiquités de L'Égypte* 4 (1903): 1–40.

Leroi-Gourhan, André. *The Dawn of European Art: An Introduction to Palaeolithic Cave Painting.* Cambridge: Cambridge University Press, 1982.

———. "The Hands of Gargas: Toward a General Study." *October* 37 (1986): 18–34.

———. *The Hunters of Prehistory*. Translated by Claire Jacobson. New York: Atheneum, 1989.

Cave." *Current Anthropology* 44/4 (2003): 491–522.

Hublin, Jean-Jacques, and Shannon P. McPherron, eds. *Modern Origins: A North African Perspective.* New York: Springer, 2012.

Huchingson, James E. "The World as God' s Body: A Systems View." *Journal of the American Academy of Religion* 48/3 (1980): 335–44.

Hume, David. *Four Dissertations.* London: A. and H. Bradlaugh Bonner, 1757.

Hutton, Ronald. *Witches, Druids, and King Arthur.* New York: Bloomsbury Academic, 2003.

Ingold, Tim, and Gisli Palsson, eds. *Biosocial Becomings: Integrating Social and Biological Anthropology*. Cambridge: Cambridge University Press, 2013.

Irani, Dinshaw J. *Understanding the Gathas: The Hymns of Zarathushtra.* Womelsdorf, Pa.: Ahura Publishers, 1994.

Jacobsen, Thorkild. "Ancient Mesopotamian Religion: The Central Concerns." *Proceedings of the American Philosophical Society* 107/6 (1963): 473–84.

______. "Primitive Democracy in Ancient Mesopotamia." *Journal of Near Eastern Studies* 2/3 (1943): 159–72.

______. *The Treasures of Darkness: A History of Mesopotamian Religion.* Revised edition. New Haven: Yale University Press, 1978.

James, E. O. "The Threshold of Religion. The Marett Lecture, 1958." *Folklore* 69/3 (1958): 160–74.

Jaubert, Jacques, et al. "Early Neanderthal Constructions Deep in Bruniquel Cave in Southwestern France." *Nature* 534 (2016): 111–27.

Jochim, Michael. "Palaeolithic Cave Art in Ecological Perspective." Pages 212–19 in *Hunter Gatherer Economy in Prehistory*. Edited by G. N. Bailey. Cambridge: Cambridge University Press, 1983.

Johnson, Raymond. "Monuments and Monumental Art under Amenhotep III: Evolution and Meaning." Pages 63–94 in *Amenhotep III: Perspectives on His Reign.* Edited by David O' Connor and Eric H. Cline. Ann Arbor: University of Michigan Press, 2001.

Jones, Rufus M. "Jewish Mysticism." *Harvard Theological Review* 36/2 (1943): 155–63.

Karamustafa, Ahmet. *Sufism: The Formative Period*. Berkeley: University of California Press, 2007.

Kelemen, Deborah. "Are Children Intuitive Theists? Reasoning About Purpose and

Harari, Yuval Noah. *Sapiens: A Brief History of Humankind.* New York: HarperCollins, 2015.

Harrison, Paul. *Elements of Pantheism.* Coral Springs, Fla.: Lumina Press, 2004.

Harvey, Paul, ed. *The Oxford Companion to Classical Literature.* Oxford: Clarendon Press, 1951.

Hasel, Michael G. "Israel in the Merneptah Stela." *Bulletin of the American Schools of Oriental Research* 296 (1994): 45–61.

Hawkes, Jacquetta, and Sir Leonard Woolley. *Prehistory and the Beginnings of Civilization.* New York: Harper and Row, 1963.

Hayden, Brian. "Review of *The Birth of the Gods and the Origins of Agriculture* by Jacques Cauvin." *Canadian Journal of Archaeology/Journal Canadien d'Archéologie* 26/1 (2002): 80–82.

______. *Shamans, Sorcerers and Saints.* Washington, D.C.: Smithsonian, 2003.

Hedley, Douglas. "Pantheism, Trinitarian Theism and the Idea of Unity: Reflections on the Christian Concept of God." *Religious Studies* 32/1 (1966): 61–77.

Herodotus. Translated by A. D. Godley. Loeb Classical Library. Cambridge, Mass.: Harvard University Press, 1960.

Hodder, Ian. "The Role of Religion in the Neolithic of the Middle East and Anatolia with Particular Reference to Catalhöyük." *Paléorient* 37/1 (2001): 111–22.

______. "Symbolism and the Origins of Agriculture in the Near East." *Cambridge Archaeological Journal* 11/1 (2001): 107–14.

Hodin, J. P. "Review: *Four Hundred Centuries of Cave Art* by Abbé H. Breuil; *Art in the Ice Age* by Johannes Maringer, Hans-Georg Bandi." *Journal of Aesthetics and Art Criticism* 13/2 (1954): 272–73.

Hoffmeier, James K. *Akhenaten and the Origins of Monotheism.* Oxford: Oxford University Press, 2015.

Holland, Tom. *In the Shadow of the Sword: The Birth of Islam and the Rise of the Global Arab Empire.* New York: Doubleday, 2012.

Hornung, Erik. "The Rediscovery of Akhenaten and His Place in Religion." *Journal of the American Research Center in Egypt* 29 (1992): 43–49.

______. *Akhenaten and the Religion of Light.* Translated by David Lorton. Ithaca and London: Cornell University Press, 1999.

Hovers, Erella, Shimon Ilani, Ofer Bar-Yosef, and Bernard Vandermeersch. "An Early Case of Color Symbolism: Ochre Use by Modern Humans in Qafzeh

Gottwald, Norman K. *The Tribes of Yahweh: A Sociology of the Religion of Liberated Israel, 1250–1050 B.C.E.* Maryknoll, N.Y.: Orbis Books, 1979.

Gowlett, John, Clive Gamble, and Robin Dunbar. "Human Evolution and the Archaeology of the Social Brain." *Current Anthropology* 53/6 (2012): 693–722.

Graziosi, Barbara. *The Gods of Olympus: A History.* New York: Picador, 2014.

Green, Alberto R. W. *The Storm-God in the Ancient Near East.* Winona Lake, Ind.: Eisenbrauns, 2003.

Green, Richard E., et al., "A Draft Sequence of the Neanderthal Genome." *Science* 328 (2010): 701–22.

Gregory, Curtis. *The Cave Painters: Probing the Mysteries of the World's First Artists.* New York: Alfred A. Knopf, 2006.

Grun, Rainer, et al. "U-series and ESR analyses of bones and teeth relating to the human burials from Skhul." *Journal of Human Evolution* 49/3 (2005): 316–34.

Guenevere, Michael, and Hillard Kaplan. "Longevity of Hunter-Gatherers: A Cross-Cultural Examination." *Population and Development Review* 33/2 (2007): 321–65.

Gunther, Hans F. K. *The Religious Attitudes of the Indo-Europeans*. Translated by Vivian Bird. London: Clare Press, 1967.

Guthrie, R. Dale. *The Nature of Paleolithic Art.* Chicago: University of Chicago Press, 2005.

Guthrie, Stewart. *Faces in the Clouds.* New York: Oxford University Press, 1995.

______. "On Animism." *Current Anthropology* 41/1 (2000): 106–107.

Hahn, Joachim. *Kraft und Aggression: Die Botschaft der Eiszeitkunst im Aurignacien Süddeutschlands?* Tübingen: Verlag Archaeologica Venatoria, 1986.

Hall, Edith. *Introducing the Ancient Greeks: From Bronze Age Seafarers to Navigators of the Western Mind.* New York: W. W. Norton, 2015.

Hallowell, Alfred Irving. "Ojibwa Ontology, Behavior, and World View." Pages 20–52 in *Culture in History: Essays in Honor of Paul Radin.* Edited by Stanley Diamond. New York: Columbia University Press, 1960.

Halverson, John, et al. "Art for Art's Sake in the Paleolithic [and Comments and Reply]." *Current Anthropology* 28/1 (1987): 63–89.

Hammond, Norman. "Palaeolithic Mammalian Faunas and Parietal Art in Cantabria: A Comment on Freeman." *American Antiquity* 39/4 (1974): 618–19.

45/1 (1963): 61–62.

Freed, Rita. "Art in the Service of Religion and the State." Pages 110–29 in *Pharaohs of the Sun: Akhenaten, Nefertiti, Tutankhamun*. Boston: Museum of Fine Arts in association with Bulfinch Press/Little, Brown, 1994.

Freeman, L. G. "The Significance of Mammalian Faunas from Paleolithic Occupations in Cantabrian Spain." *American Antiquity* 38/1 (1973): 3–44.

Freud, Sigmund. *Totem and Taboo: Resemblances Between the Psychic Lives of Savages and Neurotics*. Translated by Abraham Arden Brill. New York: Moffat, Yard and Company, 1918.

______. *The Future of an Illusion*. Translated by W. D. Robson-Scott. London: Hogarth Press, 1928.

Gamble, Clive. "Interaction and Alliance in Palaeolithic Society." *Man* 17/1 (1982): 92–107.

______. *The Palaeolithic Settlement of Europe*. Cambridge: Cambridge University Press, 1986.

Garcia-Diez, M., D. L. Hoffman, J. Zilhao, C. de las Heras, J. A. Lasheras, R. Montes, and A.W.G. Pike. "Uranium Series Dating Reveals a Long Sequence of Rock Art at Altamira Cave (Santillana del Mar, Cantabria)." *Journal of Archaeological Science* 40 (2013): 4098–106.

Garr, W. R. *In His Own Image and Likeness: Humanity, Divinity, and Monotheism*. Leiden: Brill, 2003.

Geertz, Clifford. *The Interpretation of Cultures*. New York: Basic Books, 1973.

Giedion, Sigfried. "Review: *Four Hundred Centuries of Cave Art* by Abbé H. Breuil." *College Art Journal* 12/4 (1953): 381–83.

Girard, René. *Violence and the Sacred*. Baltimore, Md.: Johns Hopkins University Press, 1979.

Giversen, Soren, and Birger A. Pearson. "The Testimony of Truth." Pages 448–59 in *The Nag Hammadi Library in English*. Edited by James M. Robinson. San Francisco: HarperSanFrancisco, 1978.

Goedicke, Hans. "Remarks on the 'Israel-Stela.' " *Wiener Zeitschrift für die Kunde des Morgenlandes* 94 (2004): 53–72.

Gooch, Brad. *Rumi's Secret: The Life of the Sufi Poet of Love*. New York: Harper, 2017.

Goodrich, Norma Lorre. *Ancient Myths*. London: Mentor Books, 1960.

Religious Ideas. Translated by Willard Trask. Chicago: University of Chicago Press, 1978.

Eliade, Mircea, et al. *The Encyclopedia of Religion.* 16 vols. New York: Macmillan, 1987.

Eshraghian, Ahad, and Bart Loeys. "Loeys-Dietz Syndrome: A Possible Solution for Akhenaten' s and His Family' s Mystery Syndrome." *South African Medical Journal* 102/8 (2012): 661–64.

Fagan, Brian M., and Charlotte Beck, eds. *The Oxford Companion to Archaeology.* New York: Oxford University Press, 1996.

Fakhry, Majid. "Philosophy and Theology: From the Eighth Century C.E. to the Present." Pages 269–304 in *The Oxford History of Islam.* Edited by John L. Esposito. New York: Oxford University Press, 1999.

Faulkner, Raymond O. *The Ancient Pyramid Texts.* Oxford: Clarendon Press, 1969.

Feeley-Harnik, Gillian. "Issues in Divine Kingship." *Annual Review of Anthropology* 14 (1985): 273–313.

Feld, Edward. "Spinoza the Jew." *Modern Judaism* 9/1 (1989): 101–19.

Feuerbach, Ludwig. *The Essence of Christianity.* Translated by Marian Evans. New York: Calvin Blanchard, 1855.

______. *Lectures on the Essence of Religion.* Translated by Ralph Manheim. New York: Harper and Row, 1967.

______. *Principles of the Philosophy of the Future*. Translated by Manfred Vogel. Indianapolis: Hackett, 1986.

Finkel, Irving. *The Ark Before Noah: Decoding the Story of the Flood*. New York: Doubleday, 2014.

Fitzmyer, Joseph. "The Aramaic Language and the Study of the New Testament." *Journal of Biblical Literature* 99/1 (1980): 5–21.

Forrest, Peter, and Roman Majeran. "Pantheism." *Roczniki Filozoficzne / Annales de Philosophie / Annals of Philosophy* 64/4 (2016): 67–91.

Foster, Benjamin R. *Before the Muses: An Anthology of Akkadian Literature.* Bethesda: University of Maryland Press, 2005.

Frankfort, Henri. *Kingship and the Gods: A Study of Ancient Near Eastern Religion as the Integration of Society and Nature*. Chicago: University of Chicago Press, 1948.

Fraser, Douglas. "Review of *Palaeolithic Art: Indian Art in America*." *Art Bulletin*

York: Oxford University Press, 1989.

Davenport, Guy. "Robot." *Hudson Review* 25/3 (1972): 413–46.

Deimel, Antonius. *Pantheon Babylonicum: Nomina Deorum e Textibus Cuneiformibus Excerpta et Ordine Alphabetico Distributa.* Rome: Sumptibus Pontificii Instituti Biblici, 1914.

De La Torre, Miguel A., and Albert Hernández. *The Quest for the Historical Satan.* Minneapolis: Fortress Press, 2011.

De Moor, Johannes C. *The Rise of Yahwism: The Roots of Israelite Monotheism.* 2nd ed. Leuven: Peeters, 1997.

Dever, William G. "Asherah, Consort of Yahweh? New Evidence from Kuntillet 'Ajrûd." *Bulletin of the American Schools of Oriental Research* 255 (1984): 21–37.

______. *Did God Have a Wife? Archaeology and Folk Religion in Ancient Israel.* Grand Rapids: Eerdmans, 2008.

de Wet, Chris. "Mystical Expression and the 'Logos' in the Writings of St. John of the Cross." *Neotestamentica* 42/1 (2008): 35–50.

Dexter, Miriam Robbins. "Proto-Indo-European Sun Maidens and Gods of the Moon." *Mankind Quarterly* 55 (1984): 137–44.

Diaz-Andreu, Margarita. "An All-Embracing Universal Hunter-Gatherer Religion? Discussing Shamanism and Spanish Levantine Rock-Art." Pages 117–33 in *The Concept of Shamanism: Uses and Abuses.* Edited by Henri-Paul Francfort and Roberte N. Hamayon. Budapest: Akademiai Kiado: 2001.

Dion, Paul E. "YHWH as Storm-God and Sun-God: The Double Legacy of Egypt and Canaan as Reflected in Psalm 104." *Zeitschrift für die Alttestamentliche Wissenschaft* 103/1 (1991): 43–71.

Duling, Dennis C. *Jesus Christ Through History.* New York: Harcourt, 1979.

Dumbrell, William J. "Midian: A Land or a League?" *Vetus Testamentum* 25/2 (1975): 323–37.

Durkheim, Émile. *The Elementary Forms of Religious Life*. New York: Free Press, 1995.

Ehrman, Bart D. *Lost Christianities: The Battle for Scripture and the Faiths We Never Knew.* New York: Oxford University Press, 2003.

Eliade, Mircea. *Shamanism: Archaic Techniques of Ecstasy*. Princeton: Princeton/ Bollingen, 1974.

______. *From the Stone Age to the Eleusinian Mysteries.* Volume 1 of *History of*

Imagination. Albany: SUNY Press, 1989.

Cicero. *The Nature of the Gods*. Translated by P. G. Walsh. Oxford: Oxford University Press, 2008.

Clark, Geoffrey A. "Grave Markers: Middle and Early Upper Paleolithic Burials and the Use of Chronotypology in Contemporary Paleolithic Research." *Current Anthropology* 42/4 (2001): 449–79.

Clottes, Jean, and David Lewis-Williams. *The Shamans of Prehistory: Trance Magic and the Painted Caves*. New York: Abrams, 1998.

Coats, George W. "Moses in Midian." *Journal of Biblical Literature* 92/1 (1973): 3–10.

Cohen, Martin. "The Role of the Shilonite Priesthood in the United Monarchy of Ancient Israel." *Hebrew Union College Annual* 36 (1965): 59–98.

Conard, Nicholas J. "Palaeolithic Ivory Sculptures from Southwestern Germany and the Origins of Figurative Art." *Nature* 426/18 (2003): 830–32.

Conkey, Margaret W. "A Century of Palaeolithic Cave Art." *Archaeology* 34/4 (1981): 20–28.

Coogan, Michael David. "Canaanite Origins and Lineage: Reflections on the Religion of Ancient Israel." Pages 115–84 in *Ancient Israelite Religion: Essays in Honor of Frank Moore Cross*. Edited by Patrick D. Miller, et al. Philadelphia: Fortress Press, 1987.

Cooper, Rodney A. *Tao Te Ching: Classic of the Way and Virtue; An English Version with Commentary*. Bloomington, Ind.: AuthorHouse, 2013.

Corduan, Winfried. "A Hair' s Breadth from Pantheism: Meister Eckhart' s God-Centered Spirituality." *Journal of the Evangelical Theological Society* 37/2 (1994): 263–74.

Crone, Patricia, and Michael Cook. *Hagarism: The Making of the Islamic World*. Cambridge: Cambridge University Press, 1977.

Cross, Frank Moore. "Yahweh and the God of the Patriarchs." *Harvard Theological Review* 55/4 (1962): 225–59.

———. *Canaanite Myth and Hebrew Epic: Essays in the History of the Religion of Israel*. Cambridge, Mass.: Harvard University Press, 1997.

Csibra, Gergely, et al. "Goal Attribution Without Agency Cues: The Perception of 'Pure Reason' in Infancy." *Cognition* 72/3 (1999): 237–67.

Dalley, Stephanie. *Myths from Mesopotamia: Creation, the Flood, and Others*. New

Burckhardt, Titus. *Introduction to Sufism.* London: Thorsons, 1995.

Burger, Peter. *The Sacred Canopy: Elements of a Sociological Theory of Religion.* New York: Doubleday, 1967.

Burkert, Walter. *Greek Religion.* Translated by John Raffan. Cambridge, Mass.: Harvard University Press, 1985.

______. *Creation of the Sacred: Tracks of Biology in Early Religions.* Cambridge, Mass.: Harvard University Press, 1996.

Burkit, Miles C. "13. Review of *La Signification de l'Art Rupestre Paléolithique.*" *Man* 63 (1963): 14.

Call, Josep, and Michael Tomasello. "Does the Chimpanzee Have a Theory of Mind? 30 Years Later." *Trends in Cognitive Sciences* 12/5 (2008): 187–92.

Carneiro, Robert L. "Review of *The Birth of the Gods and the Origins of Agriculture* by Jacques Cauvin." *American Antiquity* 67/3 (2002): 575–76.

Cartailhac, Émile. "Les mains inscrites de rouge ou de noir de Gargas." *L'anthropologie* 17 (1906): 624–25.

Carter, Tim. "Marcion' s Christology and Its Possible Influence on Codex Bezae." *The Journal of Theological Studies* 61/2 (2010): 550–82.

Cauvin, Jacques. *The Birth of the Gods and the Origins of Agriculture.* Translated by Trevor Watkins. New Studies in Archaeology; Cambridge: Cambridge University Press, 2007.

Cauvin, Jacques, Ian Hodder, Gary O. Rollefson, Ofer Bar-Yosef, and Trevor Watkins. "Review of *The Birth of the Gods and the Origins of Agriculture* by Jacques Cauvin." *Cambridge Archaeological Journal* 11/01 (2001): 105–21.

Chalupa, Aleš. "How Did Roman Emperors Become Gods? Various Concepts of Imperial Apotheosis." *Anodos—Studies of the Ancient World* 6–7 (2006–2007): 201–207.

Childe, Vere Gordon. "The Urban Revolution." *Town Planning Review* 21/1 (1950): 3–17.

______. *Man Makes Himself: History of the Rise of Civilization.* 3rd ed. London: Watts and Company, 1936.

Chipp, Herschel B. "Review of *Palaeolithic Art.*" *Art Journal* 22/1 (1962): 54–56.

Chittenden, Jacqueline. "The Master of Animals." *Hesperia: The Journal of the American School of Classical Studies at Athens* 16/1 (1947): 89–114.

Chittick, William C. *The Sufi Path of Knowledge: Ibn al-Arabi's Metaphysics of*

179–99.

Boak, Arthur Edward Romilly. "The Theoretical Basis of the Deification of Rulers in Antiquity." *The Classical Journal* 11/5 (1916): 293–97.

Bosch-Gimpera, P. "Review *Four Hundred Centuries of Cave Art* by Abbé H. Breuil." *Boletín Bibliográfico de Antropología Americana* 15/2 16/2 (1952–1953): 80–82.

Bottéro, Jean. *Religion in Ancient Mesopotamia*. Translated by Teresa Lavender Fagan. Chicago: University of Chicago Press, 2004.

Boutwood, Arthur. "A Scientific Monism." *Proceedings of the Aristotelian Society*, New Series 1 (1900–1901): 140–66.

Boyce, Mary. *History of Zoroastrianism.* 3 vols. Leiden: Brill, 1975–1991.

Boyd, Robert, et al. "The Evolution of Altruistic Punishment." *Proceedings of the National Academy of Sciences* 100/3 (2003): 3531–35.

Boyer, Pascal. *The Naturalness of Religious Ideas: A Cognitive Theory of Religion*. Berkeley and Los Angeles: University of California Press, 1994.

______. *Religion Explained: The Evolutionary Origins of Religious Thought.* New York: Basic Books, 2001.

Braidwood, Robert J. "The Agricultural Revolution." *Scientific American* 203 (1960): 130–41.

______. *Prehistoric Men.* 6th ed. Chicago: Chicago Natural History Museum, 1963.

Brandon, S.G.F. "The Ritual Perpetuation of the Past." *Numen* 6/2 (1959): 112–29.

Breasted, James. *Ancient Records of Egypt.* Vol. 2. Chicago: University of Chicago Press, 1906.

Breuil, Abbé Henri. *Four Hundred Centuries of Cave Art*. Translated by Mary E. Boyle. New York: Hacker Art Books, 1979 [1952].

______. *White Lady of Brandberg: Rock Paintings of South Africa.* Vol. 1. London: Faber and Faber, 1955.

Breuil, Abbé Henri, and Raymond Lantier. *The Men of the Old Stone Age*. New York: St. Martin' s Press, 1965.

Brisch, Nicole. "The Priestess and the King: The Divine Kingship of Šū-Sîn of Ur." *Journal of the American Oriental Society* 126/2 (2006): 161–76.

Broadie, Sarah. "Theological Sidelights from Plato' s 'Timaeus.' " *Proceedings of the Aristotelian Society, Supplementary Volumes* 82 (2008): 1–17.

Brown, Francis, S. R. Driver, and Charles Briggs. *A Hebrew and English Lexicon of the Old Testament*. Oxford: Oxford University Press, 1951.

2004.

Bering, Jesse M. "Intuitive Conceptions of Dead Agents' Minds: The Natural Foundations of Afterlife Beliefs as Phenomenological Boundary." *Journal of Cognition and Culture* 2/4 (2002): 263–308.

______. "The Cognitive Psychology of Belief in the Supernatural: Belief in a Deity or an Afterlife Could Be an Evolutionarily Advantageous By-product of People' s Ability to Reason About the Minds of Others." *American Scientist* 94/2 (2006): 142–49.

______. "The Folk Psychology of Souls." *Behavioral and Brain Sciences* 29/5 (2006): 462–98.

Berlejung, Angelika. "Washing the Mouth: The Consecration of Divine Images in Mesopotamia." Pages 45–72 in *The Image and the Book: Iconic Cults, Aniconism, and the Rise of the Book Religion in Israel and the Ancient Near East*. Edited by K. van der Toorn. Leuven: Peeters, 1997.

Binford, Lewis R. "Post-Pleistocene Adaptations." Pages 313–42 in *New Perspectives in Archaeology*. Edited by L. R. Binford and S. R. Binford. Chicago: Aldine, 1968.

Binns, L. Elliott. "Midianite Elements in Hebrew Religion." *Journal of Theological Studies* 31/124 (1930): 337–54.

Bird-David, Nurit. " 'Animism' Revisited: Personhood, Environment, and Relational Epistemology." *Current Anthropology* 40/S1 (1999): S67–S91.

Black, Whitney Davis, et al. "Art for Art' s Sake in the Paleolithic [and Comments and Reply]." *Current Anthropology* 28/1 (1987): 63–89.

Blanc, Alberto C. "Some Evidence for the Ideologies of Early Man." Pages 119–36 in *Social Life of Early Man*. Edited by Sherwood Washburn. London: Routledge, 2004.

Bloch, Maurice. *In and Out of Each Other's Bodies: Theory of Mind, Evolution, Truth, and the Nature of the Social*. New York: Routledge, 2016.

Bloom, Paul. *Descartes' Baby: How the Science of Child Development Explains What Makes Us Human*. New York: Basic Books, 2004.

______. "Religious Belief as an Evolutionary Accident." Pages 118–27 in *The Believing Primate*. Edited by Jeffrey Schloss and Michael J. Murray. Oxford: Oxford University Press, 2009.

______. "Religion, Morality, Evolution." *Annual Review of Psychology* 63 (2012):

Banning, E. B. "The Neolithic Period: Triumphs of Architecture, Agriculture, and Art." *Near Eastern Archaeology* 61/4 (1998): 188–237.

Barkley, Russell A. *Executive Functions: What They Are, How They Work, and Why They Evolved.* New York: Guilford Press, 2012.

Barks, Coleman. *The Essential Rumi.* New York: HarperOne, 2004.

Barrett, Justin L. "Cognitive Constraints on Hindu Concepts of the Divine." *Journal for the Scientific Study of Religion* 37 (1998): 608–19.

______. "Theological Correctness: Cognitive Constraint and the Study of Religion." *Method and Theory in the Study of Religion* 11 (1998): 325–39.

______. "Exploring the Natural Foundations of Religion." *Trends in Cognitive Sciences* 4/1 (2000): 29–34.

______. *Why Would Anyone Believe in God?* Lanham, Md.: Altamira Press, 2004.

______. "Cognitive Science, Religion and Theology." Pages 76–99 in *The Believing Primate: Scientific, Philosophical, and Theological Reflections on the Origin of Religion*. Edited by J. Schloss and M. Murray. Oxford: Oxford University Press, 2009.

______. *Born Believers: The Science of Children's Religious Belief.* New York: Atria Books, 2012.

Barton, C. Michael, G. A. Clark, and Allison E. Cohen. "Art as Information: Explaining Upper Palaeolithic Art in Western Europe." *World Archaeology* 26/2 (1994): 185–207.

Barua, Ankur. "God' s Body at Work: Rāmānuja and Panentheism." *International Journal of Hindu Studies* 14/1 (2010): 1–30.

Bar-Yosef, Ofer. "The PPNA in the Levant—An Overview." *Paléorient* 15/1 (1989): 57–63.

Bausani, Alessandro. "Theism and Pantheism in Rumi." *Iranian Studies* 1/1 (1968): 8–24.

Begouën, Robert, and Jean Clottes. "Les Trois-Frères after Breuil." *Antiquity* 61 (1987): 180–87.

Begouën, Robert, Carole Fritz, and Gilles Tosello. "Parietal Art and Archaeological Context: Activities of the Magdalenians in the Cave of Tuc d' Audoubert, France." Pages 364–80 in *A Companion to Rock Art.* Edited by Jo McDonald and Peter Veth. London: Chichester, U.K.: Wiley-Blackwell, 2012.

Berghaus, Gunter. *New Perspectives on Prehistoric Art.* Westport, Conn.: Praeger,

Archaeolingua Alapitvany, 2010.

Aslan, Reza. "Thus Sprang Zarathustra: A Brief Historiography on the Date of the Prophet of Zoroastrianism." *Jusur* 14 (1998–99): 21–34.

______. *No god but God: The Origins, Evolution, and Future of Islam.* New York: Random House, 2005.

______. *Zealot: The Life and Times of Jesus of Nazareth.* New York: Random House, 2013.

Assman, Jan. *The Mind of Egypt.* New York: Metropolitan, 1996.

______. *The Search for God in Ancient Egypt.* Translated by David Lorton. Ithaca and London: Cornell University Press, 2001.

______. *Of Gods and Gods: Egypt, Israel, and the Rise of Monotheism.* Madison: University of Wisconsin Press, 2008.

______. *From Akhenaten to Moses: Ancient Egypt and Religious Change.* Cairo: American University in Cairo, 2014.

Astour, Michael C. "Yahweh in Egyptian Topographic Lists." Pages 17–19 in *Festschrift Elmar Edel* in *Ägypten und Altes Testament.* Edited by Manfred Görg. Bamberg, Germany: Görg, 1979.

Atlas, S. "The Philosophy of Maimonides and Its Systematic Place in the History of Philosophy." *Philosophy* 11/41 (1936): 60–75.

Atran, Scott. *In Gods We Trust: The Evolutionary Landscape of* Religion*.* New York: Oxford University Press, 2002.

Atwell, James. "An Egyptian Source for Genesis." *Journal of Theological Studies* 51/2 (2000): 441–77.

Aubert, Maxime, et al. "Pleistocene Cave Art from Sulawesi, Indonesia." *Nature* 514 (2014): 223–27.

Bahn, Paul. *The Cambridge Illustrated History of Prehistoric Art.* Cambridge: Cambridge University Press, 1998.

Bahn, Paul, Natalie Franklin, and Matthias Stecker, eds. *Rock Art Studies: News of the World IV.* Oxford: Oxbow Books, 2012.

Baines, John. "Kingship, Definition of Culture, and Legitimation." Pages 3–48 in *Ancient Egyptian Kingship.* Edited by David O' Connor and David P. Silverman. Leiden: Brill, 1995.

Bandstra, Barry. *Reading the Old Testament: Introduction to the Hebrew Bible.* 4th ed. Belmont, Calif.: Wadsworth, 2009.

參考書目

Abadia, Oscar Moro, and Manuel R. Gonzalez Morales. "Paleolithic Art: A Cultural History." *Journal of Archaeological Research* 21 (2013): 269–306.

Adovasio, J. M., Olga Soffer, and Jake Page. *The Invisible Sex*. New York: HarperCollins, 2007.

Albright, William Foxwell. "Jethro, Hobab, and Reuel in Early Hebrew Tradition." *Catholic Biblical Quarterly* 25/1 (1963): 1–11.

Allam, Schafik. "Slaves." Pages 293–96 in *The Oxford Encyclopedia of Ancient Egypt.* Edited by Donald Redford. Oxford: Oxford University Press, 2001.

Anonymous. *Cultus Arborum: A Descriptive Account of Phallic Tree Worship, with Illustrative Legends, Superstitions, Usages, &c., Exhibiting Its Origin and Development Amongst the Eastern & Western Nations of the World, from the Earliest to Modern Times; with a Bibliography of Works upon and Referring to the Phallic Cultus.* London: privately published, 1890.

Anthes, Rudolf. "Egyptian Theology in the Third Millennium B.C." *Journal of Near Eastern Studies* 18/3 (1959): 169–212.

Arapura, J. G. "Transcendent Brahman or Transcendent Void: Which Is

Ultimately Real? Transcendence and the Sacred." Pages 83–99 in *Transcendence and the Sacred.* Edited by A. M. Olson and L. S. Rouner. Notre Dame, Ind.: University of Notre Dame Press, 1981.

Archer, W. G. "Review: *Four Hundred Centuries of Cave Art* by Abbé H. Breuil." *Burlington Magazine* 95/607 (1953): 343–44.

Armitage, Simon, et al. "The Southern Route 'Out of Africa' : Evidence for an Early Expansion of Modern Humans into Arabia." *Science* 331/6016 (2011): 453–56.

Arnold, Bettina, and Derek B. Counts. "Prolegomenon: The Many Masks of the Master of Animals." Pages 9–24 in *The Master of Animals in Old World Iconography.* Edited by Derek B. Counts and Bettina Arnold. Budapest:

死亡動原（dead agent）。根據這種模型，人相信來世是很自然的，而主要靠社會傳播來在概念上豐富（或降解）這種來世的直覺概念。」請參閱Jesse M. Bering, "Institutive Conceptions of Dead Agents' Minds: The Natural Foundations of Afterlife Beliefs as Phenomenological Boundary," *Journal of Cognition and Culture* 2／4（2002）：第263-308頁。另請參閱 "The Folk Psychology of Souls," *Behavioral and Brain Sciences* 29（2006）：第453-498頁。

（New York: Oxford University Pres, 2009），第118-127頁。布魯姆在他的著作《笛卡爾的嬰兒：兒童發育研究如何解釋我們之所以為人類的原因》（*Descartes' Baby: How the Science of Child Development Explains What Makes Us Human*）（New York: Basic Books, 2004）中概述了對兒童進行的大量實驗，這些實驗佐證了身心二元論的基本理論。

針對這個主題做了最多實驗的是認知理論家賈斯汀．巴雷特。他的結論是：「愈來愈多認知發展學者（cognitive developmentalist）認為，人類心智發展的方式似乎讓我們很容易相信，我們的某些東西在我們死後仍然會存在，而且那個東西可能繼續在現在的世界中運作……為什麼兒童（和成人）會這樣自然而然相信人死後還有靈魂或魂魄，這點仍待研究和討論。學界已逐漸達成共識，認為孩童天生相信有某種來世，但為何會如此，目前沒有共識。」請參閱Justin Barrett, *Born Believers: The Science of Children's Religious Belief*（New York: Atria Books, 2012），第118頁和第120頁。

傑西．貝林試圖從認知心理學的角度去解釋我們對靈魂的直覺認知，因為它涉及人與生俱來的對來世的信仰。貝林指出：「從認識論觀點來看[71]，不可能知道死是什麼模樣，因此個人最有可能將他們無法想像不存在的那些心智狀態都歸給

71 譯注：epistemology是研究知識的產生和發展、方法和形式，以及正誤檢驗標準的學說。

的觀點雖然看似相近，相距不過一髮，實際上兩者的鴻溝卻是無窮大。因為被創造出來的秩序並非本身就是神，而是上帝的救贖轉化了墮落者與祂結合。在自然界中無法找到的以及在自然界之外無法獲得的，皆可從神那裡得到。」請參閱 Winfried Corduan, "A Hair's Breadth from Pantheism: Meister Eckhart's God-Centered Spirituality," *Journal of the Evangelical Theological Society* 37／2（1994）：第274頁。

6. 斯賓諾莎的泛神論通常被稱為一元論（monism）：「就是只存在一個或一種事物的觀點。」我們應該指出，邁可．萊文明確區分了泛神論和斯賓諾莎和其他學者的哲學「一元論」。他寫道：「任何將一元論與泛神論劃上等號的簡單做法，都可以直接排除，因為無論一元論指的『獨一實體』是什麼，一元論者可能都不會認為應該把神性歸給它。」（第86頁）。

   「泛神論」哲學家還包括柏羅提那斯、老子、謝林（F.W.J. Schelling）和黑格爾（G.W.F. Hegel），茲列舉數例。請參閱 Peter Forrest and Roman Majeran, "Pantheism," *Annals of Philosophy* 64／4（2016）：第67-91頁。

7. 關於我們對「實體二元論」的天生傾向，認知科學家保羅．布魯姆認為，這是「我們擁有兩個截然不同的認知系統的自然副產品——一個系統處理物質，另一個系統處理社會實體。」Paul Bloom, "Religious Belief as Evolutionary Accident," in *The Believing Primate: Scientific, Philosophical, and Theological Reflections on the Origin of Religion,* Jeffrey Schloss and Michael J. Murray, eds.

Tao Te Ching: Classic of the Way of Virtue—An English Version with Commentary（Bloomington, Ind.: AuthorHouse, 2013），第十五頁。庫珀指出：「道家思想不僅是泛神論。因為道在宇宙形成之前便已存在。如果要把道家比擬為另一個信仰體系，則更類似於超泛神論，超泛神論認為神（無論是一神論的神、多神論的諸神，或者一股永恆的宇宙生命力量）充盈自然界的每個角落，無止無盡，永遠超乎其上。超泛神論和泛神論的不同在於，泛神論認為神等同於宇宙」（第十六頁）。

5. 更具體而言，「限制」學說就是一種超泛神論觀點，雖然有許多思想家指出了其中的矛盾：創世若來自神本身，那麼試圖區分神的自我與神的創造就是矛盾的。魯弗斯．M．瓊斯（Rufus M. Jones）指出：「為了在神以外有一個世界，祂必須縮進祂自身的『存有』而凝聚成『無量』（En-Sof[70]），因為假使神無處不在且包含一切，怎麼會有一個外在世界呢？」Rufus M. Jones, "Jewish Mysticism," *Havard Theological Review* 36 / 2（1943）：第161-162頁。另請參閱Gloria Wiederkehr Pollack, "Eliezer Zvi Hacohen Zweifel: Forgotten Father of Modern Scholarship on Hasidism," *Proceedings of the American Academy for Jewish Research 49*（1982）：第87-115頁。

根據溫弗里德．科杜安（Winfried Corduan）的說法，埃克哈特對神的看法非常接近泛神論。「然而泛神論和埃克哈特

70 譯注：字義為「沒有終點」，又譯為無限，乃是自我顯現之前的神。

Sprigge, "Pantheism," *Monist* 80 / 2（1997）：第199頁。

印度哲學家薩瓦帕利・拉達克里希南（Sarvepalli Radhakrishnan）討論吠檀多（Vedanta[67]）哲學的泛神論時說道：「吠檀多體系應該是一種宇宙泛神論，主張只有被稱為『梵天』的『絕對實體』是真實的，有限的現象都是虛幻的。有一個絕對的且未分化的實體，其本質由知識／覺知／明覺（knowledge）構成。整個經驗世界（empirical world）區分出有限的心智以及它們思維的客體對象，都是幻覺。」主體和客體如同迅速變化的圖像，環繞著做夢的靈魂而轉，並在甦醒的那一刻消逝無踪。「摩耶」（Maya[68]）這個詞意指有限世界的虛幻特質。桑卡拉用繩索和蛇、雜耍者和戲法、沙漠和海市蜃樓，以及做夢者與夢境來解釋「摩耶」的概念。我們今天所了解的吠檀多哲學的核心特徵，可以簡單解釋為：梵天為真，宇宙為虛，真我（Atman）即梵天。此外無他[69]。」Sarvepalli Radhakrishnan, "The Vedanta Philosophy and the Doctrine of Maya," *International Journal of Ethics* 24 / 4（1914）：第431頁。

道元禪師的話語引述自 *Zen Ritual: Studies of Zen Buddhist Theory in Practice*, Steven Heine and Dale S. Wright eds.（New York: Oxford, 2008）。莊子的話語引述自 Rodney A. Cooper,

67 譯注：正統的婆羅門教六個宗派之一，影響力最大。此派的理論根據就是《吠陀》。

68 譯注：源自梵文，意思為幻影，也可譯為錯覺。

69 譯注：靈性追求的目標是認識真我，吠檀多派認為，不二論是指最內層的真我與梵天在本質上並無分別。

Alasdair MacIntyre, "Pantheism," in *Encyclopedia of Philosophy* 6:31-35；以及John Macquarrie, *In Search of Deity*（London: SCM Press, 1984）。

3. 「因此，就本質而言，所有的存有皆是神，但神並非這些存有，而這並非是祂的實體排除他們，而是存有面對神的無限，它們的實體便成為了零。」Titus Burckhardt, *Introduction to Sufism*（London: Thorsons, 1995），第29頁。穿過棱鏡之光的類比出自於伊本・阿拉比，參考Mazheruddin Siddiqi, "A Historical Study of Iqbal' s views on Sufism," *Islamic Studies* 5 / 4（1966）：第411-427頁。
4. 《吠陀》的引述出自於W. S. Urquhart, *Pantheism and the Value of Life with Special Reference to Indian Philosophy*（London: Epworth Press, 1919），第25頁。蒂莫西・斯普里奇（Timothy Sprigge）闡述了烏克特的分析，指出「第一個（亦即「無物非神」）說的是，除了不可言喻的單一的梵天，沒有任何東西真正存在，萬紫千紅的普通世界只是幻覺。第二個（神即一切）指的是，雖然普通世界不僅是一個幻覺，它完全是由同一個普世精神的各種變貌所組成。第一個是『不二論』（Advaita Vedanta[66]），桑卡拉（Sankara）是歷來最偉大的倡導者；第二個是印度神學家羅摩奴闍（Ramanuja）創立的核可吠陀定論。」Timothy

66 譯注：Advaita的字面意思為不二，乃是一元思想體系，Vedanta則是印度哲學中的「吠檀多」宗派，代表《吠陀》（Veda）的終極定論（anta，終極、前方），亦即除了無形無相無屬性的不二梵天，沒有任何一切。

話說，泛神論和超泛神論的差異取決於一個人是否相信宇宙是有限的。我的觀點是認為，「宇宙」這個字的定義就是「存在的一切」，因此泛神論和超泛神論之間其實沒有實質的差異。事實上，對我而言，超泛神論只是堅持將神人性化的另一種觀點，認為神有意志和企圖，超越於宇宙的運行之上。請參閱William Rowe, "Does Panentheism Reduce to Pantheism? A Response to Craig," *International Journal for Philosophy of Religion* 61 / 2（2007）：第65-67頁。

德國哲學家叔本華（Schopenhauer）嘲笑把世界稱為神的觀點。「如果不以偏見來看待世界的原樣，沒有人會將世界想像成一位神。因為這個世界卑鄙而簡陋，神若是想不到更好的方法，只能變成像這樣的世界，祂鐵定非常愚蠢。」

然而就像萊文所解釋的，神和世界的意思不一樣。對於泛神論者而言，神和世界也不一定是指同一件事。泛神論者的確認為世界和神有一些相同的意義，也可互相參照解釋。神、世界，和包羅萬象的「神聖一體」（Divine Unity）都指涉相同的事物。因此，泛神論者相信有許多事對神適用，對世界也適用，而非泛神論者則不信。這個歧見不僅是雙方對神和世界的特質，也是對神和世界的意義看法不同。當泛神論者宣稱世界，或是神，是一個包羅萬象的「神聖一體」，他們所說的神和世界與非泛神論者對這些詞的用法是不同的。請參閱Levinm, *Pantheism*，第26-29頁。若想更了解泛神論，請參閱H. P. Owen, *Concepts of Deity*（New York: Macmillan, 1971）；

神一樣，或者試圖擁有和神一樣的能力：伊甸園的故事；《創世記》第六章[64]的墮落天使；以及巴別塔（Tower of Babel[65]，「來吧！我們要建造一座城和一座塔，塔頂通天，為要傳揚我們的名……」《創世記》第十一章第四節）。在這每個例子當中，《創世記》的神學家都認定人類的特性便是會奮力想成為神，或是想像神一樣。

2. 請參閱Michael P. Levinm, *Pantheism: A Non-Theistic Concept of Deity*（London: Routledge, 1994），第91頁。

《史丹福哲學百科全書》（*Stanford Encyclopedia of Philosophy*）如此定義泛神論：「從最廣義的角度而言，可將泛神論正面表述為『神等同於宇宙』的觀點，亦即沒有任何事物存在於神以外，也能從負面表述將泛神論解釋為拒絕『神和宇宙截然不同』的觀點。」

泛神論和超泛神論（panentheism，又譯萬有在神論）之間有區別。前者宣稱宇宙就是神。後者則認為，神雖然存在於宇宙中，卻超越宇宙。威廉·羅威（William Rowe）指出，這兩者的差異其實可歸結為人們如何看待宇宙：「根據超泛神論，宇宙是有限的，而且位於神的內部，而神是真正無限的，因此不能完全位於（否則便受限於）有限的宇宙。」換句

---

64 譯注：記載洪水氾濫和挪亞方舟的故事。

65 譯注：意譯通天塔，人類當時聯合起來，希望興建通往天堂的高塔，象徵人類驕傲和自以為是。耶和華便混亂人類的語言，使人類無法溝通，並將其送到世界各地。巴別就是「混亂」的意思。

當時住在安達魯斯，而歷史上最有影響力的思想家之一伊本・魯世德（Ibn Rushd，西方人稱其為阿威羅伊〔Averroës〕）也住在那裡。若想更了解穆斯林統治下的安達魯斯，請參閱瑪María Rosa Menocal, *Ornament of the World: How Muslims, Jews, and Christians Created a Culture of Tolerance in Medieval Spain*（New York: Back Bay Books, 2003）。伊本・阿拉比頓悟以及伊本・魯世德回應的故事出自威廉・C・奇蒂克（William C. Chittick）的絕妙著作《蘇菲知識之路：伊本，阿拉比的想像形而上學》（*The Sufi Path of Knowledge: Ibn al-Arabi's Metaphysics of Imagination*）（Albany: SUNY Press，1989）的導論。

11.「唯有一個存在（Existence）。這個存在自然是一種存有（Being）的狀態。那麼，這個存有是獨一、無限的存有（One and Only, Infinite Being）。它透過自身的存在而存在，不必顧慮其他因素。」Bulent Rauf, "Concerning the Universality of Ibn 'Arabi," *Journal of the Mubyiddin Ibn 'Arabi Society,* vol. 6, 1987。伊本・阿拉比的立論建立在他之前的偉大思想家的基礎上。在某些方面他是改進了偉大的伊斯蘭思想家伊本・西納（Ibn Sina，西方人稱其為阿維森納〔Avicenna〕）的思想，及其「必要存在」（Necessary Existence）的學說，而該學說本身是基於新柏拉圖主義將神視為「純粹存有」（pure Being）的認知。

結論：絕對真神，萬物本源

1.《創世記》的前面經文至少有三個故事，是關於人類奮力要像

Oxford History of Islam, ed. John L. Esposito（New York: Oxford, 1999）。

8. 魯米的詩較受歡迎的譯本有科爾曼・巴克斯（Colman Barks）譯的《魯米精選集》（*The Essential Rumi*）（1995）；另請參閱A・J・阿伯里（A. J. Arberry）翻譯的兩冊《魯米的神祕詩》（*Mystical Poems of Rumi*）（1968），以及Reynold Nicholson, *Rumi: Poet and Mystic*（1950）。若想更了解魯米的一生，請參閱Annemarie Schimmel, *I Am Wind, You Are Fire: The Life and Works of Rumi*（1992），以及Brad Gooch, *Rumi's Secret*（New York: Harper, 2017）。人們對魯米與沙姆斯初次相遇的詮釋，後來發展成有關先知穆罕默德本質的神學教義對話。關於這點，請參閱Omid Safi, "Did the Two Oceans Meet? Historical Connections and Disconnections Between Ibn 'Arabi and Rumi," *Journal of Muhyiddin Ibn 'Arabi Society* 26（1999）：第55-88頁。
9. 若想更了解「沉醉蘇菲行者」，請參閱Ahmet Karamustafa, *Sufism: The Formative Period*（Berkeley: University of California Press, 2007）。
10. 伊本・阿拉比在公元一一六五年（魯米與沙姆斯相遇之前的一個世紀）出生於西班牙城市莫夕亞（Murcia），成長於安達魯斯（al-Andalus）首府塞維爾（Seville），他所在的那個時代不僅各門藝術和科學有驚人的躍進，希臘的科學和哲學著作廣泛譯成阿拉伯語，而且猶太人、基督教徒和穆斯林之間相互交流啟迪的程度前所未見。著名的猶太哲學家邁蒙尼德（Maimonides）

的信仰故事與改革之書》（*No god but God: The Origins, Evolution, and Future of Islam*）（New York: Random House, 2005；台北：衛城出版，2018年），（中文版頁數）第173-175頁。

我將「Allah-u Samad」譯為「神是獨一的」（God is Unique），因為這是「samad」這個困難的字的最佳定義（這個字偶爾被譯為「永恆的」〔eternal〕）。它字面的意思是「獨立於任何人」（independent of anyone），所以我在此遵循由阿里·本·侯賽因（Ali ibn Husain）傳承的傳統，侯賽因將「samad」解釋為「獨一者，沒有伴侶。對祂而言，保護萬物不難，沒有任何事物可以逃過他的耳目。」

5. 應當指出一點：薩珊帝國的猶太人過得比拜占庭帝國的猶太教徒好（巴比倫的塔木德〔Talmud[62]〕是在波斯統治下成書，而且波斯帝國全境也成立了許多猶太學派），但即便在薩珊帝國，由於法律禁止勸誘他人改信宗教，使得猶太人受限而不能在宮庭的神學大辯論中發揮影響力。
6. 請參閱Arent Jan Wensinck, *The Two Creeds, Fikh Akbar II*[63], in *The Norton Anthology of World Religions*, vol. 2, ed. Jack Miles（New York: W.W.Norton, 2015），第1553-1559頁。
7. 有關阿沙里的資訊，請參閱Majid Fakhry, "Philosophy and Theology: From the Eighth Century C.E. to the Present," in *The*

62 譯注：猶太教法典，意指「教導、研究、學習」。

63 譯注：Fikh Akbar II是遜尼派伊斯蘭教法學哈納菲派創始人阿布·哈尼法所著的伊斯蘭法學。

通常被稱為「夏甲主義」（Hagarism[61]）。著名的歷史學家帕特里夏・克朗（Patricia Crone）和邁可・庫克（Michael Cook）在他們的著作《夏甲主義：伊斯蘭世界的建立》（*Hagarism: The Making of the Islamic World*）（Cambridge: Cambridge University Press, 1977）率先提出這種說法。庫克和克朗根據敘利亞和希伯來文獻中談到的伊斯蘭的興起，做出穆罕默德是猶太人的論證（根據前述猶太教和伊斯蘭教之間的聯繫），以及他的信徒起初被稱為夏甲族（Hagarene），這個名稱起源於亞伯拉罕的第一任妻子夏甲（Hagar），其後裔包括穆罕默德。雖然「夏甲主義」已經幾乎被伊斯蘭學者全盤推翻，但其影響仍然出現在某些伊斯蘭歷史的現代論述中。例如，Tom Holland, *In the Shadow of the Sword: The Birth of Islam and the Rise of the Global Arab Empire*（New York: Doubleday, 2012）。

在此必須指出，穆罕默德對猶太教的認識並非來自閱讀《討拉特》，而是來自他與阿拉伯猶太人的交往。雖然傳統上認定先知穆罕默德是文盲的看法並不精確（穆罕默德事業有成，又住在阿拉伯最大的都會，很可能具備基本的讀寫能力，甚至能操多種語言），然而他也不可能接觸到希伯來經文，理由很簡單，因為當時阿拉伯的猶太人根本就沒有希伯來經文抄本。我解釋過這點，請參閱我的《伊斯蘭大歷史：穆斯林

61 譯注：《創世記》記載，夏甲是亞伯拉罕妻子撒拉的埃及女僕，撒拉不孕，便將夏甲給丈夫作妾，後來夏甲生下兒子以實瑪利。相傳以實瑪利為阿拉伯人的祖先。

Tabari）的說法，穆罕默德不僅曾給希拉克略和霍斯勞捎信，請他們皈依伊斯蘭，也寫信給衣索比亞統治者、埃及法老、巴林統治者和敘利亞總督。多數學者認為歷史上真有過這些信件，但有些學者，包括加布里埃爾・賽義德・雷諾茲（Gabriel Said Reynolds）在內，則懷疑塔巴里的說法。請參閱 *The Emergence of Islam: Classical Traditions in Contemporary Perspective*（Minneapolis: Fortress Press, 2012），第49頁。

2. 有關拜占庭帝國和波斯帝國之間長達數個世紀的戰爭（可追溯至基督教興起之前），最佳的歷史敘述是由著名的歷史學家大衛・勒威爾・劉易斯（David Levering Lewis）所寫的《神的考驗：伊斯蘭教與歐洲的建立》（*God's Crucible: Islam and the Making of Europe*），第570頁到第1215頁（New York: W. W. Norton, 2008）。
3. 有趣的是，納吉・薩尤蒂（Najmah Sayuti）引用第十四世紀歷史學家伊本・哈爾登（Ibn Khaldun）的論點指出：「無力負擔建造一座神廟或雕刻一個偶像的人會在卡巴天房或是他們選擇的其他神廟前面放一塊石頭，然後敬拜這塊石頭，就如同他們敬拜卡巴天房一般。異教阿拉伯人把這些石頭稱為『ansab』。然而，如果石頭外觀像人類或生物，則會稱它們為『asnam』或『awthan』。」"The Concept of Allah as the Highest God in Pre-Islamic Arabia," MA thesis, McGill University, 1999年，第39頁。
4. 有人主張伊斯蘭教其實起源於猶太彌賽亞運動，而這種論點內容概述被征服的民族可以自由敬拜自己的神靈。每當他攻佔一座城鎮，都會重建當地的神廟，給予當地神職人員錢財，並且盛讚當地的神靈。因此，早在居魯士大帝派出軍隊進攻巴比倫之前許久，便先派遣他的祆教祭司（麻葛）向巴比倫人民傳達訊息，告訴百姓他無意摧毀馬爾杜克。相反地，他宣稱是由於巴比倫國王那波尼德（Naboni dus）暴虐無道，褻瀆神靈，因此馬爾杜克派他來解民於倒懸。麻葛也向所有被俘虜於巴比倫的人傳達類似的訊息，其中包括猶太人。這個策略奏效了。就在巴比倫人摧毀耶路撒冷近五十年之後，亦即公元前五三八年，居魯士大帝不費一兵一卒，便在和平之中，以救世主之姿，走進巴比倫城門，受到巴比倫百姓及其俘虜的迎接。居魯士大帝立即讓流亡的猶太人返回家園，並親自從他在巴比倫的國庫支出金錢，重建耶和華聖殿。因此，居魯士大帝被猶太人稱為「耶和華的牧人」(《以賽亞書》第四十四章第二十八節)，成為整本《聖經》中少數被稱為彌賽亞的人，而且他是唯一擁有這種頭銜的非猶太人(《以賽亞書》第四十五章第一節)。

第九章：神是全部

1. 根據先知穆罕默德的傳記作者塔夫西爾・塔巴里（Tafsir al-

館。該文獻記載，波斯攻陷巴比倫之後，居魯士大帝宣布釋放所有奴隸，使其各歸鄉里。

19. 奧古斯丁論述的特異之處不只在他願意忽略自身立場的邏輯謬誤。而更是在於他把全盤希臘化的信念（認為神可以被理解為一種物質的實質，能夠分割與分享，也可以如在耶穌的例子中被塑造成人的形式）深深植入三位一體的概念之中。到了第五世紀的教會，「神是靈而非物質」的觀念已經消失殆盡。奧古斯丁自己將神看作是高踞天堂的巨人，「身軀碩大，散發光亮」。

20. R・V・賽勒（R. V. Sellers）翻譯的迦克墩會議文件，*Council of Chalcedon: A Historical and Doctrinal Survey*（London: SPCK, 1953），第210頁。另請參閱Roland Teske, "The Aim of Augustine's Proof That God Truly Is," *International Philosophical Quarterly* 26（1986）：第253-268頁[58]。

歷史自有其奇妙的巧合。波斯國王居魯士大帝[59]復興了宣揚二元論的瑣羅亞斯德教，將其奉為他當時統治全球的阿契美尼德帝國的國教。然而，同樣正是這位皇帝的軍隊解放了於巴比倫流亡的猶太人。居魯士大帝的軍事成功，在於他明確拒絕塵世戰爭是眾神之間的對抗的想法，不認為戰勝國的神征服了敗戰國的神。相反地，居魯士大帝立下公認為世界上第一份的人權憲章（著名的居魯士文書〔Cyrus Cylinder[60]〕），

---

58 譯注：迦克墩位於君士坦丁堡附近，在現今土耳其境內。這次會議定出《迦克墩信經》（Chalcedon Creed），確立「基督的神人二性」，將基督一性派斥為異端。

59 譯注：《聖經》譯為古列。

60 譯注：泥製圓筒，以居魯士大帝之名用阿卡德語楔形文字撰寫，現存於大英博物

是平均分配的：聖父擁有最多神性，聖子次之，聖靈最少。換句話說，耶穌雖然有可能與神是「同一本質」，但仍然不是和神等量。

新柏拉圖主義（Neoplatonism）的創始人柏羅提那斯（Plotinus，公元二〇五年到公元二七〇年）也曾從三位一體的角度談論神，由於希臘人厭惡擬人論（anthropomorphism[56]），因此神聖原力（divine force）的概念便興起，體現為三種形式：太一（the One ultimate form，直譯為「絕對終極形式」）、心智（Intelligence），與靈魂（Soul）。正如迪亞瑪德・麥卡洛奇（Diarmaid MacCulloch）所言：「太一代表絕對的完美無缺；心智是太一的一種形象，但可以用我們較為次等的感官去理解；靈魂充盈於世界，因此樣貌可以繁多、形式各異，與柏拉圖認為完美的『太一』和『心智』形成對比。」Diarmaid MacCulloch, *Christian History: An Introduction to the Western Tradition*（London: SCM Press, 2012），第80頁。

18. 形態論者（Modalist）試圖接受特土良「一種實質／三種存有」的論述來解決這個問題，但主張這種實質並非同時被這三種存有分享：它首先是作為聖父出現，然後是聖子，最後才是聖靈[57]。

56 譯注：將人類特質歸屬於非人的生物或自然界物體和現象，此處指人們以人類特性來描述神祇。

57 譯注：形態論是初期教會的非正統論述，認為三位一體的三位只有形態（mode）區分，沒有位格分別。聖父管創造，聖子管救贖，聖靈管成聖。

馬帝國信奉基督教是合法的。這份詔書俗稱《寬容詔書》(Edict of Tolerance),從名稱便可看出,它允許羅馬帝國內部的宗教多元,保障基督徒免於受到迫害。然而,一直要等到公元三八〇年,弗拉維烏斯,狄奧多西(Flavius Theodosius)、格拉提安(Gratian)和瓦倫提尼安二世(Valentinian II)諸皇共同頒布《特沙龍尼卡詔書》(Edict of Thessalonica)之後,基督教才成為羅馬的官方宗教。

16. 諷刺的是,君士坦丁是三十六位被「羅馬元老院」(Roman Senate)神化的皇帝之一,這也證明了羅馬社會當中存在多樣化的宗教信仰。阿納爾多・莫米利亞諾(Arnaldo Momigliano)指出:「能夠讓信基督的羅馬皇帝認為成『神』(divus[53])不那麼重要,乃是因為他能夠成『聖』(santus[54])。君士坦丁駕崩之後,立即在東方[55]被視為聖徒,地位猶如使徒。」Arnaldo Momigliano, "How Roman Emperors Became Gods" *American Scholar* 55 / 2(1986):第191頁。

17. Tertullian, *Apologetical Works*, and Minucius Felix, Octavius, trans. Rudolph Arbesmann, Sister Emily Joseph Daly and Edwin A. Quain (Washington D.C.: Catholic University of America Press, 1950),第63頁。

特土良相信三位一體中的三位「存有」在神聖實質中並不

53 譯注:「神的」的陰性形。

54 譯注:「神聖的」或「聖者」。

55 譯注:拜占庭帝國。

Rome," *Havard Theological Review* 97 / 3（2004）：第241-256頁；Bart D. Ehrman, *Lost Christianities: The Battle for Scripture and the Faiths We Never Knew*（New York: Oxford University Press, 2003），第104-109頁；Williston Walker, *A History of the Christian Church*（New York: Scribner, 1918），第67-69頁；以及Williams, "Reconsidering Marcion's Gospel"，第477-496頁。

14. Elaine Pagels, *The Gnostic Gospels*（New York: Random House, 1979），第35頁。另請參閱Elaine Pagels, "The Demiurge and His Archons: A Gnostic View of the Bishop and Presbyters?" *Havard Theological Review* 69 / 3-4（1976）[51]：第301頁到第324頁。

15. 君士坦丁的母親海倫納（Helena）據說是虔誠的基督徒，她聲稱在公元三二六年前往耶路撒冷朝聖時發現了真正用來釘耶穌的十字架。據信海倫納也在黎凡特建造或翻新了幾間重要的教堂，並且帶著大批文物返回羅馬，例如來自各各他（Golgotha[52]）遺址挖出的泥土。但無論這些說法真實與否，有一件事是肯定的：從海倫納信奉基督教即可看出，到了公元第四世紀初期，基督教已經傳揚到羅馬社會的最高階層。

為了因應基督教信仰在帝國內部的擴散，君士坦丁頒布《米蘭詔書》（Edict of Milan，大約公元三一三年），宣布在羅

51 譯注：阿爾康（Archon）為諾斯替主義用語，與物質世界同為低於至高神的造物主德木格所創造，被視為邪惡者。

52 譯注：亞蘭文的原文字義是「髑髏地」，是羅馬統治以色列時期耶路撒冷城郊的山丘，專門用來處決死囚。福音書記載，耶穌基督曾在那裡被釘在十字架上。

12. 請注意馬吉安著書立說的時間，距離猶太人發動反抗導致耶路撒冷城毀於羅馬人之手、猶太教變成非法宗教，才僅僅過了五十年左右。這些基督徒之所以和耶穌的宗教（猶太教）完全斷絕關係，不僅是作為一種神學主張，也是為了避免落入與猶太人同樣的命運。關於這一點，請參閱《革命分子耶穌：重返拿撒勒人耶穌的生平與時代》，（中文版頁數）第99頁到第111頁。
13. 蒂姆・卡特（Tim Carter）指出：「馬吉安認為，《新約》已經被「創造神」（creator god[47]）追隨者的教義所污染，因此他要清除他們增添的經文。在四本福音書中，馬吉安只接受一個刪節版的《路加福音》，該書開頭記載，耶穌在提庇留（Tiberius[48]）統治的第十五年出現於迦百農（Capernaum[49]）；馬吉安也認可保羅書信，但是刪除了教牧書信（Pastoral Epistles[50]）、所有《舊約》的語錄以及肯定猶太教的經文。」Tim Carter, "Marcion's Christology and Its Possible Influence on Codex Bezae," *Journal of Theological Studies* 61 / 2（2010）：第551-552頁。另請參閱Einar Thomassen, "Orthodoxy and Heresy in Second-Century

47 譯注：又稱造物主或創世神。不同神話有不同的創造神。一神論宗教認為，獨一真神（比如雅巍、耶和華或阿拉）創造了宇宙。在中國神話中，開天闢地的是盤古。

48 譯注：羅馬帝國第二任皇帝，在位期間為公元十四年到公元三十七年，當時耶穌正公開傳道。

49 譯注：位於加利利海東北岸的一個城鎮，耶穌以此為基地傳道，並且行過許多神蹟。

50 譯注：《提摩太前書》、《提摩太後書》和《提多書》，這些書信的作者（通常認為是保羅）以牧者身分寫信，教導如何牧養教會，故名。

簡單的信徒即使在這種情況下，仍然無法分辨真與假。因此，他們宣稱，祂（德木格）是天父和豐盛圓滿（Pleroma[46]）以外的萬有之神，乃是所有動物與物質的創造者。因為祂分離了兩種迄今為止混淆之物，並從無形的物質中創造出有形的物質，形塑天上的與塵世的，成為「物質和動物、左側和右側之物、輕盈和厚重之物，以及向上和向下之物」的框架者（Framer，此即德木格）。德木格還創造了七個天堂，他們說德木格存在於這些天堂之上……。他們還說，德木格想像祂從自己創造出萬物，但實際上祂是配合阿卡蜜（Achamoth）的創造力量來造出萬物的。他形成諸天，卻對諸天一無所知。他塑造了人，但不認識人；他照亮了大地，卻不認識大地。同理，他們宣稱德木格對自己所做的一切一無所知，甚至不知道自己有母親，而想像自己就是萬物。」（Irenaeus, *Against Heresies*, 第一章第二節到第三節，第五章第二節到第三節）。

關於《約翰祕密福音》的資訊，請參閱Frederik Wisse, "The Apocryphon of John," in *The Nag Hammadi Library in English*, ed. James M. Robinson（San Francisco: HarperSanFrancisco, 1978），第104-123頁。

11. Soren Giversen and Birger A. Pearson, "The Testimony of Truth," in *The Nag Hammadi Library in English*，第448-459頁。

46 譯注：希臘文神學用語，意指「充滿」、「應驗」和「完全」。根據諾斯替主義，這是善神與這些分神的總合，代表神性或光的充滿，至高的神只能憑藉分神與受造物互動。

Christ Through History（New York: Harcourt, 1979），第74頁。

9. 馬吉安信奉所謂的「幻影說／假現說」（Docetism，源自希臘字「dokein」，意為「好像／似乎」），意思是他認為耶穌只是顯現為人；耶穌作為神，不可能真的採取肉身或被一位女人生出來。他的物理性身軀只是一個幻影，是一個讓人們能夠與純粹而神聖的精神在現實當中互動的途徑。大衛・薩特・威廉姆斯（David Salter Williams）指出：「人們也認為，馬吉安推動了基督幻影說，否認耶穌具有肉體。」請參閱David Salter Williams, "Reconsidering Marcion's Gospel," *Journal of Biblical Literature* 108／3（1989），第477頁。

10. 根據諾斯替的教義，宇宙不可知的神（天父）創造了幾位比較鮮為人知的神祇。這些神祇當中的最後一位，索菲亞（Sophia[45]）想要窺探不可知的神，帶來的結果是德木格就被創造出來。如同第二世紀教會神父愛任紐（Irenaeus）告訴我們的：「這些人（諾斯替教徒）偽造神的諭令，證明了他們是從邪惡角度詮釋啟示善語的邪惡詮釋者。他們假裝擁有（高超）知識，將人們從周遍世界、美化宇宙的神身邊帶走，推翻了許多人的信仰；彷彿他們能做出比開天闢地、創造萬物的神更為出色崇高的啟示。他們巧言令色，誘使頭腦簡單的人探索進入他們的體系；然後就在他們帶領信徒進入他們關於德木格的瀆神、不敬的觀點時，又粗魯地摧毀這些信徒，這些頭腦

45 譯注：希臘語表示「智慧」。

in Third Millennium Mesopotamia," in *Sumerian Gods and Their Representations*, ed. I. J. Finkel and M. J. Geller（Groningen: Styx, 1997），第167-209頁；Nicole Brisch, "The Priestess and the King: The Divine Kingship of Šū-Sîn of Ur," *Journal of the American Oriental Society* 126 / 2（2006）：第161-176頁。

7. 千萬別忘了，耶穌在塵世的主要身分為彌賽亞：套用羅馬人的話，他是「猶太人的王」（the King of the Jews[42]）。耶穌的猶太和羅馬追隨者都認定他的王者地位。基督徒談論耶穌時使用的是羅馬人談論皇帝的語言。以弗所（Ephesus）城內一個凱撒大帝統治後期製作的碑文稱耶穌為「由神彰顯，成為全人類共同的救主」。凱撒的繼任者奧古斯都（Augustus）的生日被稱為「好消息」（good news），基督徒也用這個同樣的詞來稱耶穌的誕生（和描述他們的福音）。皇帝蒞臨城市被稱作「帕羅西亞」（the parousia[43]），基督徒用這個詞來稱呼耶穌基督的第二次降臨[44]。

8. 引述殉教者游斯丁的話語，出自於 *Dialogue with Trypho the Jew*, trans. Lukyn Williams（New York: Macmillan, 1930），第113頁；引述撒摩撒他的保羅的話語，出自於 Dennis C. Duling, *Jesus*

---

42 譯注：根據《約翰福音》第十九章的經文，彼拉多（羅馬帝國猶太行省第五任總督）又用牌子寫了一個名號，安在十字架上，寫的是：「猶太人的王，拿撒勒人耶穌。」

43 譯注：源自希臘語動詞 pareinai（臨在或同在），可指目前存在，也可當作到來。

44 譯注：願主再臨，耶穌要在末世榮耀地「顯現」或「降臨」。

法老在即位之前都被視為人，神化開始於他或她（也有一些法老是女性）被加冕時，不過隨著時光流逝，人們變得普遍認為法老出生前便註定要繼承大位。約翰・貝恩斯（John Baines）如此總結：「法老是一個凡胎肉體，但他在一個『萬世長存』的王位和體制中，扮演一個神聖的角色。」John Baines, "Kingship, Definition of Culture, and Legitimation," *Ancient Egyptian Kingship*, ed. David O'Connor and David P. Silverman（Leiden: Brill, 1995），第3-48頁，以及第6頁。另請參閱Donald B. Redford, "The Sun-Disc in Akhenaten's Program: Its Worship and Antecedents, II," *Journal of the American Research Center in Egypt* 17（1980）：第21-38頁；Byron E. Shafer, ed., *Religion in Ancient Egypt: Gods, Myths and Personal Practice*（Ithaca and London: Cornell University Press, 1991）；David P. Silverman, "The Nature of Egyptian Kingship," in *Ancient Egyptian Kingship,* ed. David O'Connor and David P. Silverman（Leiden: Brill, 1995），第49-94頁。

6. 若想更了解美索不達米亞神聖王權的概念，請參閱Henri Frankfort, *Kingship and the Gods: A Study of Ancient Near Eastern Religion as the Integration of Society and Nature*（Chicago: Chicago University Press, 1948）；Gillian Feeley-Harnik, "Issues in Divine Kingship," *Annual Review of Anthropology* 14（1985）：第273-313頁；Gebhard Selz, "'The Holy Drum, the Spear, and the Harp' : Towards an Understanding of the Problems of Deification

這項政策，最著名的例子是亞歷山大的繼任者之一安提約古四世（Seleucid king Antiochus IV，公元前一七五至一六四年[40]）。然而，此舉最終讓安提約古與他的猶太人臣民直接爆發衝突，導致隨後的馬加比起義（Maccabean revolt[41]）。」請參閱Arthur Edward Romilly Boak, "The Theoretical Basis of the Deification of Rulers in Antiquity," *Classical Journal* 11 / 5（1916）：第293-294頁；Larry Kreitzer, "Apotheosis of the Roman Emperor," *Biblical Archaeologist* 53 / 4（1990）：第212頁。

5. 這並不是說古埃及人認為他們的在世法老就是荷魯斯。而是法老端坐於寶座時等同於荷魯斯。荷魯斯被認為附身於法老身上。雖然埃及文獻確實將法老視為具備神性，卻也清楚將他描述為人，具有人類特質和人類的限制。當然，將人類屬性歸予法老並不會損及他的神性，因為眾神也是被用相似的人類詞彙來描述。然而，在描述眾神的力量和描述法老力量時，顯然有非常清楚的落差，法老顯然被認為低神一等。某些埃及古物學者因此推測，法老的神性只是一種隱喻或宣傳工具，埃及人幾乎不會認真看待。話雖如此，神化法老的概念若不是對埃及全體人口有意義，很難想像這個概念何以會流傳下來。所以更有可能的解釋是，神化的並非法老這個人，而是法老這個職位（office）。

---

40 譯注：西流古王朝的國王。

41 譯注：反抗西流古帝國統治和希臘文化滲透的猶太人抗暴行為，從公元前一六七年延續到公元前一六〇年，由馬加比家族領導，故名。

the Ancient World 6-7（2006-2007）：第201頁。

4. 希臘歷史學家西西里的狄奧多羅斯（Diodorus of Sicily）指出，馬其頓的腓力在公元前三三六年於艾格（Aegae）戲院被一名叛變的保鏢殺害。腓力當時正在觀看自己的雕像被樹立於奧林帕斯十二神雕像的旁邊。目前尚不清楚腓力生前是否被奉為神，或者是他在艾格自封為神的行為招致他遭人謀殺，但腓力死後確實被奉為神，這點無庸置疑。亞瑟・伯克（Arthur Boak）指出：「希臘神學和神話從來沒有正式地在神域與人界之間劃定一條非常嚴格的界限，因此將君王神化才會有可能。半神半人與英雄輕易便可從人升格為神。多數的希臘大家族都是某位神祇或英雄的後裔，好比馬其頓王室宣稱海克力斯（Heracles[38]）是他們的祖先。希臘殖民地開拓者（oikiste[39]）離世時，殖民地經常將其尊奉為英雄，由政府舉辦適當的崇拜儀式加以推崇，許多較古老的希臘城市中都存在這類儀式。必須注意的是，並沒有嚴格的宗教傳統禁止將還活在世上的人神化。事實上，早在亞歷山大大帝時代之前，人們就已將這種榮耀授與希臘世界的在世名人。」此外，拉里・克雷策（Larry Kreitzer）指出：「希臘人擁有將他們的國王神化的悠久歷史，這種習俗至少可以追溯至亞歷山大大帝的統治時期（公元前三三六年至公元前三二三年）。某些國王在位期間會積極推行

38 譯注：半神半人的英雄，希臘神話的大力士，父親是天神宙斯。

39 譯注：通常英語化為oekist或oecist。

平與時代》(*Zealot: The Life and Times of Jesus of Nazareth*)(New York: Random House, 2013；台北：衛城出版，2014)。

2. 克里斯・德・韋特(Chris de Wet)指出，對於希臘人而言，「『Logos』也是管理宇宙的理性原則。他們區分不同類型的『Logos』……亦即：(a)『道的種子』(Logos *spermatikos*)，意指存於全人類內心的『Logos』幼芽；(b)『內蘊之道』(Logos *endiathetos*)，神心中未曾言喻的思想……；以及(c)『外顯之道』(Logos *prophorikos*)，表達前面提到的神的思想。特別是，斯多噶派(the Stoics[37])認為，『Logos』本身就已經涉及表達的概念。」Chris de Wet, "Mystical Expression and the 'Logos' in the Writings of St. John of the Cross," *Neotestamentica* 42 / 1(2008)，第35-50頁，以及第39頁

3. 阿雷斯・查盧帕(AlešChalupa)指出：「羅馬皇帝是神，或至少有許多皇帝死後被尊稱為神。據我們所知，從公元十四年到公元三三七年統治羅馬帝國的六十位皇帝之中，有三十六位皇帝(連同他們的二十位皇室成員)被奉為神。他們接受崇拜儀式，擁有專屬的祭司和節日。人們興建祭壇和神廟供奉他們。至於他們生前是否被視為神，學術界仍然有爭議，目前乃懸而未決。」AlešChalupa, "How Did Roman Emperors Become Gods? Various Concepts of Imperial Apotheosis," *Anodos—Studies of*

37 譯注：新約時期盛行的一種希臘哲思，宣揚泛神與唯物思想，認為「神」便是宇宙內蘊的理智原則，萬物則按著理性運行。

依舊不時出現於流亡後的《聖經》經文。然而，這些概念已經消失大半。請參閱Smith, *The Early History of God*，第141-147頁。

第八章 神是三

1. 其實，使徒約翰明確指出耶穌就是耶和華。《約翰福音》的末尾有一段非比尋常的經文，記載一批聖殿差役和羅馬兵丁高舉火把，前往客西馬尼園（Garden of Gethsemane[35]）逮捕他。耶穌對他們說：「你們找誰？」他們回答：「找拿撒勒人耶穌。」耶穌說：「我就是！（I am）」耶穌說的是希臘語「ego eimi」，這是《希伯來聖經》的希臘文譯本「七十士譯本」（Septuagint）對「耶和華」的翻譯[36]。為了避免讀者錯過這個重要時刻，約翰指出耶穌的話震懾了這批暴徒，他們退後倒在地上（《約翰福音》第十八章第一節到第八節）。

   我曾經在別處寫到過，對觀福音經常稱呼耶穌「神的兒子」（Son of God），但這個詞並非對他的本質的描述，而是他的通稱：《聖經》中有許多人被稱為「神的兒子」，包括撒旦（Satan）。若想更了解「神的兒子」作為一個稱號（而非描述）的資訊，請參閱我的《革命分子耶穌：重返拿撒勒人耶穌的生

---

35 譯注：橄欖山的一個園子，位於耶路撒冷汲淪溪（Kidron）對面，耶穌受難前夕曾在此痛苦禱告。

36 譯注：ego eimi表示「我是」（I am）或「我存在」（I exist），乃是古希臘語「to be」的第一人稱單數現在直陳形式，而「耶和華」自稱「我是自有永有的」（I am what I am）。

也促進了一神論的耶和華崇拜，因為它推崇單一的國家神靈，貶低區域的眾神。王室統一了全國的生活（包括政治和宗教層面），透過在首都集中和展現力量，以及和居住在首都的國神之間的關係，促成政治和信仰的中央化。這種發展與王國本身的發展相隨相伴。它始於大衛王統治時建立首都，繼而在所羅門王的領導下耶路撒冷取得了宗教上的重要性，最終在希西家（Hezekiah）和約西亞（Josiah）推行宗教改革[34]時達到高峰……宗教功能只是信仰中央化效應的其中一個層面。這種宗教政策也有政治和經濟的利益。君主制的角色既是創新的，也是保守的，隨時回應國家發展的需求。」Smith, *The Early History of God*，第185-187頁。

18. 提出這種新宗教概念的人主要是先知以賽亞（Isaiah），或更具體地說，應該是學者在《以賽亞二書》提到的那位先知（《聖經．以賽亞書》其實是三本書的合併內容：《以賽亞一書》，包含第一章到第三十九章，成書於流亡之前；《以賽亞二書》，包含第四十章到第五十五章，成書於流亡之後或流亡期間；《以賽亞三書》，包含第五十六章到第六十六章，寫於更晚的時期）。
19. 在先知以西結（Ezekiel）的異象中，神「有彷彿人的形狀。」（《以西結書》第一章第二十六節），而在撒迦利亞（Zechariah）的異象中，神在主持神國會議（《撒迦利亞書》第三章第七節），這些都證明人性化神祇的古老神話概念並未完全消失，

34 譯注：去除聖殿偶像。

而擁抱君主制。先前的意識型態堅持，以色列不應該有國王，因為耶和華就是它的國王，如今既然耶和華將君主制置於祂的保護之下，當然不用多說，也就是在他的發言人（祭司）的保護下。保守派領導階層希望藉由讓國王臣服於祭司，可以削弱王權，如果國王意圖犧牲他們來增加自己的權力，祭司們可能會聽聞耶和華的聲音，將國王罷免。掃羅後來確實被推翻了。」馬可．特里夫斯的〈舊約中的神的國〉（“The Reign of God in the O.T.”）《舊約全書》第19卷第2號（一九六九年）：第230頁到第231頁；馬丁．科恩的〈示羅祭司在古代以色列聯合王國所扮演的角色〉（“The Role of the Shilonite Priesthood in the United Monarchy of Ancient Israel”），出自於《希伯來聯合學院年鑑》（*Hebrew Union College Annual*）第36卷（一九六五年）：第59頁到第98頁，以及第69頁。

馬克．史密斯認為：「這個王國既是政治體制，也是宗教體制，而且在王室的影響下，宗教結合了強有力的國家觀念和宗教意識型態。當國神的聲望增強時，王朝的聲望也隨之增強。耶和華與大衛王朝之間特殊的關係，支持著一種正式的盟約關係，《撒母耳記下》第二十三章第五節將其稱為『永遠的約』（eternal covenant）。……盟約的宗教政治概念化在大衛王朝的神學中臻於頂峰。盟約形式的國有化，將耶和華抬高成為聯合王國的國神，耶和華的國家霸權於是在古代以色列建立。」

史密斯接著指出：「這種將國家敬拜中央集中化的創新，

（Yahweh Ely，表示「主，我的神」）。

17. 馬可・特里夫斯（Marco Treves）指出：「《聖經》記載，最早的『神的國』（Reign of God[32]）是士師時代的政權。以色列的士師基甸（Gideon）拒絕接受以色列人的請求，成為以色列的國王，因為他不希望剝奪耶和華的國度（《士師記》第八章第二十二節到第二十三節）。以色列長老要先知撒母耳（Samuel）賜與他們國王時，撒母耳便斥責他們，因為答應這項請求便暗示要拒絕耶和華（《撒母耳記上》第五章第四節到第七節，第十章第十八節到第十九節，第十二章第十二節）。從這兩個故事可以推斷：a）編纂這些段落的作者認為，人類君主制（human monarchy）與神權君主制（divine monarchy）是互斥的；b）根據傳統，在士師時代，耶和華一直是以色列的國王；c）掃羅（Saul）被恩膏成為王之後，『神的國』便終結。[33]」同樣地，馬丁・科恩（Martin Cohen）指出，「《聖經》中的證據表明，以色列的君主政治，按照先前計畫，在意識形態上屈從於示羅（Shilonite）祭司之下。在這兩段有關選立第一任君主的經文中，示羅祭司撒母耳恩膏了這位君主；撒母耳以耶和華的名義行事，而且是耶和華旨意正式的詮釋者。同理，正是示羅人撒母耳徹底翻轉耶和華對於君主制意識型態的傳統態度。轉

32 譯注：通常稱為Kingdom of God，表示神掌權的領域或國度，這類經文散見於《聖經》。神的國並非實體國家，泛指基督徒進入的國度。

33 譯注：以色列人久盼新君，耶和華終於應允，示諭先知撒母耳恩膏掃羅，令其掌管以色列王國。

仰，哈索爾是母性和愛的女神，通常被描繪成一頭牛（使用埃及珠寶來製作金牛犢是特別有趣的一點——《出埃及記》第三十二章第四節：「以色列啊！這是領你出埃及地的（眾）神。」）

15. 馬克・史密斯指出：「耶和華起初是西奈／巴蘭（Paran）／以東（Edom）／提幔（Teiman[31]）的戰神，在以色列早期是跟埃爾有所分別的。或許是出於與以東／米甸的貿易，耶和華再次融入以色列高地的宗教。從《申命記》第三十二章第八節到第九節之類的經文可以找到蛛絲馬跡，看到最初如何將南方戰神耶和華融入以埃爾為首的更大批高地神系。」請參閱Smith, *The Early History of God*，第32-33頁。

16. 少數幾篇經文記載「耶和華—埃爾」的稱號：《創世記》第十四章第二節——耶和華・伊利・以羅安（Yahweh El Elyon）；《創世記》第二十一章第三十三節——耶和華・伊利・歐拉姆（Yahweh El Olam，El Olam表示「永生的神」）；《詩篇》第十篇第十二節——耶和華・埃爾（Yahweh El）；《詩篇》第三十一篇第六節——耶和華・伊利・艾米特（Yahweh El Emet，El Emet表示「信實的神」）；《詩篇》第九十四篇第一節——耶和華・伊利・內卡莫特（Yahweh El Neqamot，El Neqamot表示「復仇的神」）；以及《詩篇》第一〇四篇第七節——耶和華・伊理

31 譯注：可能是Teman的另一種拼法，以東的城市，以東人居住的山城之一，提幔人素以具備智慧著稱。

特利的神」)。然後，亞伯蘭南下前往「南地」(Negev[28])，他在當地似乎是停留了一段時間，然後又短暫（其實極為不可能）在埃及棲身，之所以如此撰寫乃是為了要將亞伯蘭／亞伯拉罕的故事（和他的神！）與摩西的神聯繫起來（《創世記》第十二章第十節到第十三章第一節)。最後，亞伯蘭與他的親屬永久地在希伯崙（Hebron）城市定居下來，附近有另一棵會傳達神諭的樹，名為幔利橡樹（《創世記》第十三章第十八節)。亞伯蘭在希伯崙過著富裕奢侈的生活，積累了大量的牲畜、黃金和白銀，而且有數量不明的奴隸、僕人和訓練有素的戰士由他指揮，這一切都象徵著他的神給予他的祝福。這些戰士日後會派上用場。美索不達米亞人突襲迦南城市撒冷（Salem，亦即耶路撒冷）之後，亞伯蘭便派這批人去保護該城。撒冷的祭司／國王麥基洗德（Melchizedek）為了回報他，便以至高神之名賜福與亞伯蘭，這位神便是：「伊利．以羅安」[29](《創世記》第十四章第十八節到第二十節)。

14. 耶羅波安（Jeroboam[30]）可能曾經在但（Dan）和伯特利設立「金牛犢」(golden bull）來重建「耶和華—埃爾」的異教，這個事件進一步佐證了這個論點。或者，「金牛犢」(Golden Calf）也可視為以色列人想藉由敬拜哈索爾來重新擁抱埃及的宗教信

28 譯注：又譯內給或內蓋夫，原意為「乾旱」或「南方」，約佔以色列大部分的南部地域。

29 譯注：表示「造物主」，亦即至高的伊利。

30 譯注：北國以色列的君王。

成為一個單一的半嚴謹敘事。然而，如果仔細觀察，就會在祭司文獻作者改寫過的亞伯蘭／亞伯拉罕故事中，看到原始的伊羅興資料藏身其中往外窺探，譬如亞伯蘭帶著他不孕的妻子撒萊（Sarai）和他的姪兒羅得（Lot）從吾珥（Ur）前往哈蘭（Haran）（《創世記》第十一章第三十一節，第十二章第四節到第五節）。亞伯蘭到達哈蘭後，某位神祇向他顯現，編寫這段特定經文的祭司文獻作者將這位神祇稱為耶和華（《創世記》第十二章第一節和第四節），但是在《出埃及記》中，耶和華告訴摩西，亞伯拉罕從不知道祂叫耶和華：「我是耶和華。我從前向亞伯拉罕、以撒、雅各顯現為伊利．沙代（全能的神）；至於我名耶和華，他們未曾知道。」（《出埃及記》第六章第二節到第三節）。無論如何，這位神命令亞伯蘭離開哈蘭前往「迦南地」（land of the Canaan）（《創世記》第十一章第三十一節，第十二章第五節到第六節）。亞伯蘭聽從命令因此成為第一個被稱為希伯來人（Hebrew）的人，意思是「從那方來的人」（one who crosses over）（《創世記》第十四章第十三節）。他帶著親屬抵達了示劍（Shechem），那是迦南北部信仰埃爾的異教中心。

到了示劍之後，亞伯蘭到了「摩利橡樹」之前，而這棵樹素以傳達神諭而聞名（會說話的樹！），他要替召喚他到這片土地的神建造一座祭壇。亞伯蘭從示劍出發，前往伯特利（Bethel）東邊的丘陵地帶，伯特利並非城市，而是祭拜埃爾的神殿（埃爾在《創世記》第三十一章第十三節宣稱：「我是伯路撒冷的聖殿中，以及在「丘壇」（high place[26]）上為祂所蓋的的專屬祭壇裡，以色列人會在那裡向祂們祈禱和獻祭（例如，請參閱《列王紀下》第二十一章第一節到第七節）。有關於《聖經》中單一主神教的證據，請參閱《出埃及記》第二十章第三節和《申命記》第五章第七節。有關於以色列人敬拜鄰國神靈的證據，請參閱《士師記》第十章第六節。

13. 雖然《創世記》第十七章開頭便說，亞伯蘭從耶和華得到異象，但這位神祇卻用另一個名字自稱：「亞伯蘭年九十九歲的時候，主（耶和華）向他顯現，對他說：『我是全能的神（伊利・沙代）。你當在我面前作完全人。』（《創世記》第十七章第一節）。因此，與亞伯蘭締約的並非耶和華，而是伊利（埃爾）：亞伯蘭俯伏在地；神（Elohim）又對他說：「我與你立約，你要作多國的父。從此以後，你的名不再叫亞伯蘭（Abram），要叫亞伯拉罕（Abraham）」（《創世記》第十七章第三節到第五節[27]）。如同《出埃及記》第六章的例子，祭司文獻作者在此又試圖融合耶和華文獻和伊羅興文獻中有關亞伯蘭／亞伯拉罕的敘事內容，將其拼合成有關同一位單一神祇的故事。其實，《創世記》中亞伯蘭／亞伯拉罕的故事，就像《出埃及記》中的摩西故事一樣，內容被後來的祭司文獻作者混在一起，因為他們試圖把早期互相衝突的耶和華與和伊羅興故事線縫合起

26 譯注：舊約時代敬拜神或偶像之處，原文指「高處」，可能是天然高岡或人造高台，上頭擺設祭物。

27 譯注：亞伯蘭表示「尊貴的父親」，而亞伯拉罕的意思是「多國的父親」。

化」。請參閱Smith, *The Early History of God*，第6頁。

11. 某些聖經學者開始認為，以色列人曾經是迦南人。喬治·門登霍爾（George Mendenhall）率先提出這項理論，後來又由諾曼·戈特瓦爾德（Norman Gottwald）補充。《約書亞記》記載約書亞征服迦南，但根據前述理論，沒有外來力量征服過迦南。最終被稱為以色列人的眾多部落其實是住在山區的迦南牧民，他們受到住在山谷城鎮（信仰相同的）弟兄壓迫，日久生厭而心生不滿。這些住在農村的迦南人發起一系列抗暴行動，抵抗其城市的霸主，而成功地建立起一個嶄新的身分認同，自稱為以色列人，這個身分認同仍然是深植於他們所起源的文化、語言和宗教之中。請參閱George E. Mendenhall, "The Hebrew Conquest of Palestine," *Biblical Archaeologist* 25 / 3（1962）：第65-87頁；Norman K. Gottwald, *The Tribes of Yahweh: A Sociology of the Religion of Liberated Israel, 1250–1050 B.C.E.*（Maryknoll, N.Y.: Orbis Books, 1979）；以及G. A. Herion, *Ancient Israel's Faith and History: An Introduction to the Bible in Context*（Louisville: Westminster John Knox Press, 2001）。若想知道更多關於以色列人文化與迦南人文化之間的雷同之處，請參閱Michael David Coogan, "Canaanite Origins and Lineage: Reflections on the Religion of Ancient Israel," in *Ancient Israelite Religion: Essays in Honor of Frank Moore Cross*, ed. Patrick D. Miller et al.（Philadelphia: Fortress Press, 1987），第115-184頁。

12.《聖經》中記載有許多個場面，巴力和阿瑟拉的像被安置於耶埃及記》之前通常被稱呼的名字。」Barry Bandstra, *Reading the Old Testament: Introduction to the Hebrew Bible*, 4th ed.（Belmont, Calif: Wadsworth, 2009），第86頁。

10. 各種迦南神靈的名字在這些神被去除掉神聖的含義之後，仍然繼續出現在《希伯來聖經》之中，不過是作為非神聖的概念而存在。例如，迦南海神雅姆（Yam）最終成為《希伯來聖經》中代表「海」的單字。同樣地，其他迦南諸神的名稱，例如死亡之神莫特（Mot）、暴風雨之神巴力（Baal）和太陽神舍麥什（Shemesh），分別成為「死亡」、「主」和「太陽」的希伯來語單字。此外，從各種考古文物和文獻的還原，例如烏加里特（Ugarit）的檔案和馬里（Mari）的書信，以及代爾・阿拉（Deir 'Alla[24]）、昆提勒阿吉魯遺址（Kuntillet 'Ajrûd）和希爾伯特・庫姆遺址（Khirbet el-Qôm）的碑文，都顯示出迦南宗教和以色列傳統的關聯。馬克・史密斯（Mark Smith）指出：「雖然長期以來，人們普遍認為『迦南人』和以色列人是擁有截然不同文化的不同民族，但根據如今的考古證據，我們得質疑這種觀點。」從該地區的物質文化來看，在第一鐵器時代（Iron I period，大約是公元前一二〇〇年到公元前一〇〇〇年[25]），以色列人和「迦南人」有許多共同點。根據紀錄，以色列文化與「迦南文化」大幅重疊，而且以色列文化更是源自於「迦南文

24 譯注：約旦巴爾加省小鎮。

25 譯注：最早的鐵器約在公元前一五〇〇年到公元前一〇〇〇年之間出現於小亞細亞東部，亦即美索不達米亞和埃及地區。

閱Smith, *The Early History of God*；Dennis Pardee, *Ritual and Cult at Ugarit*（Atlanta: Society of Biblical Literature, 2002）；以及John H. Walton, *Ancient Near Eastern Thought and the Old Testament: Introducing the Conceptual World of the Hebrew Bible*, 3rd ed.（Grand Rapids: Baker Academic, 2009）。

在《聖經》中，祭司文獻作者刻意改編的斧鑿痕跡在許多處都非常明顯。例如耶和華曾明確說自己是埃爾：「亞伯蘭年九十九歲的時候，耶和華向他顯現，對他說：『我是伊利．沙代[22]。你當在我面前作完全人。』」(《創世記》第十七章第一節)。班斯特拉（Bandstra）指出：「（在《聖經》中）亞伯拉罕的神有三種不同的稱呼，分別是耶和華（YHWH，又譯雅巍[23]）、伊利．沙代（El Shaddai）和伊羅興（Elohim）。從創世到亞伯拉罕，神是伊羅興。然後祂向亞伯拉罕和其他先祖透露自己為伊利．沙代。先祖從來不知道祂叫耶和華。祭司文獻作者使用最罕見的名字耶和華，明確區分耶和華和伊利．沙代，以免困惑讀者。」在祭司歷史文獻中，神在對與摩西說話之前，從來沒有解釋祂既是耶和華，也是伊利．沙代。祭司文獻作者在(《創世記》）第十七章第三節又回頭稱祂為伊羅興，這是神在《出

22 譯注：合和本譯為全能的神，埃爾偶爾音譯為伊利。

23 譯注：這是四字神名（tetragrammaton），含意為「自有永有的」，原本只有書寫形式，沒有發音方式。猶太教出於對神的尊崇，禁止讀出神的名稱，誦讀聖經時便以Adonai（上主）取代YHWH，中世紀基督徒為了唸誦方便，將Adonai的元音加入YHWH，後來逐漸演變成英文Jehovah，而這是音譯耶和華的根據。

History of God: Yahweh and the Other Deities in Ancient Israel, 2nd ed.（Grand Rapids: Eerdmans, 2002），第32-43頁；W. R. Garr, *In His Own Image and Likeness: Humanity, Divinity, and Monotheism*（Leiden: Brill, 2003）；以及Samuel Sahviv, "The Polytheistic Origins of the Biblical Flood Narrative," *Vetus Testamentum* 54 / 4（2004）：第527-548頁。

在迦南宗教傳統中，女神阿瑟拉享有崇高的地位，既是埃爾的配偶，也是神靈家族的女家長。祭司文獻作者將埃爾與耶和華合併為一神之後，有一段時間人們還將阿瑟拉當成耶和華的夫人來崇拜。威廉・G・德弗（William G. Dever）指出：「我們現在或許可以這樣理解：《聖經》之所以『絕口不提』阿瑟拉是（迦南的埃爾的繼承者）耶和華的配偶，乃是因為公元前第八世紀到公元前第六世紀間的改革者幾乎完全壓制了異教。因此，雖然《希伯來聖經》並未刪除提及阿瑟拉的經文……後世的編輯卻誤解，或重新將其詮釋為那只是這位女神的幻影……。話雖如此，從古代以色列必須進行這種改革，我們便知道在王國覆滅之前，以色列百姓盛行崇拜『地母神』阿瑟拉（偶爾被人性化為耶和華的配偶）。」William G. Dever, "Asherah, Consort of Yahweh? New Evidence from Kuntillet 'Ajrûd," *Bulletin of the American Schools of Oriental Research* 255（1987）：第31頁。另請參閱William G. Dever, *Did God Have A Wife? Archaeology and Folk Religion in Ancient Israel*（Grand Rapids: Eerdmans, 2008）。有關阿瑟拉和其他迦南神靈的訊息，請參

1996），第283頁。

9. 在《聖經》中，埃爾（El）最常見的名稱是祂的複數形式「Elohim」，字面意思是「眾神」。當《聖經》提到「Elohim」時，經常使用第三人稱男性單數動詞（例如，「祂說了」或「祂創造了」）。然而，在少數情況下，《聖經》提到「Elohim」時，會使用第一人稱複數形式：我們要照著我們的形像造人（《創世記》第一章第二十六節）。欽定本聖經（King James translation of the Bible）成書於十七世紀[20]，此後，英語世界的人通常都認為這是一種「崇高複數」（Plural of Majesty）[21]的例子，卻不知希伯來語沒有這種用法。在這些聖經經文中，為何埃爾要使用複數形式呢？真正的原因是埃爾在會議中與其他神祇說話（例如，《創世記》第三十五章第七節、《撒母耳記下》第七章第二十三節，以及《詩篇》第五十八篇第十一節；也請參閱《創世記》第十一章第七節和《以賽亞書》第六章第七節）。換句話說，根據《創世記》第一章的說法，埃爾並非宇宙中唯一的神祇，只是地位最高的神靈。請參閱Frank Moore Cross, "Yahweh and the God of the Patriarchs," *Harvard Theological Review* 55 / 4（1962）：第225-259頁；以及*Canaanite Myth and Hebrew Epic: Essays in the History of the Religion of Israel*（Cambridge, Mass.: Havard University Press, 1997）；Mark S. Smith, T*he Early*

20 譯注：一六一一年出版。

21 譯註：指君主在指稱自己的時候使用第一人稱複數的文法。

Lists," in Festschrift Elmar Edel in *Agypten und Altes Testament*, ed. Manfred Görg（Bamberg: Görg, 1979），第17-19頁；Horst Dietrich Preuss, *Old Testament Theology*（Louisville: Westminster John Knox Press, 1995），第69頁。

摩西與米甸的關係似乎是合理的，因為這對摩西是個污點，而他也因此受到哥哥亞倫（Aaron）和姐姐米利暗（Miriam）的批評：「摩西娶了古實女子為妻。米利暗和亞倫因他所娶的古實女子就毀謗他」(《民數記》第十二章第一節[19])。摩西的岳父有好幾個名字（請參閱上面的注解），《希伯來聖經》在此稱摩西的妻子為古實人，但從未指出摩西娶過第二任妻子。經文如此描述令人困惑，但巴蘭（Balaam，他可能是米甸人）的故事進一步強化摩西與米甸人的關聯，而且更重要的是，巴蘭是耶和華的先知(《民數記》第二十二章到第二十四章；《民數記》第三十一章第八節)。請參閱L. Elliott Binns, "Midianite Elements in Hebrew Religion," *Journal of Theological Studies* 31 / 124（1930）：第337-354頁；George W. Coats, "Moses in Midian," *Journal of Biblical Literature* 92 / 1（1973）：第3-10頁；Karel van der Toorn, *Family Religion in Babylonia, Ugarit, and Israel: Continuity and Change in the Forms of Religious Life*（Leiden: Brill,

19 譯注：「古實」原意是「黑」。「古實女子」是誰，說法分成兩類，一是西坡拉，因為她是米甸女子，便故意貶抑她，叫她古實女人。第二種說法是西坡拉已死，摩西另娶一個古實女子為妻。無論如何，這只是推翻摩西屬靈權柄的藉口，當作反對他的理由。

記的《約書亞記》和《士師記》，以及《撒母耳記上》的前幾章）。

拉美西斯二世通常被認為是《出埃及記》事件發生時（《出埃及記》第一章第八節到第十一節）的法老，在位期間從公元前一二七九年到公元前一二一三年，這似乎與「以色列石碑」的記載不符。請記住，《聖經》中沒有任何關於約書亞的年代的資料，而且聖經學者是用埃及的記錄去推算出《出埃及記》的事件。請參閱Michael G. Hasel, "Israel in the Merneptah Stela," *Bulletin of the American Schools of Oriental Research* 296（1994）：第45-61頁；Anson F. Rainey, "Israel in Merneptah' s Inscription and Reliefs," *Israel Exploration Journal* 51 / 1（2001）：第57-75頁；Hans Goedicke, "Remarks on the 'Israel-Stela,'" *Wiener Zeitschrift für die Kunde des Morgenlandes* 94（2004）：第53-72頁；以及Bryant Wood, "The Rise and Fall of the 13th-Century Exodus-Conquest Theory," *Journal of the Evangelical Theological Society* 48 / 3（2005）：第475-489頁。

8. 至於耶和華的起源，或許可以從祂向摩西自我介紹的神祕方式看出端倪。耶和華宣稱：「我是自有永有的。」（《出埃及記》第三章第十三節）德．摩爾（DeMoor）指出，埃及太陽神「拉」自我介紹時說的正是完全一樣的用詞。請參閱Johannes C. De Moor, *The Rise of Yahwism: The Roots of Israelite Monotheism*, 2nd ed.（Leuven: Peeters, 1997）。另請參閱Walter Zimmerli, *Old Testament Theology in Outline*（Edinburgh: T&T Clark, 1978），第152頁；Michael C. Astour, "Yahweh in Egyptian Topographic

法老的奴隸，實際上祭司就是他們所服事的神廟的奴隸。請參閱沙菲克·阿拉姆（Schafik Allam）的〈奴隸〉（"Slaves"），收在 *The Oxford Encyclopedia of Ancient Egypt*, ed., D. Redford（Oxford: Oxford University Press, 2001），第293-296頁。

《出埃及記》第十二章第三十七節指出，以色列人「除了婦人孩子，步行的男人約有六十萬。」（請參閱《出埃及記》第三十八章和《民數記》第二章）。假使所言不虛，以色列的人口將遠遠超過一百萬，足以媲美整個埃及人口。這當然非常荒謬，絕不可信。

《出埃及記》的記載橫跨的日期範圍很廣，有些非常早，約略在公元前一四四七年，有些很晚，大概落在公元前一二七〇年。最早提到「以色列」作為一個獨立團體或民族的記載大概出現在所謂的「以色列石碑」（Israel Stwle，大約公元前一二〇八年），碑上記載麥倫普塔（Merneptah）法老（拉美西斯二世的三兒子，在位期間為公元前一二一三年到公元前一二〇三年）。石碑第二十七行寫道：「以色列慘敗，後裔不再。」這段碑文證明在公元前第十三世紀末，名為「以色列」的民族已經存在。但這與聖經年表不一致，因為許多人認為《出埃及記》中的事件發生在在公元前一二八〇年左右（＋爾後四十年在曠野＝約書亞在公元前一二四〇年征服迦南）。問題在於，《聖經》經文的見證指出，以色列人還要再過兩個世紀才會在掃羅（Saul）和大衛（David）領導下成為一個統一的部落國家（亦即「以色列」），時間是公元前第十一世紀（記錄於橫跨數個世地區的人，而是一群住在沙漠的非閃族同盟部落的總稱，這些部落生活的區域從西奈半島延伸到阿拉伯。請參閱 William J. Dumbrell, "Midian: A Land or a League?," *Vetus Testamentum* 25／2（1975）：第323-337頁。

6. 有關西珥（Seir）附近「神的山」的位置，請參閱《申命記》第三十三章第二節和《士師記》第五章第四節。和摩西有關的傳統當中，紛亂、說法不一致之處不只是地點。例如，摩西的岳父有三個不同的名字：流珥（Reuel，《出埃及記》第二章，《民數記》第十章）、葉忒羅（Jethro，《出埃及記》第三章、第四章和第八章）以及何巴（Hobab，《民數記》第十章和《士師記》第四章）。在經文中的某些地方，他的岳父被描述為一位米甸人（Midianite，《出埃及記》第二章和第十八章，《民數記》第十章），在其他地方他是一名基尼人（Kenite，《士師記》第四章）。混亂的原因似乎部分來自《士師記》第四章第十一節，該節說何巴是摩西的岳父，但這跟《民數記》第十章第二十九節的記載相違背，該節說何巴是流珥（亦即摩西的連襟兄弟，或者多個流珥部落的〔某位〕成員）的兒子。無論採用哪種說法，顯然有多個文獻來源，分別在不同時間由不同作者撰寫，這些文獻被收在一起創造出一個關於摩西的連續的敘事。請參閱 William Foxwell Albright, "Jethro, Hobab, and Reuel in Early Hebrew Tradition," *Catholic Biblical Quarterly* 25／1（1963）：第1-11頁。

7. 嚴格來說，任何在國家當局監管下從事建築勞動的百姓都算是源自於拉)。《希伯來聖經》指出，摩西的父母是希伯來人，但在有關他出生的原初故事中，摩西的父母並沒有名字，要等到很久以後，為了撐起摩西的家譜並強調他與以色列祖先的關聯，他們的名字才出現：「暗蘭（Amram）娶了他父親的妹妹約基別（Jochebed）為妻，她給他生了亞倫（Aaron）和摩西（Moses）。暗蘭一生的歲數是一百三十七歲。」(《出埃及記》第六章第二十節)。

雖然我們沒有考古證據證明摩西是真有其人，但他有可能是出生於新王國時期，有可能是異端法老艾基納登推行他那場翻天覆地卻以慘敗收場的一神論革命之後的一到兩個世代。有鑑於此，某些學者認為摩西深受艾基納登的激進一神論影響，而確實，以色列宗教其實是歷經後艾基納登時期的大清洗而倖存的一種形式的阿頓教。請參 Donald B. Redford, *Akhenaten: The Heretic King*（Princeton: Princeton University Press, 1984）；Jan Assman, *Of Gods and Gods: Egypt, Israel, and the Rise of Monotheism*（Madison: University of Wisconsin Press, 2008）；以及 *From Akhenaten to Moses: Ancient Egypt and Religious Change*（Cairo: American University in Cairo, 2014）。

5. 根據《創世記》，亞伯拉罕娶了基土拉（Keturah）為妻，生下了好幾位兒子，其中一位是米甸（Midian），他的後代就是米甸人（《創世記》第二十五章第一節到第二節）。然而，這似乎像是為了將摩西與亞伯拉罕聯繫起來而編寫的經文，因此不可只看表面意思。或許最好不要將米甸人視為某個單一

3. 嚴格來說，「耶和華」(Yahweh)的意思不是「我是」(I am[17])。雖然摩西在《出埃及記》第三章第十四節詢問神的名字時，神回答他「ehyeh asher ehyeh」，亦即「我是自有永有的」(I am what I am[18])，繼而指示摩西告訴以色列人：「主(耶和華)你們祖宗的神，就是亞伯拉罕的神，以撒的神，雅各的神，打發我到你們這裡來」(《出埃及記》第三章第十五節)。單字「ehyeh」是希伯來語動詞「hyh」(我是 / 將是)的第一人稱單數形式，但「Yahweh」不同於這個字，它在《希伯來聖經》中是神的專有名詞，乃是同一個動詞的第三人稱單數的(變化)形式(祂是 / 祂將是)。Francis Brown, S. R. Driver and Charles Briggs, *A Hebrew and English Lexicon of the Old Testament*(Oxford: Oxford University Press, 1951)，第217-218頁，以及Sigmund Mowinckel, "The Name of the God of Moses," *Hebrew Union College Annual* 32(1961)：第121-133頁。
4. 摩西(Moses)的名字是古埃及語，且這個名字和用神名取名的名字有相同的詞根，譬如Tuthmosis(托特所生〔Thoth born〕；源自於托特〔drawn out by Thoth〕)和Rameses(拉所生；

17 譯注：「我是」是舊約代表耶和華 / 上帝的詞，猶太人認為不能夠隨便用這個字。耶穌生前常說「I am」，令猶太人氣憤，認為他妄稱神名，因此想要殺他。

18 譯注：直譯「我是那位我是」。這是有趣的文字布局，前後呼應，語意模糊，隱隱透露「客往去處去」的玄味。真神無垠，豈能受限於「名稱」，故耶和華以此玄名答覆，猶如《道德經》開頭所云：道可道，非常道；名可名，非常名。「無」名天地之始；「有」名萬物之母。此妙答可謂玄之又玄，　妙之門。

拜在南國持續存在到公元前五八六年[15]，但耶和華崇拜可能受到強調伊羅興的北國故事改變／影響／補充（因此出現耶和華／伊羅興）。換句話說，從北國滅亡到南國陷落的一百三十五年之間，耶和華和伊羅興可能已經融合。就算在此期間尚未融合，耶和華和伊羅興也絕對在公元前第六和第五世紀被祭司文獻作者合併在一起（即便只是名字上的融合）。耶和華文獻之所以比較優越、與摩西有所聯繫，而且感覺比伊羅興文獻更為古老，可能是因為南國的國祚比北國更長，北國的神（伊羅興）在公元前七二二年被亞述人的神（阿蘇爾）打敗。如果被打敗的是而不是北國，可能伊羅興文獻看起來就會比耶和華文獻更為古老。話雖如此，伊羅興文獻感覺比耶和華文獻新，而且比較不個人。以色列人流亡巴比倫之後，開始拋棄對北國的偏見，祭司文獻的作者和校訂者開始盡量保留北國的傳統和故事，而從《以賽亞書下卷》(Second Isaiah[16]）的觀點，有必要將耶和華與伊羅興統合為同一位神。

2. 路德維希・科勒（Ludwig Köhler）指出：「神是統治一切的主：這是《舊約》神學的基本論述……其他的一切皆源於祂。其他的一切皆依靠祂。參照祂且唯有參照祂才能理解一切。」Ludwig Köhler, *Old Testament Theology*, trans. A. S. Todd (Philadelphia: Westminster Press, 1957)，第30頁。

15 譯注：耶路撒冷陷落，南國猶大滅亡。

16 譯注：亦即《以賽亞》第四十章至五十五章，由承繼以賽亞傳統的文士寫於被擄之後，有別於先知以賽亞寫於被擄之前的第一章至三十九章。

第七章：神是一

1. 在巴比倫入侵時，以色列王國已經分裂成兩半，北國（以色列）已經在公元前七二二／七二一年遭到薩爾恭二世（Sargon II）的亞述軍隊攻擊而陷落。在亞述危機爆發之後，來自北方的文人可能攜帶他們的著作和敘事（很可能是口頭、而非書面形式）逃往南方。如果這個推測屬實，伊羅興文獻的影響可能早在公元前第八世紀後期便已經開始，當時正是北國與南國皆面臨重大危機的時候。

以色列王國曾經受到亞述人兩次大舉軍事進犯（一次是公元前七二二／七二一年，由薩爾恭二世發起。第二次是公元前七〇一年，由薩爾恭二世之子辛那赫里布〔Sennacherib〕發動），更別提以色列還與鄰近族群（敘利亞〔Syria〕、摩押人〔Moab〕和其他）有許多區域性的紛爭，因此在公元前第八世紀與後續的世紀中出現了許多先知神諭與書籍，嘗試調和當時局勢與以色列人對神的理解：包括《以賽亞上卷》（南方）、《阿摩司書》（北方），《何西阿》（北方），《彌迦書》（南方），《那鴻書》（北方），《西番雅書》（南方），《哈巴谷書》（南方），《約書亞記》、《士師記》、《撒母耳記》、《列王紀》、部分的《詩篇》和部分的《申命記》。

就理論而言，有人可能認為，在公元前七二二／七二一年之後，由於北國滅亡，把伊羅興（Elohim）當作一位不同的神來敬拜的做法（亦即北國觀點）便就此結束。對耶和華的崇

（Great Lord）；以及帕米許瓦拉（Parameshvara），亦即「至尊主」（Supreme Lord）。馬克·穆塞斯（Mark Muesse）指出：「樓陀羅在其他神靈當中沒有朋友，寧可獨居於恐怖荒野……雅利安人通常將給樓陀羅的獻祭物留在他們的村外，懇請樓陀羅保持遠離。然而矛盾的是，樓陀羅卻是治療者……許多學者其實認為，吠陀天神樓陀羅可能是後來被稱為濕婆的那位神的原型。」

同理，多麗絲·斯里尼瓦桑（Doris Srinivasan）發現：「樓陀羅外貌的強化以及領域的擴大主要發生於後《梨俱吠陀》本集（post–Rig Vedic Samhitas）的時代。在那些文本中，樓陀羅堅定地逐漸轉變為《奧義書》（Svetas' vatara Upanishad）中講的偉大神靈（亦即樓陀羅—濕婆，Rudra-Shiva）。」在這個過程中，樓陀羅的特徵和關係不再傳遞神話或文學的形象。祂的特質加總在一起，傳達一種對至尊者（the Supreme）絕對性的神學陳述。這位神包羅一切、創造一切，乃是一切萬物之主……因此，樓陀羅外貌與行為的激進強化可以視為在吠陀傳統中的一次思考嘗試，嘗試定義至尊之神無所不包的本質。」馬克·穆塞斯的《印度傳統：簡介》（*The Hindu Traditions: A Concise Introduction*）（Minneapolis：Fortress Press，2011），第47頁到第48頁；以及多麗絲·斯里尼瓦桑的〈吠陀樓陀羅—濕婆〉（"Vedic Rudra-Siva"），出自於《美國東方學會雜誌》（*Journal of the American Oriental Society*）第103卷第3號（一九八三年）：第544頁到第545頁。

能、權力或屬性，甚至連個性都付之闕如。這是因為阿蘇爾不只被視為以祂命名的亞述首都的守護神，而且祂就是這座城市本身。祂是這座被神化的城市，因此，祂直接承擔了祂的公民的特質。在公元前第十三世紀左右，阿蘇爾城從一座小小的牧區城鎮，變成不斷向外擴張的亞述帝國的首府，阿蘇爾神也就從一名沒有什麼魅力、非人性化的神祇，一變成為戰神與天界之主。威爾弗雷德·蘭伯特指出：「在美索不達米亞南部，似乎沒有一座城市是用當地神祇的名字命名。唯一的例外可能是穆魯（Muru）。穆魯這個名字被證實為阿達德（Adad）的名字之一，有一座城市就叫這個名字。然而古老的文獻並沒有記載阿達德是這個城市的守護神，因此同名可能只是巧合。」Wilfred Lambert, "The God Aššur," *Iraq* 45 / 1（1983）：第82-86頁，以及第84頁。

17. 學者普遍認同，濕婆最初被稱為樓陀羅（Rudra），亦即「咆哮者」（The Howling One），而「濕婆」一詞（「溫和；吉祥」）被用來形容樓陀羅。吠陀時期之後這兩個詞變成可以互換，樓陀羅也成為濕婆的同義詞。後來柴火愈添愈多，濕婆有了無數個其他的名號，表示祂與其他神靈有更大的聯繫，這些神靈包括：德文德拉（Devendra），亦即「眾神之首」（chief of the gods）；崔魯基納達（Trilokinatha），亦即「三界之主」（lord of the three realms）；格甚瓦爾（Ghrneshwar），亦即「慈悲之主」（lord of compassion）；摩訶提婆（Mahādeva），亦即「大天」（Great god）；摩醯首羅（Maheśvara），亦即「大自在天」

服的論述。請參閱雅各布森《黑暗的寶藏：美索不達米亞宗教史》（*The Treasures of Darkness: A History of Mesopotamian Religion*）（New Have: Yale University Press, 1976），第73頁。

雅各布森指出：「蘇美人和阿卡德人將他們的神想像成具有人類的外形，受人類的情感支配，生活在與人類相同的世界。因此，眾神世界幾乎每個角落都是人類塵世的投影……同理，我們必須解釋為何眾神在政治上按照民主路線來組織，與我們在美索不達米亞這段時期的歷史中發現的專制政體大不相同。在眾神的領域，我們看到它反映的是較古老的形態，是史前時代美索不達米亞的塵世國家形態。」

雅各布森接著說道：「根據我們的資料，史前時代的美索不達米亞在政治上是按照民主路線來組織的，而不是像進入信史時代後的美索不達米亞依照專制路線來組織。我們掌握的跡象指向一種政府的形式，其日常的公共事務是由一個長老議會來處理，而最終權力則是由全體群體成員（或者是所有自由的成年人）組成的大會所掌握。」Thorkild Jacobsen, "Primitive Democracy in Ancient Mesopotamia," *Journal of Near Eastern Studies* 2 / 3（1943）：第167-172頁。

15. 我對《埃努瑪．埃利什》的翻譯是根據Wilfred G. Lamber, *Babylonian Creation Myths*（Winona Lake, Ind.: Eisenbrauns, 2013）。若想更了解馬爾杜克的轉變以及神祇作為國王的隱喻，請參閱雅各布森的《黑暗的寶藏：美索不達米亞宗教史》。
16. 在美索不達米亞諸神之中，唯獨亞述神阿蘇爾沒有特殊的功

The Zoroastrian Tradition: An Introduction to the Ancient Wisdom of Zarathustra（Rockport, Mass.: Element, 1991）。

11. 另外要留意的一件事是「神祇義符」（divine determinative，埃及象形文字中與神祇書面名字有關的一個符號，可以用來辨識該名字屬於一位神祇），從來沒有被用在阿頓的名字上。在艾基納登心目中，根本不需要公開定義阿頓是神，好像祂是眾神當中的一位。請參閱Erik Hornung, *Akhenaten and the Religion of Light*, trans. David Lorton（Ithaca and London: Cornell University Press, 1999），第85-199頁。
12. 這種排他的理念會帶來某些特定的政治與經濟後果。畢竟，否定其他神靈，會導致這些神祇的祭司與侍從立刻失業，也會造成普通大眾的困惑。眾所周知，艾基納登的宗教改革大幅削弱了「阿蒙—雷」祭司機構的權力和特權，這個機構在第十八王朝時變得極端富有。同樣地，查拉圖斯特拉的宗教也威脅到麻葛的力量和權威，因為他以一位不需要麻葛的咒語和儀式的神，取代了他們所有的神。因此，兩人死後，祭司機構強烈甚至（例如在埃及的情況）暴力地恢復了先前的宗教傳統，也就毫不令人意外。
13. 單一主神論也可以理解為信仰一個單一的終極實體（singular ultimate reality），而這個單一終極實體會化身成無數的男神和女神，每一位都是終極實體的化身，都可以是合法敬拜的對象。
14. 「政治映型」一詞是索爾基爾德・雅各布森（Thorkild Jacobsen）所創，他曾對古美索不達米亞的政治映型過程寫出了最令人信即「不死的聖者」，體現為六種不同形式：良好的心靈（Vohu Manah / good mind）、真理（Asha Vahistah / truth）、愛（Khshatra Vairya / love）、虔誠（Spenta Armaity / devotion）、健康（Hurvatat / health）和永生（Ameretat / immortality）。這些倒影是根據「阿胡拉・馬茲達」的神聖意志所產生，旨在體現這位神的主要屬性。瑣羅亞斯德教信徒認為要敬拜「阿梅沙・斯奔達」，但敬拜「阿梅沙・斯奔達」時只是與「阿胡拉・馬茲達」溝通。

「阿梅沙・斯奔達」首度出現於《伽薩》。雖然「阿梅沙・斯奔達」一詞並未出現於《伽薩》，但六個倒影的名稱卻記載於這本聖典。（請參閱《亞斯納》〔Yasna[14]〕第47章第1節）。在《阿維斯塔》（文學總集，《伽薩》是其中最古老的著作）的後期內容中，「阿梅沙・斯奔達」變成了多位神祇，在天庭服侍「阿胡拉・馬茲達」。請參閱Dinshaw J. Irani, *Understanding the Gathas: The Hymns of Zarathushtra*（Wolmsdorf, Pa.: Ahura Publishers, 1994）。

10. 如前所述，並非所有研究瑣羅亞斯德教的學者都認為查拉圖斯特拉是一神論者，例如瑪麗・博伊斯在她的三冊《瑣羅亞斯德教歷史》（*History of Zoroastrianism*）（Leiden: Brill,1975-1991）完整著作中便不這麼主張。相反的論點可參閱Farhang Mehr,

---

14 譯注：《阿維斯塔》的部份內容，意為「崇拜」或「贊頌」，主要記載對眾善神的祈禱詩。

相聯繫，但是那並不是祂們的身分，對祂們的存在也並非不可或缺。然而，還是有另一組神代表物理現象，或許可以說祂們就是那些物理現象。」例如，阿塔爾（Atar）是火神、阿納希塔（Anahita）是水的女神，阿斯曼（Asman）是天空之神。Mary Boyce, *A History of Zoroastrianism*, vol. 1: *The Early Traditions*（Leiden: Brill, 1975），第24頁、第31頁，以及第68-69頁。

8. 瑣羅亞斯德教信徒有非常多的名稱。他們在伊朗被稱為「扎爾圖什蒂」（Zartushti），但他們大多自稱「貝丁」（Beh-Din）。他們在南亞被稱為「帕西」（Parsee），希臘人稱他們為麻葛。

　　雖然有些人（包括博伊斯）不認為查拉圖斯特拉將「阿胡拉・馬茲達」視為宇宙的唯一真神，但事實是《伽薩》中沒有記載其他的神祇。《伽薩》收錄了十七首以古阿維斯陀語（Old Avestan）寫成，用來高聲唱出的讚美詩，據說是查拉圖斯特親自撰寫。請參閱Herman Lommell, *Die Religion Zarathustras. Nach dem Awesta dargestellt*）（Hildesheim: Olms, 1971）。

　　「阿胡拉・馬茲達」很可能是「波樓那的原型」（proto-Varuna），而且可能起源於某一位如今已不知名稱的神。換句話說，我們可能只是藉由這位神的兩個主要稱謂來認識祂：阿胡拉的意思為「主」（Lord），馬茲達則表示「明智的」（Wise）或「智慧」（Wisdom）。有關「阿胡拉・馬茲達」的詞源討論，請參閱F.B.J. Kuiper, "Ahura 'Mazda' 'Lord Wisdom' ?" *Indo-Iranian Journal* 18 / 1-2（1976），第25-42頁。

9. 瑣羅亞斯德教信徒將這些倒影稱為「阿梅沙・斯奔達」，亦

III: Perspectives on His Reign, eds., David O' Connor and Eric H. Cline（Ann Arbor: University of Michigan Press, 2001）：第63-94頁；Donald B. Redford, "The Sun-Disc in Akhenaten's Program: Its Worship and Antecedents, I," *Journal of the American Research Center in Egypt* 13（1976）：第47-61頁；以及Erin Sobat, "The Pharaoh's Sun-Disc: The Religious Reforms of Akhenaten and the Cult of the Aten," *Hirundo: The McGill Journal of Classical Studies* 12（2013-2014）：第70-75頁，以及第73頁。

6. 目前尚不清楚查拉圖斯特拉何時宣講信仰。查拉圖斯特拉年歲莫考，年代的說法從神話時期（公元前八〇〇〇年）到伊朗王國創建前夕（公元前第七世紀）皆有。我認為瑣羅亞斯德教最合乎邏輯的誕生日期大約是公元前一一〇〇年到公元前一〇〇〇年，我在我的這篇文章中解釋了理由："Thus Sprang Zarathustra: A Brief Historiography on the Date of the Prophet of Zoroastrianism," *Jusur* 14（1998-1999）：第21-34頁。
7. 古代伊朗的眾神有功能與任務，但祂們的影響力遍及全境，而非限於本地。例如，密特拉是「誓約」（covenant）的神化，後來和太陽連結在一起，因為太陽看見一切。然而，博伊斯指出：「如同多數的印度—伊朗神靈，密特拉被設想為人的形狀，甚至比任何凡間國王更偉大。」博伊斯聲稱，眾神本身是抽象的，「因為沒有任何自然物體是人們可以目視，把它們當成神祇平日的形體顯現的；儘管在印度—伊朗時期，人們已經將密特拉和婆羅那·阿婆姆那婆特（Vauruna Apam Napat）與火和水也不知他對下埃及王國的神學了解多少。多數埃及古物學者認為，艾基納登繼位前很可能是在孟斐斯（Memphis）長大，而該城市是雅赫摩斯一世在將近兩個世紀以前從希克索人（Hyksos）手中解放出來。然而，即使艾基納登從未到過赫里奧波里斯，他仍然有可能接觸到太陽信仰及教義。唐納德·雷德福（Donald Redford）指出：「太陽神和祂的神學是如此滲透在埃及文化之中，無論年輕的王子在何處長大，都不太可能隔絕在太陽神的影響之外。」Donald Redford, *Akhenaten the Heretic King*（Princeton: Princeton University Press, 1984），第59頁。

5. 艾基納登的引言出自於Maj Sandman, *Texts from the Time of Akhenaten*（Bruxelles: Édition de la Fondation Égyptologique Reine Élisabeth, 1938），第7頁。

　　在艾基納登父親阿蒙霍泰普三世統治期間，「阿頓的日輪」是非常重要的標誌，這就表示在公元前第十四世紀初期，埃及已經開始注重「太陽宗教」。阿蒙霍泰普三世駕崩之後被神化，成為太陽神的代名詞。根據雷蒙德·強生（Raymond Johnson）的說法，喪父的經歷加上父親被神化為阿頓，對艾基納登的宗教觀產生深刻的影響。強生特別指出，艾基納登上王位之後的作為，既非推動一神論，也並不激進。艾基納登只是在推動一種精心擘劃的祖先崇拜形式，讓神格化的父親成為兒子宗教儀式與景仰的中心焦點。大多數埃及古物學者並不認同強生的看法。請參閱Raymond Johnson, "Monuments and Monumental Art Under Amenhotep III: Evolution and Meaning," in *Amenhotep*

內布普赫提拉（Nebpehtire[13]）、雷的兒子、祂的摯愛：雅赫摩斯（願他萬壽無疆！）、阿蒙—雷的兒子、祂的身軀、祂的摯愛、祂的繼承者、被授與祂的王位的人、一個真正善的神、力量強大、毫無虛偽、一位等同於雷平起平坐的統治者……。」霍夫邁爾指出，根據這塊石碑提供的具體證據，表明雅赫摩斯一世使用阿蒙和雷的名稱時是，「作為同義名詞，從而將這兩位神劃上等號。」上埃及和下埃及歷經過數個世紀的分裂和衝突，雅赫摩斯一世亟欲統合這兩個區域，因此他將底比斯王室與赫里奧波里斯的太陽崇拜相互融合，可謂非常高明的政治手段。霍夫邁爾說道：「由一位法老統治全埃及的意識形態需要一位普世的神祇，而融合天空與太陽的阿蒙—雷非常適合擔任這一角色。」Mark-Jan Nederhof, "Karnak Stela of Ahmose," n. p.〔二〇一四年四月二十四日引述〕，mjn.host.cs .st-andrews. ac.uk/egyptian/texts/corpus/pdf/urkIV-005.pdf；Georges Legrain, "Second Rapport sur les travaux exécutés à Karnak du 31 octobre 1901 au 15 mai 1902," *Annales du Service des Antiquités de L'Égypte* 4（1903）：第27-29頁；James Breast, *Ancient Records of Egypt* 2（Chicago: Chicago University Press, 1906），第13-14頁；以及James K. Hoffmeier, *Akhenaten and the Origins of Monotheism*，第50頁和第59頁。

4. 目前尚不清楚艾基納登在成長時期是否造訪過赫里奧波里斯，

---

13 譯注：雅赫摩斯一世的王銜。

Eastern Studies），18 / 3（1959）：第169-212頁。

太陽在埃及的多個地區，都以不同的名字受到人們的崇拜，例如雷、凱布利（Khepri）、荷魯斯（Horus）和阿圖姆，但是到了第十四世紀，這些名稱已被納入同一個全國性的太陽崇拜之中，每位太陽神分別反映太陽的不同層面。可能寫於第五王朝或第六王朝（公元前二三五〇年到公元前二一七五年）的《金字塔文本》（Pyramid Texts）記載了這類活動的早期案例：「我如同雷在東方發光，猶如科珀勒（Khoperer，亦即凱布利）在西方運行，我與天空之王荷魯斯一樣仰賴同樣的東西存活，根據天空之王荷魯斯的法度生活」（編號888金字塔文本）。《金字塔文本》的另一部分指出：「祂們讓你存在，就像雷在祂的名字凱布利之中時；你會靠近祂們，就像雷在祂的名字雷之中時；你將轉頭避開祂們的臉龐，就像雷在祂的名字阿圖姆之中時」（編號1693到1695金字塔文本）。Raymond O. Faulkner, *The Ancient Pyramid Texts*（Oxford: Clarendon, 1969），第156頁以及第250-251頁。

3. 大約在艾基納登加冕登基前兩百年，第十八王朝的創始人雅赫摩斯一世（Ahmose I，大約公元前一五三九年到公元前一五一四年）鞏固了阿蒙和雷的關係：兩者分別是北部首都底比斯和南部首都赫里奧波里斯的守護神。一九〇一年，喬治·勒格萊恩（Georges Legrain）從卡納克尋獲的雅赫摩斯一世石碑證實了這些神祇的融合。石碑如此寫道：「荷魯斯：善於顯現……金色的荷魯斯：統整兩地、上下埃及之王、兩地的君主：

某種象徵角度去理解，而不是視為國王病徵的自然寫實（或誇大）畫像……有一種思路是認為國王的男性形象結合了女性特徵，是反映阿頓作為唯一創造者（亦即，祂沒有配偶）的普世本質，祂既是父親，也是母親。」蓋伊・羅賓斯（Gay Robins）呼應霍夫邁爾，指出「由於埃及藝術的其中一項功能是用視覺表達出宗教的觀念，因此國王形象的藝術表現形式出現變化很有可能和阿蒙霍泰普四世／艾基納登的新宗教觀點有關。」請參閱Rita Freed, "Art in the Service of Religion and the State," in *Pharaohs of the Sun: Akhenaten, Nefertiti, Tutankhamun*（Boston: Museum of Fine Arts in association with Bulfinch Press/ Little, Brown, 1994），第112頁；James K. Hoffmeier, *Akhenaten and the Origins of Monotheism*（Oxford: Oxford University Press, 2015），第133頁；Ahad Eshraghian and Bart Loeys, "Loeys-Dietz Syndrome: A Possible Solution for Akhenaten' s and His Family' s Mystery Syndrome," *South African Medical Journal* 102 / 8（2012）：第661-664頁；以及Gay Robins, "The Representation of Sexual Characteristics in Amarna Art," *Journal of the Society for the Study of Egyptian Antiquities* 23（1993）：第36頁。

2. 九柱神包括創世神阿圖姆（Atum）、祂的孩子舒（Shu）和泰芙努特（Tefnut）、舒和泰芙努特的孩子努特（Nut）和蓋布（Geb）、努特和蓋布的孩子愛色斯（Isis）、歐西里斯（Osiris）、賽特（Seth）和奈芙蒂斯（Nephthys）。請參閱Rudolf Anthes, "Egyptian Theology in the Third Millennium B.C.," *Journal of Near*

兩者，形成了世界、世界的靈魂、低等的神靈，與星辰。低等的神靈又按照特定的幾何公式，創造出人類和動物。然後，勾勒出知覺和疾病的起源，描述住在人體的三種靈魂，並簡要指出了人類死後的命運。」Paul Harvey, ed., *Oxford Companion to Classical Literature*（Oxford: Clarendon Press, 1951），第431頁。馬丁・韋斯特的引言出自 “Towards Monotheism,” *Pagan Monotheism in Late Antiquity*, ed. Polymnia Athanassiadi and Michael Frede（Oxford: Oxford University Press, 1999），第21-40頁。

第六章：至高的神

1. 正如麗塔・弗里德（Rita Freed）所觀察到的：「（艾基納登）被描繪的方式，對習慣傳統人類形象造型的古代觀看者來說，只有震驚可言。」人們提出各種先天性疾病（包括馬方氏症，Marfan's syndrome[12]）來解釋，為何在埃及的塑像與雕刻之中艾基納登的形象會如此不尋常，但DNA的證據或多或少反駁了這類假設。基於這個證據，有人認為艾基納登和他的家人（包括妻子娜芙蒂蒂和兒子圖坦卡門）不尋常的身體特徵，是阿瑪納（Amarna）時代藝術家們刻意的誇大。詹姆士・霍夫邁爾（James Hoffmeier）指出，許多埃及古物學者（Egyptologist）都擁抱以下的觀點，認為這種「阿瑪納時代的獨特風格應該從

12 譯注：又稱蜘蛛人症。這類病患給人第一印象是又高又瘦。

自己一樣的身軀……。至少從表面看來，這些是在評論信仰的多元性，討論信徒會將自身擁有的特質賦予神祇的傾向。（芝諾芬尼）並沒有告訴我們這些思考是否會削弱這些信仰（會證明它們是錯的，或是讓它們變成笑柄），但它們通常都被這樣解讀的。」James H. Lesher, *Xenophanes of Colophon: Fragments; A Text and Translation with Commentary*（Toronto: University of Toronto Press, 1992），第89頁和第91頁。

有趣的是，芝諾芬尼生存的年代是公元前第六世紀到第五世紀，當時希臘人恰好開始用石頭和青銅打造愈來愈逼真的神像。

19. 芝諾芬尼的說法引述自Catherine Osborne, *Presocratic Philosophy: A Very Short Introduction*（Oxford: Oxford University Press, 2004）。塔利斯的說法引述自西賽羅（Cicero）的《眾神的本性》（*The Nature of the Gods*）（Oxford: Oxford University Press, 2008）。若想更深入了解希臘一神論，請參閱Laurel Schneider, *Beyond Monotheism: A Theology of Multiplicity*（London: Routledge, 2007）。馬丁・韋斯特（Martin West）將希臘的「一神」概念稱為「無心智的神」（mindless god），但柏拉圖之類的思想家是否會認同這個定義，沒人說得準。不妨思考收錄在《牛津古典文學指南》（*Oxford Companion to Classical Literature*）中的柏拉圖的《蒂邁歐篇》（*Timaeus*）的提要：「神起初便存在，並且，神是善的，神以盡可能完美的形式創造宇宙，所用的是兩種實質，亦即沒有實體的思想，與物質的元素。神以各種比例混合這

臘的影響，論述非常精彩，請參閱她的*Introducing the Ancient Greeks: From Bronze Age Seafarers to Navigators of the Western Mind*）（New York: W. W. Norton, 2015），第29-49頁。

15. Barbara Graziosi, *The Gods of Olympus: A History*（New York: Picador, 2014），第12頁。
16. 芭芭拉．格拉齊奧西指出，雖然菲迪亞斯著名的處女雅典娜雕像矗立在帕德嫩神廟（Parthenon）中，雅典人仍將橄欖木尊為雅典娜，而實際上在榮耀雅典娜女神的節慶期間，接受慶典供奉的不是菲迪亞斯的雕像，而是那塊橄欖木。請參閱*The Gods of Olympus: A History*，第47頁。有關於菲迪亞斯的雅典娜．帕德嫩（Athena Parthenos[11]）的描述，請參閱Pausanias, *Description of Greece*, trans. W.H.S. Jones（Cambridge, Mass.: Harvard University Press, 1935），第五章第1-15頁。
17. 有關於雅典娜被當作太陽神的說明，請參閱Miriam Robbins Dexter, "Proto-Indo-European Sun Maidens and Gods of the Moon," *Mankind Quarterly* 55（1984）：第137-144頁。關於赫拉的塑像，請參閱Walter Burkert, *Greek Religion,* trans. John Raffan（Cambridge, Mass.: Harvard University Press, 1996），第31頁。
18. 詹姆斯．萊瑟（James Lesher）在他對芝諾芬尼作品精彩萬分的翻譯和評論中指出：「十五號遺稿歸納道……如果能夠，各種動物都會將神描繪得像牠們自己。每種動物都會賦予神跟牠們

11 譯注：希臘文原意指處女雅典娜，這是帕德嫩神廟的巨大雅典娜像。

以延伸到埃及人對神祇的整體概念上的，是了解到他們神靈的宇宙面向不局限於宇宙元素純粹的物質性，譬如土、空氣、水等，也不限於太陽和月亮之類的天體，他們的神還指涉特定的行為、特徵、態度和品質的複合體，這些複合體被解釋為『正在運行』的宇宙現象，人類也參與在其中。」Jan Assman, *The Search for God in Ancient Egypt*，第81頁。

12. 有關印歐移民的語言學證據，請參閱James Patrick Mallory, *In Search of the Indo-Europeans: Language, Archaeology and Myth*（New York: Thames and Hudson, 1989）。若想更加了解印歐宗教信仰，請參閱Hans F. K. Gunther, *The Religious Attitudes of the Indo-Europeans*, trans. Vivian Bird（London: Clare Press, 1967）；Gerald James Larson, ed., *Myth in Indo-European Antiquity*（Berkeley: University of California Press, 1974）；以及James Patrick Mallory and D. Q. Adams, eds., *The Encyclopedia of Indo-European Culture*（London and Chicago: Fitzroy Dearborn Publishers, 1997）。
13. 蘇摩（Soma）本來不過是一種因為能夠改變心靈而受到印歐人特別珍惜的植物，原本未曾如其同類那樣被人性化，但最終也化身為印度教月神錢德拉（Chandra），成為一尊端坐的神，有四隻手，其中一隻握著一杯醉人的飲料。
14. 邁錫尼文字有個十分平淡的名稱：線形文字B（Linear B）。伊迪絲·霍爾（Edith Hall）指出，邁錫尼遺址在底比斯、提林斯（Tiryns）、西拉平（Therapne）、皮洛斯（Pylos）和克里特島，以及邁錫尼當地，都有出土。霍爾概略介紹邁錫尼文化對古希而是神祇身軀的本體。它不代表神祇的形式，而是賦予神祇形式。神祇在雕像中成形，正如在一個動物或一種自然現象中成形。這些雕像並非是製造，而是「誕生」出來的……埃及人未曾模糊神像與神靈之間的區別，但他們會從不同角度切入，進入到一個不同的層次，有別於我們習慣的觀點。」請參閱Jan Assman, *The Search for God in Ancient Egypt,* trans. David Lorton（Ithaca and London: Cornell University Press, 2001），第41頁和第46頁。

10. 這是個被熱烈爭論的話題，但許多學者相信，埃及象形文字的發明是直接受到蘇美楔形文字的影響，或者至少，將思想轉化為文字的想法是由美索不達米亞傳入埃及的。請參閱Geoffrey Sampson, *Writing Systems: A Linguistic Introduction*（Palo Alto: Stanford University Press, 1990）。

11. 埃及眾神有多種的形式，也能完全改變樣貌。有時兩位神祇會融合而創造出一位綜合的神，祂會反映出祂體內的兩種神的力量。「阿蒙—雷」就是一個案例（請參閱第六章）。

    針對眾神的雙重性（宇宙的和主動的／抽象的），阿斯曼指出：「我們把神靈的宇宙面向視為一種啟發性的模型去探究，在這個框架中，古埃及的書寫、計算、官僚禮儀、嚴謹監督和知識之神托特（Thoth）的特質便自我揭露為一種『月亮特質』（moon-ness），此乃當時宗教對月亮的詮釋，也是當時宗教對宇宙的廣泛詮釋，這些觀點如今被稱為埃及多神論（Egyptian polytheism）……。我們從這些例子學到的，並且可

of Willendorf）大約是在三萬年前以石灰石雕刻而成，臉上似乎是覆蓋著編織的面紗或辮狀的頭髮。霍勒費爾斯的維納斯（Venus of Hohle Fels，距今大約四萬五千年到三萬五千年）在應該是它的頭部的地方有個鉤或是環。其實，有大量出土的維納斯小塑像，其頭部被遮蓋或者沒有雕刻臉部，製作者似乎不想用它來代表某個特定的女人，而是象徵女性特質（womanhood）。各位可前往「頓的地圖」（Don' s Maps http://donsmaps.com/venus.html）網站，按字母順序查看全部的維納斯小雕像；有關維納斯小雕像的含義的理論列表，請參閱R. Dale Guthrie, *The Nature of Paleolithic Art*（Chicago: Chicago University Press, 2005）。

9. 「崇拜用的雕像從來都不只是一個宗教性的圖畫，而是一個灌注了一位神祇在其中的形像，因此它同時具備塵世現實與神聖臨在的性質。」Angelika Berlejung, "Washing the Mouth: The Consecration of Divine Images in Mesopotamia," in *The Image and the Book: Iconic Cults, Aniconism, and the Rise of the Book Religion in Israel and the Ancient Near East*, ed. K. van der Toorn（Leuven: Peeters, 1997），第46頁。

簡・阿斯曼（Jan Assman）指出：「據說這些雕像具有兩種性質：一是神性的，一是物質性的，前者在人類之上，後者在人類之下。作為這些雕像的創造者，人類被提醒這些雕像在神界的起源，而藉由虔誠照料和崇拜它們，讓神聖的事物安住於凡間。」阿斯曼接著說：「雕像並非神祇身軀的形象，壓碎和擠壓神祇的葡萄來製酒的酒商等等，也都是如此。在美索不達米亞歷史的早期，宗教只是服務特定神祇的組織性勞務，受到專業祭司組成的官僚體系嚴格監督。俗人與神廟的關係純屬交易往來。請參閱Potts, *Religion: Perspectives from the Engelsberg Seminar 2014*。

8. 發現這些偶像的歐洲人把它們稱為「維納斯小塑像」（Venus figurine），但這個統稱很糟糕，因為這些塑像與羅馬女神維納斯毫無瓜葛。它們包括前面提到的「貝列卡特藍的維納斯」，那尊雕像約有三十萬年歷史，不但是歷來出土的最古老雕像，也可能是史上第一個受人膜拜的物件。另有義大利格利馬迪（Grimaldi）出土的「雙維納斯」（Double Venus），它是迄今為止最出眾的雕像，而且也是這些「維納斯小雕像」中最明顯使用於宗教儀式的物件。「雙維納斯」被親暱地稱為「美女野獸」，是一個拋光完美，淺綠色的雕像，它實際是由兩個刻成背靠背的身體組成，頭部、肩膀和大腿連在一起。其中一個身體是一個輕盈的女人，懷了孕並拱起背部。另一個身體不是人類，沒人知道那是什麼，它如蛇一般彎曲，狀似爬蟲，有著神話生物般的面貌，可能是長角的野獸。這尊偶像頂部有個洞，可以當作護身符來佩戴。

    這些雕像必定曾被我們祖先用於宗教儀式，我們很難駁斥這種推測。下維斯特尼采的維納斯（Venus of Dolni Vestonice）大約有二萬九千年的歷史，頭部顯然鑿有數個孔洞，可能用來擺香、草藥或鮮花。維倫多爾夫的維納斯（Venus

證明希羅多德所影射的神靈的性儀式。

約翰・H・沃爾頓（John H. Walton）寫道：「塔廟在我們所知的任何美索不達米亞儀式中都沒有扮演任何角色。如果僅依靠已知的文獻作指引，我們會得到這樣的結論，即平民百姓完全不會、也沒有任何事情會用到塔廟。塔廟是神聖之處，嚴格禁止褻瀆行為。雖然頂部結構是設計來讓神祇居住，卻不是人們會前往敬拜的神廟。該處沒有神祇的形象或其他象徵神祇的物品。塔廟的基座附近通常緊鄰另一座神廟，廟內會設置圖像，人們也會在那裡敬拜……建造塔廟是為了支撐『介於天地之間』的樓梯。樓梯是一種視覺象徵，人們相信眾神會用它從一個領域前往另一個領域。塔廟純粹是為了眾神的方便，它的維護管理也是為了提供神祇在途中休憩的設施。塔廟頂部就是眾神的大門，乃是祂們進入天堂居所的入口。塔廟底部是神廟，人們希望神祇能降臨到神廟來接受祂的人民的禮物與敬拜。」John H. Walton, *Ancient Near Eastern Thought and the Old Testament: Introducing the Conceptual World of the Hebrew Bible*（Grand Rapids: Baker, 2006），第120-122頁。

有趣的是，嚴格來說每個公民都是神廟的僱員，因為神廟擁有所有的土地。農田、葡萄園、放牧牲畜的草地、魚兒成群的蜿蜒河流，都是神祇的個人財產。農夫代替神祇耕種土地。他要將收成帶到神前作為奉獻；神廟祭司會仔細記錄並登記在冊，然後農夫可拿回部分穀物當作勞動的「工資」。在神祇的河流中捕魚的漁民、在神祇的草地上牧牛羊的牧民、身就是神廟。希羅多德是我們所能讀到最早說明「ziggurat」目的和功能的來源之一，他如此描述：「在城市某個分區的正中央矗立著皇家宮殿，四周環繞堅固的高牆。而在另一個分區的正中央到今天為止仍然是宙斯·貝魯斯（Zeus Belus[8]）的神聖禁區，那是一個邊長兩弗隆（furlong[9]）的正方形廣場，設置青銅大門。這個禁區中央建有一座堅固的塔，長寬都是一弗隆；第二座塔由此升起，從第二座塔又升起第三座塔，依此類推，直到最後矗立了八座塔。通往塔頂的是在塔外迴旋的樓梯；樓梯升到一半，有個停頓之處，設有休息用的椅子，攀爬的人可以坐下休息。最後的塔樓裡有一間大神殿，神殿中擺設一張鋪蓋華麗的巨型臥榻，旁邊放著一張金色的桌子。但是神殿中卻沒有擺設神的形象，也沒有人類會在夜裡躺臥其中，只有一位神祇從眾女人中挑選的當地女性除外，這是根據擔任神的祭司的迦勒底人（Chaldean[10]）的說法。同一批迦勒底人指出，神祇經常降臨神殿並睡在臥榻上，跟祂在埃及底比斯（Thebes）的做法一樣……埃及也有一位女性睡在底比斯神祇宙斯的神廟，據說那位埃及女性和這位巴比倫女性一樣都未曾與男人交媾。」希羅多德編撰的《歷史》，第一冊第181頁到第182頁。可惜的是，沒有發現有任何美索不達米亞的文獻能

8 譯注：Belus指的是巴比倫主神馬爾杜克（Bel Marduk），他號稱創立了巴比倫和建造了「塔廟」。

9 譯注：長度單位，等於八分之一英里，大約是二百公尺。

10 譯注：統治過巴比倫。

句話說，無論是天神安或是太陽神沙瑪都只存在於天空和太陽的自然功能之中。簡言之，眾神就是眾神做的事。如果一位神祇不能履行功能，或是這位神祇存在的目的不再對社群有意義，祂便會逐漸消失。

6. 肯楊對耶利哥頭骨的研究收錄在《挖掘耶利哥》（*Digging up Jericho*）（New York: Praeger, 1957）。霍德指出，新石器時代把頭和身體分離，然後在頭骨上塗覆灰泥並細心擺設的做法，特別是在耶利哥和加泰土丘，並不一定代表宗教活動。霍德寫道：「從把頭自身體分開所清楚呈現的技藝，以及這兩地的挖掘案例，我們都有理由認為，被這樣處理的人是特殊的人物，他們之前可能是重要的長者或儀式領袖。取回頭顱表示重視祖先，加上動物也能代表祖先或與祖先溝通，這裡其實沒有引入『神』的必要。這當中當然和過去、和祖先、和神話、與回顧過往、或許也和儀式長者或薩滿有關。然而，但是看不出有超出家中敬拜與綿延系譜之外的層面。」Ian Hodder, "Symbolism and the Origins of Agriculture in the Near East," *Cambridge Archaeological Journal* 11 / 1（2001）。對霍德的主張我尊重但不認同。

7. 斯蒂芬・伯特曼（Stephen Bertman）指出：「『ziggurat』源自於阿卡德語『zigguratu』，意為『高峰』或『高處』。」Stephen Bertman, *Handbook to Life in Ancient Mesopotamia*（New York: Facts on File, 2003），第194頁和第197頁。

然而，我們尚不清楚「ziggurat」是和神廟有關，還是它本世紀就取代阿卡德語，成為菁英和政治階層使用的口語。Michael Wise, *Roman Judaea: A Study of the Bar Kochba Documents*（New Haven: Yale University Press, 2015），第9頁和第279頁；Joseph Fitzmyer, "The Aramaic Language and the Study of the New Testament," *Journal of Biblical Literature* 99 / 1（1980），第5-21頁，以及第9頁。

4. 不可否認，「ilu」、「el」（或Elohim）和「ilah」（從中衍生出「al-ilah」或「Allah」）的詞源還不清楚。Marvin H. Pope, *El in the Ugaritic Texts*（Leiden: Brill, 1995）對此講解得最為透徹。
5. 沒有人確切知道美索不達米亞的神系有多少位神祇。讓・博特羅（Jean Bottéro）指出，巴比倫學者所做過最完整的資料統計出將近兩千個名字。然而，安東紐斯・達米埃爾（Antonius Damiel）在他的《巴比倫眾神》（*Pantheon Babylonicum*）中算出三千三百個名稱。請參閱Jean Bottéro, *Religion in Ancient Mesopotamia*, trans. Teresa Lavender Fagen（Chicago: Chicago University Press, 2004），以及Antonius Damiel, *Pantheon Babylonicum: Nomina Deorum e Textibus Cuneiformibus Excerpta et Ordine Alphabetico Distributa*（Rome: Sumptibus Pontificii Instituti Biblici, 1914）。

諷刺的是，美索不達米亞的諸神與諸女神的故事讓人得以一窺美索不達米亞的宗教，但蘇美語當中卻沒有「宗教」這個詞。這是因為宗教在美索不達米亞不是生活中一個單獨的類別。宗教就是生活。神祇的存在和祂的功能無法分開。換斯的結論有憑有據，站得住腳，他認為這些文獻就像是存檔的稅收帳目，這也就表示文字的發明是為了幫助會計和記帳。我非常榮幸能在瑞典的恩格斯伯格講座（Engelsberg Seminar）上聆聽他發表他的發現，研討會的會議紀錄由阿克塞爾和瑪格麗特・阿克森・強森基金會（Axel and Margaret Ax:son Johnson Foundation）出版。波特斯教授的文章標題為 "Accounting for Religion: Uruk and the Origins of the Sacred Economy," in *Religion: Perspectives from the Engelsberg Seminar 2014*（Stockholm: Axel and Margaret Ax:son Johnson Foundation, 2014），第17-23頁。

3. 邁可・懷斯（Michael Wise）指出：「阿拉姆語成為巴勒斯坦的通用語言主要反映了政治現實。在猶太人被流放之前的數個世紀，阿拉姆語從新亞述帝國時期以降便一直是近東地區執政者使用的語言。爾後新巴比倫人和波斯人繼續將阿拉姆語用作母語不同人士共用的通用語（lingua franca）。」菲茨米耶（Fitzmyer）也說過：「公元前五世紀猶太軍事殖民地象島（Elephantine）[7]的阿拉伯語文獻在二十世紀初即已為人所知，且讓我們能夠了解當時從埃及南部一直延伸到肥沃月灣，甚至到印度河流域所使用的官方語言阿拉姆語。阿拉姆語流通了五個世紀，直到亞歷山大征服這個地區之後，國際交流語言才轉換成希臘語。」這就表示阿拉姆語可能早在公元前一

7　譯注：象島是埃及阿斯旺附近尼羅河中的一個島嶼。在該島出土的文物中，象島古卷最為著名，而這份文獻是由波斯帝國占領埃及期間駐守於象島的猶太人士兵所記述。

達利翻譯的。

2. 蘇美人首度書寫的只是象形文字（pictograph），每個字象徵對應某個物件的圖像。例如，水罐圖像代表單字「beer」（啤酒）。這些圖像最終採納了音值（phonetic value[6]）來創造特定的聲音，例如「bar」、「la」或「am」。蘇美人藉著連接和交錯楔形線，能夠創造出大約六百個字符的字母表。

有趣的是，最早的書面文獻並非描述世界如何誕生的神話，或者描述眾神與英雄偉大事蹟的宏偉史詩，而是古代的稅收帳目，收支清單，綿羊、山羊和牛隻數目的計數，詳細記載誰欠了誰什麼的帳目。沒錯，人類發明文字原本的目的單純是為了記帳。許久之後，這些數目文字才開始混用數字與名詞寫出複雜的句子。還要更久以後，這些句子才終於被串連起來，創造出蔓延流傳、令人難忘的神話，幾千年來界定了美索不達米亞的宗教。

必須注意，在美索不達米亞的早期發展階段，宗教和教義學說無關，只和管理神的產業有關。紐約大學古代近東考古學教授丹尼爾・T・波特斯（Daniel T. Potts）詳盡分析了將近四千份所謂的古代文獻，這些文獻是美索不達米亞原始楔形文字（proto-cuneiform）最早的例子，出土於烏魯克護佑女神伊南娜（Inana）神廟的伊安娜（Eanna）區的垃圾場。波特

6 譯注：語音單位的實際發音。話語中最小的聲音單位是音素。對音素而言，音值是其正確的讀音；對字母或音標而言，音值指它所代表的音素。

of Religion in the Neolithic of the Middle East and Anatolia with Particular Reference to Çatalhöyük," *Paléorient* 37 / 1（2011）：第111-122頁，以及第121頁。另請參閱Ian Hodder, "Symbolism and the Origins of Agriculture in the Near East"，第108頁。

第五章：高貴的人

1. 蘇美洪水傳說版本眾多，基本上源自於三種版本：一是以蘇美語撰寫的《蘇美洪水故事》（*Sumerian Flood Story*）；二是以阿卡德語書寫的《阿特拉哈西斯史詩》（*Atrahasis Epic*），可追溯至公元前一千七百年左右；三是《吉爾伽美什史詩》的第十一塊石碑，也是以阿卡德語撰寫，約可追溯至公元前十二世紀。應該還要加上近期出土的《方舟碑》（*Ark Tablet*），其譯者歐文・芬克爾（Irving Finkel）認為該石碑的年代可追溯至公元前一七五〇年左右。我在書中講述收錄的蘇美洪水故事融合了《阿特拉哈西斯史詩》的兩種譯本：其一（並且也是最好的）譯本出自於斯蒂芬妮・達利（Stephanie Dalley）翻譯的《美索不達米亞神話》（*Myths from Mesopotamia*）；其二出自於班傑明・福斯特（Benjamin R. Foster）翻譯的*Before the Muses: An Anthology of Akkadian Literature*（Bethesda: University of Maryland Press, 2005），再加上一些出自歐文・芬克爾翻譯的《方舟碑》中的材料，收錄在他撰寫的*The Ark Before Noah: Decoding the Story of the Flood*（New York: Doubleday, 2014）。同時為了更完善我也參照了《吉爾伽美什史詩》的巴比倫洪水故事，同樣是由期場址的經濟中，可能不如『新石器時代革命』這個詞語所暗示的那樣具有時代的革命性……根據考古動物學與古植物學證據，大規模的氣候變化和／或地貌惡化現在看來也不太可能，因此更有可能是社會文化因素造成人們利用動物方式上的改變。」Allan Simmons, *The Neolithic Revolution In the Near East: Transforming the Human Landscape*（Tucson: University of Arizona Press, 2007），第141-142頁；Joris Peters et al., "Early Animal Husbandry in the Northern Levant," *Paléorient* 25／2（1999）：第27-48頁，以及第27頁。

8. 考文的《眾神的誕生與農業的起源》（Birth of the Gods）。另請參閱LeRon Shults, "Spiritual Entanglement: Transforming Religious Symbols at Çatalhöyük," in *Religion in the Emergence of Civilization: Çatalhöyük as a Case Study*, ed. Ian Hodder（Cambridge: Cambridge University Press, 2010），第73-98頁，以及Ian Hodder, "Symbolism and the Origins of Agriculture in the Near East," *Cambridge Archaeological Journal* 11／1（2001）：第108頁。

伊恩·霍德說得沒錯，他指出：「與其說宗教或新型態的能動作用（agency）是促成定居栽培植物和家畜，以及村莊興起的主因，其實更應該說，宗教和象徵完全深入到新生活方式的縫隙之中，在其中生根。宗教扮演主要的角色，允許新型態的能動作用出現，建構一個暴力的象徵世界，讓新的、長期的社會和經濟關係能夠被創造出來，但是沒有充分證據表明宗教是促成這種變化的唯一因素。」Ian Hodder, "The Role

就有農耕的工具。證據更指出，農業出現在相對複雜、富裕的社會，能取得多樣的食物，而且這些社會周遭被其他環境資源較為貧乏的社會包圍。同時也可看出狩獵採集社會的平等性質（“egalitarian nature[4]”）被農耕者當中的階級社會結構所取代，獵人和採集者的團隊具有公社型的組織結構，而農夫之中盛行的則是家庭層級的組織。」Weisdorf, "From Foraging to Farming"，第581-582頁。

7. 正如艾倫・西蒙斯（Allan Simmons）所言：「多數（但非全部）研究人員認為，主要動物種類被馴化為家畜最早發生的地點，是在黎凡特北部與土耳其東南部，而非在黎凡特南部。」為了支持這個觀點，以及「畜養家畜應被視為定居生活的成果〔而非促使定居發生的原因〕」的主張，西蒙斯引用哥貝克力石陣和其他土耳其東南部新石器時代遺址的考古證據為證。喬里斯・彼得斯（Joris Peters）與西蒙斯看法一致，認為人類是先放棄狩獵—採集者的生活，擁抱定居的生活方式之後，才開始馴化動物。彼得斯指出：「從形態測定（morphometrical）與間接證據來看，在前陶新石器時代B期（Pre-Pottery Neolithic B period，大約公元前七千六百年到公元前六千年）的早期，人們在托羅斯山脈（Taurus[5]）南部的山麓地區就已經開始畜養綿羊，也可能畜養了山羊……因此，將綿羊和山羊納入這些早

4 譯注：不分貧富貴賤，沒有階級區別。

5 譯注：土耳其南部地中海沿岸的東西走向山脈。

邊緣地帶遷徙，且帶去了來自其他地區的穀物和動物。雅克·考文（Jacques Cauvin）的觀點與前輩學者的看法大相逕庭，他認為農業革命的開端發生在全新世時期（Holocene，大約距今九千年前），當時物產極為富饒，因此不會是氣候和環境的問題導致人們從狩獵和採集轉向農業。更重要的是，考文提出假說，象徵性活動（symbolic activity）上的進化（例如哥貝克力石陣中有證據顯示的那些儀式）比農業經濟興起更早將近一千年，因此智人在創造象徵符號上的認知發展遠遠早於定居生活的興起。請參閱Vere Gordon Childe, *Man Makes Himself*, 3rd ed.（London: Watts and Company, 1936）；Robert J. Braidwood, "The Agricultural Revolution," *Scientific American* 203（1960）：第130-141頁；Braidwood, *Prehistoric Men*, 6th ed.（Chicago: Chicago Natural History Museum, 1963）；Lewis R. Binford, "Post-Pleistocene Adaptations," in *New Perspectives in Archaeology, ed.* L. R. Binford and S. R. Binford（Chicago: Aldine, 1968），第313-342頁；以及Jacques Cauvin, *The Birth of the Gods and the Origins of Agriculture*（Cambridge: Cambridge University Press, 2007）。

6. 有關農業如何興起，以及可能促使農業發展的因素，學界的共識就是沒有共識。韋斯多夫指出：「截至目前為止，沒有任何單一模型完全令人滿意，這點似乎廣被同意。對於有志於解釋從狩獵採集過渡到農業的理論家而言，新的證據還在不斷出現。例如，有證據表明，人類的定居生活比過渡到農業更早，且係獨立發展出來；後來選擇農業的狩獵採集者很早壽命遠高於先前學界的推斷。Jacob Weisdorf, "From Foraging to Farming: Explaining the Neolithic Revolution," *Journal of Economic Surveys* 19／4（2005）：第565-566頁；Michael Guenevere and Hillard Kaplan, "Longevity Among Hunter-Gatherers: A Cross-Cultural Examination," *Population and Development Review* 33／2（2007）：第321-365頁。

4. 哈拉瑞認為，從覓食到耕種的轉變只是新石器時代的人類在無法推斷棄覓食而就耕種的全部後果之下，所作出的「忠實計算」（faithfulness calculation）。哈拉里指出：「他們沒料到，愈來愈仰賴單一食物來源之後，他們更加把自己暴露在旱災的損失之中。這些農民也沒想到，一旦穀物豐收，倉廩富足，小偷和敵人便會覬覦，所以他們不得不築牆防禦，巡邏警戒。」尤瓦爾・挪亞・哈拉瑞（Yuval Noah Harari）《人類大歷史》（*Sapiens: A Brief History of Humankind*）（New York: HaperCollins, 2015），第87頁。

5. 柴爾德認為，是氣候變遷促成了「新石器時代革命」，氣候變遷造成好幾處地理上的綠洲出現，在這些地方農業和糧食生產都較為容易。其後的學者如羅伯特・布雷德伍德（Robert Braidwood）等人找不到證據證明這種氣候危機曾經發生，而轉而主張是社會和文化因素讓農業興起，譬如（農耕）技術進步，使得人們能在肥沃月彎鄰近的地區居住更長的時間。相較之下，劉易斯・本福德（Lewis Binford）的主張是，人類透過發展物質文化來適應環境變化。此外，海平面上升使得人們向益處[2]。」Gilbert Murray, *Five Stages of Greek Religion*（New York: Anchor Books, 1995），第5-6頁。

2. Mircea Eliade, *From the Stone Age to the Eleusinian Mysteries*, vol. 1 of *History of Religious Ideas*, trans. Willard Trask（Chicago: Chicago University Press, 1978），第29-55頁。
3. 在二十世紀前半葉，學界對於史前人類及其如何看待食物獲取方式的普遍看法是，農耕比採集更可取。然而，到了一九六〇年代，這種解釋開始消退。雅各布．韋斯多夫（Jacob Weisdorf）說道：「證據逐漸出現，指出早期農業帶給農夫的麻煩多於方便。研究當今的原始社會發現，農業實際上傷背、耗時、勞動密集，這種觀點後來得到強而有力的支持……人們逐漸發現，在不受干擾的情況下，採集食物的群體可以保持承載力（carrying capacity[3]）的平衡，而只有在不平衡的條件下才會產生新的文化。鑑於氣候變遷似乎並沒有導致嚴重的危機，以及原本不願務農的覓食者最後仍然決定採納農業，原始人類是基於必須性才發展農業的觀點又再度盛行。」和韋斯多夫一致，邁可．格尼維爾（Michael Guenevere）和希拉德．卡普蘭（Hillard Kaplan）提出令人信服的證據，指出狩獵—採集者的

2 譯注：《馬太福音》第十六章第二十六節指出：人若賺得全世界，賠上自己的生命，有什麼益處呢？人還能拿什麼換生命呢？

3 譯注：指的是系統不受破壞時可承受的最大負荷能力。茲舉生態系統的承載力為例，生態系統可提供人類生存發展所需的資源，並且透過循環機制去淨化污染物，確保人類擁有可永續利用的資源。

"Intuitive Conceptions of Dead Agents' Minds"，第263頁。

第四章：長矛化為鋤犁

1. 針對宗教與糧食生產之間的關係，吉爾伯特・莫瑞（Gilbert Murray）指出，農業曾經「完全是個宗教問題，如今卻幾乎完全是個科學問題。在古代，如果有一塊田地是貧瘠的，擁有者可能會認為貧瘠的肇因是某處發生的犯行造成了『污染』。他會回想所有自己可能犯下的罪行，也會去想他的鄰居和祖先犯的罪。當他最終決定禍因為何時，他所採取的步驟不會是去籌畫改變土壤的化學成分，而是去處理他自己的罪惡和恐懼情緒，或去處理那位被他冒犯的想像存在的想像情感。」莫瑞接著說道：「如果現代人處於同樣的困境，在一開始可能壓根不會想到宗教；他會說這時得把田犁得更深或者開始施些基礎肥料。然而，如果後來災難接連而至，他開始覺得自己被厄運盯上了，那麼我認為，即便是個普通的現代人也會出於本能開始反省自己的罪過。第三個特徵源自於第一個特徵。未知的領域從四面八方環繞我們，顯然浩瀚無窮。因此，一旦未知領域的事物被當作是影響我們日常生活的因素，其影響力很可能無限大，凌駕並蓋過其他因素。宗教禁止的事，絕對不可以做；許多此生的誘惑，在權衡利害時微不足道。實際上，根本沒有得權衡。會和自己的良心討價還價的人，其實不信宗教；信宗教的人會知道，倘使獲得這個有限世界的一切，卻失去他在無限永恆世界中的福分，對他絲毫沒有

（agent）。此外，某個男人徒步穿越陌生的森林，突然聽到身後附近的灌木叢發出聲響。他的HADD會大叫：『動因！』倘若人在這類情況下偵測到能動性，這時有個可能的超人類（superhuman）動因概念被提出來且似乎與事件相符，人的信仰就會被鼓動。同理，當神的概念已經是手邊有的一個好選項時，原先HADD忽略的事件就可能會變得很重要。例如，加州的某個小孩祈禱五月降雪，結果隔天一場暴風雪降下了兩英尺厚的積雪。這種情境便暗示有能動性存在。或者，在紐約有個男人被醫生告知說他快要死了，但這個男人感到一陣全身的刺痛和一種平和感，相信一切都將沒事。這個男人康復了，並將治癒的奇蹟歸功給神。因為當其他直觀的解釋系統（例如天真物理學〔Naive Physics〕或天真生物學〔Naive Biology〕）都無效時，能動性偵測機制會非常迫切地想要找到動因，許多不同的事件便有可能被和超人類的動因牽扯在一起。這些事件會變成信仰的支持。Justin Barrett, "Cognitive Science, Religion and Theology"，第86頁。

9. 傑西・M・貝林曾經試圖提出認知上的解釋，來解答我們對靈魂直觀的知識，關於人類天生相信人死後還會繼續活著。貝林認為：「由於在認識論上（epistemologically）不可能知道死亡是何種情況，因此個體最有可能將自己無法想像可以沒有的那些心靈狀態歸因給死亡動因（dead agent）。根據這樣的模型，人會相信死後還有生命是很自然的，而社會傳播主要是從概念上去豐富（或貶抑）人有來世的直覺概念。」Justin Barrett,

亦即傳達神諭者』（teacher, oracle giver）。這棵樹（或者一簇這樣的樹）異常醒目且名聞遐邇，被當作地標，用來指引該區其他場址的位置。許多不同的文化都對聖樹（特別是與一個神聖場址有關的樹）的現象很熟悉。一棵出眾的樹木（尤其年邁古老）可能被視為『生命之樹』（tree of life），或是和『宇宙秩序』有關（cosmic），其樹樁象徵『地球的肚臍』（navel of the earth），樹冠則代表天堂。從這個角度而言，神樹是人與神聖領域之間的橋樑，成了神人相遇的舞台，是傳達神諭和啟示的理想媒介。樹木也可能象徵崇拜者希望從神獲得的保護與豐饒生育力。與這些樹木有關的豐饒生育力崇拜非常盛行，而這種形式的異教信仰曾經吸引眾多以色列人。」Nahum M. Sarna, *The JPS Torah Commentary: Genesis*（Philadelphia: Jewish Publication Society of A N merica, 1989），第91頁。請留意女先知底波拉（Deborah），她宣告神諭的時候坐在「底波拉的棕樹」（palm of Deborah）下（《士師記》第四章第五節）。

7. 請注意蛇如何對夏娃講述「分別善惡的樹」（Tree of Knowledge of Good and Evil）：「因為神知道，你們吃的日子眼睛就明亮了，你們便如神能知道善惡。」（《創世記》第三章第五節）。本書的〈結論〉章節會詳加討論這點。

8. 賈斯汀・巴雷特用下列的比喻來說明HADD和心智理論可以強化信仰，但是無法憑空創造它：「假設一個女人獨自穿越深邃的峽谷，在路上拐彎時，岩石突然從陡峭的山壁滑落，差點擊中她。她的HADD會反射性地搜尋造成落石的動因

Books, 2001），以及 *The Naturalness of Religious Ideas: A Cognitive Theory of Religion*）（Berkeley and Los Angeles: University of California Press, 1994）。

5. 「稍微違反直覺的概念」（minimally counterintuitive concept）這個詞彙是賈斯汀．巴雷特發明的說法，他曾與博耶一起做過許多實驗，顯示異常思想造成的影響。請參閱Justin. L. Barrett, *Why Would Anyone Believe in God?*（Lanham, Md.: Altamira Press, 2012）。
6. 有一本古老但很有用的樹木神話彙編是《樹木：詳述類陽具樹木的崇拜，包含有附圖的傳說、迷信和用法等等，說明其在東西方國度的起源和發展，從早期橫括到現代，並且提供參考書目與討論陽具迷信的文獻》（*Cultus Arborum: A Descriptive Account of Phallic Tree Worship, with Illustrative Legends, Superstitions, Usages, &c., Exhibiting Its Origin and Development Amongst the Eastern & Western Nations of the World, from the Earliest to Modern Times; with a Bibliography of Works Upon and Referring to the Phallic Cultus*）。該書在一八九〇年於倫敦祕密刊印，如今可在Archive.org網站下載。許多記載會說話樹木的神話皆出自於這本冊子。

 我們對於摩利橡樹或幔利橡樹知之甚少。納胡姆．薩納（Nahum Sarna）在他對《創世記》的註解中曾簡短討論它們：「摩利橡樹（Terebinth of Moreh，希伯來語是elon moreh9）無疑是某種帶有神聖聯想的強大樹木。摩利應該是表示『老師，

Handbook of Child Psychology, ed. C. Murchison（Worcester, Mass.: Clark University Press, 1993），第537頁；Justin L Barrett, *Born Believers: The Science of Children's Religious Belief*（New York: Atria Books, 2012）；Gergely Csibra et al., "Goal Attribution Without Agency Cues: The Perception of 'Pure Reason' in Infancy," *Cognition* 72／3（1999）：第237-267頁；Deborah Kelemen, "Are Children Intuitive Theists? Reasoning About Purpose and Design in Nature," *Psychological Science* 15／5（2004）：第295-301頁；Deborah Kelemen and Cara DiYanni, "Intuitions About Origins: Purpose and Intelligent Design in Children's Reasoning About Nature," *Journal of Cognition and Development* 6／1（2005）：第3-31頁；以及Jesse Bering, "Intuitive Conceptions of Dead Agents' Minds: The Natural Foundations of Afterlife Beliefs as Phenomenological Boundary," *Cognition and Culture* 2／4（2002）：第263-308頁。也請參閱阿爾弗雷德．歐文．哈洛韋爾（Alfred Irving Hallowell）對北非歐及布威族（Ojibwa tribe）認知中的非人類演員、自我的概念，與人類文化中的宇宙所做的引人入勝的案例研究：Alfred Irving Hallowell, "Ojibwa Ontology, Behavior, and World View," in *Culture in History: Essays in Honor of Paul Radin,* ed. S. Diamond（New York: Columbia University Press, 1960），第20-52頁。

4. 帕斯卡爾．博耶著有一些最通俗易懂的書籍，介紹了他有關宗教信仰如何傳遞的理論，包括Pascal Boyer, *Religion Explained: The Evolutionary Origins of Religious Thought*（New York: Basic

Coolidge and Martha Bright, "Hohlenstein-Stadel and the Evolution of Human Conceptual Thought," *Cambridge Archaeological Journal* 19／1（2009）：第73頁。

2. 若想進一步了解心智理論及其與泛靈論的關係，請參閱 Maurice Bloch, *In and Out of Each Other's Bodies: Theory of Mind, Evolution, Truth, and the Nature of the Social*（New York: Routledge, 2016），以及Christine S. VanPool and Elizabeth Newsome, "The Spirit in the Material: A Case Study of Animism in the American Southwest," *American Antiquity* 77／2（2012）：第243-262頁。

3. 讓・皮亞傑和其他發展心理學家很早就指出「孩童將物體視為活物且認為它們具有意識的傾向」。跟隨皮亞傑的腳步，賈斯汀・巴雷特勾勒出嬰兒不僅將能動性植入無生命的物體，還會直覺地在自然界中找到目的和意圖的過程。此外，謝爾蓋・西布拉（Gergely Csibra）和黛博拉・凱勒曼（Deborah Kelemen）的研究也產生實證證據，證明兒童會不自覺地給移動中的物體賦予目標，即便這些物體是自我推動且無目的地移動。傑西・貝林（Jesse Bering）證明有些兒童可以了解軀體的死亡，雖然他們直覺相信心智能超越身體而存在。因此，凡事皆有目的想法（teleological thought）理論上是天生就有的，可能並非靠文化傳承而來。凡事皆有目的思想使得人會想像在現象的背後有一位看不見的設計師，即便觀察不到這位設計師也會推斷他存在。因此，孩童是「直覺的理論家」（intuitive theorist）。Jean Piaget, "Children's Philosophies," in *A*

Philosophical, and Theological Reflections on the Origin of Religion, ed. J. Schloss and M. Murray (Oxford: Oxford University Press, 2009)，第169頁。

要了解何謂「宗教是一種神經系統現象」，請回憶不論是誰創造出了「巫師」，且不論創作動機為何，他都是在大約一萬八千年前進行了這個創作。然而，能夠想像出「巫師」的人類大腦，是在更早數十萬年以前便發展出來。這個大腦必須要能夠進行象徵性的思維。它需要有能幻想出不存在於這個世界上的抽象生物的概念性思維。它必須能刻意且有意識地，把分開和不同的類別如「人類」和「動物」組合在一起，創造出一種新的虛構類別。這種心智任務（mental task）是大腦額葉（frontal lobe）和頂葉（parietal lobe）某些執行性功能的產物，歷經數百萬年才發展出來。

湯瑪斯・溫、弗雷德里克・柯立芝和瑪莎・布萊特針對另一個混合生物（先前提到的「獅子人」）指出，能夠產生出這種混合物種的抽象概念，起初是透過額葉和頂葉運作中的記憶網絡，費力而細心地把「動物」和「人類」的概念連接起來。「這些『動物』和『人類』的概念本身大抵屬於無意識的民間生物學類別，由在智人時代便已演化完成的頂葉網絡產生出來。這些又是基於一種更古老、更基礎的本體類別，區分『有生氣的』（animate）和『可操控的』（manipulable）物件，屬於顳葉（temporal lobe）網絡，其演化的時間又更早，或許在直立人出現以後便開始發展。」Thomas Wynn, Frederick

果懲罰行動的代價和頻率不高，也能促進大團體內部的合作。請參閱Paul Bloom, "Religion, Morality, Evolution," *Annual Review of Psychology* 63（2010）：第186頁和第196頁，以及Tim Ingold and Gisli Palsson, eds., *Biosocial Becomings: Integrating Social and Biological Anthropology*（Cambridge: Cambridge University Press, 2013）。

17. 有些學者和科學家仍然堅持，持有宗教信仰一定有某種適應環境的優勢：例如宗教讓伴侶更為理想，這個推論可見於Jesse M. Bering, "The Folk Psychology of Souls," *Behavioral and Brain Sciences* 29（2006）：第453-462頁；或者，宗教讓某些社會比其他社會綿延更久與發展更好，提出這個假說的是David Sloan Wilson, *Darwin's Cathedral: Evolution, Religion, and the Nature of Society*（Chicago: Chicago University Press, 2002）。
18. Scot Atlan, *In Gods We Trust: The Evolutionary Landscape of Religion*（New York: Oxford University Press, 2002），第43頁；Paul Bloom, "Religious Belief as an Evolutionary Accident," in *The Believing Primate: Scientific, Philosophical, and Theological Reflections on the Origin of Religion*, ed. J. Schloss and M. Murray (Oxford: Oxford University Press, 2009)，第118-127頁。

第三章：樹中之臉

1. Michael J. Murray, "Scientific Explanations of Religion and the Justification of Religious Belief," in *The Believing Primate: Scientific,*

Cooperation," *Human Nature* 18／3（2007）：第272頁。另外可參閱Robert Boyd et al., "The Evolution of Altruistic Punishment," *Proceedings of the National Academy of Sciences* 100／3（2003）：第3531-3535頁。

16. 布魯姆提出另一種觀點，亦即「宗教……是一種行為和思想的組合，基於對群體有利而演化出來，尤其可解決不勞而獲者的問題。」從這個觀點來看，宗教所發揮的功能是可以減輕一個群體中個體的自私行為所產生的社會影響。然而，這種觀點很難解釋宗教最初是如何以及為何會發展出來。有些人認為，宗教可以透過一種稱為「文化群體競擇」（cultural group selection）的過程進化出來，在這種競擇中，宗教及其儀式若能讓某個群體比其他群體更具備優勢，就有可能在社會上萌芽興起並且茁壯。也就是說，有宗教的群體更有競爭力，更有可能生存下去。在這種情況下，宗教並非遺傳，而是模仿—所謂模仿是一種高度爭議的知識傳輸（knowledge transmission）途徑，與遺傳傳遞（genetic transmission）並行而生。然而，蒂姆・英戈爾德（Tim Ingold）和吉斯利・帕爾森（Gisli Palsson）反對這種推論。他們反對用達爾文的演化論來解釋文化過程，認為這根本是邏輯上的循環謬誤。這個問題可能還會和更多合作進化論方面的人類學理論抵觸。這些理論通常仰賴利他懲罰（altruistic punishment）的概念：利他懲罰指的是當某位個體不遵循道德或合作規範時，另一位個體為了懲罰他而願意採取的有代價的行動。這種懲罰可以促進小團體內的合作；如理論認為巫術與宗教可以帶給人信心，但其實同樣可以說，它們帶給人恐懼與焦慮，使人害怕對那些原本可以不必懼怕的東西——害怕黑魔法或幽靈，害怕上帝、魔鬼、地獄。」Alfred Reginald Radcliffe-Brown, "Taboo," in *Reader in Comparative Religion: An Anthropological Approach,* ed. William A. Lessa and Evon Z. Vogt（New York: Harper and Row, 1979），第46-56頁。

14. 彼得・范・因瓦根（Peter van Inwagen）指出用演化論解釋宗教的問題：「超自然信仰並非毫無代價：信仰顯然會帶來一些行動（即儀式和祈禱），耗費掉原本可用在謀生和繁衍下一代的資源。在演化生物學中有種老生常談是認為，任何一個物種的特徵如果耗費能量和資源，都應該要有個解釋，譬如許多種類雄鳥的羽毛。」Peter van Inwagen, "Explaining Belief in the Supernatural: Some Thoughts on Paul Bloom's 'Religious Belief as an Evolutionary Accident,'" in *The Believing Primate: Scientific, Philosophical, and Theological Reflections on the Origin of Religion,* ed. Jeffrey Schloss and Michael Murray（Oxford: Oxford University Press, 2009），第129頁。
15. 馬特・羅薩諾（Matt Rossano）指出：「宗教最古老的特徵代表著人類的社會性世界延展到超自然世界，由此透過時時警戒的靈界監督，強化群體內的合作。相信靈界一直在看，可能有助於減少一個群體內的不合作者，強化群體的行為規範，使得人性層次的合作可以發生。」Matt Rossano, "Supernaturalizing Social Life: Religion and the Evolution of Human

1918），以及《一種幻想之未來》（*The Future of an Illusion*），W・D・羅伯遜—斯科特（W. D. Robson-Scott）翻譯（London: Hogarth Press, 1928）。

12. 大衛・休謨的《四篇論文》（*Four Dissertations*）（London: A. and H. Bradlaugh Bonner, 1757），第94頁，以及路德維希・費爾巴哈的《基督教的本質》（*The Essence of Christianity*），瑪麗安・埃文斯（Marian Evans）翻譯，（New York: Calvin Blanchard, 1855），第105頁。亦可參閱費爾巴哈的《宗教本質講座》（*Lectures on the Essence of Religion*），拉爾夫・曼海姆（Ralph Manheim）翻譯（New York: Harper and Row, 1967）。

    吉拉德（Girard）認為，暴力是由模仿競爭（mimetic rivalry）造成，發生在當我們的欲望是從群體的其他成員「借來」（borrowed）的時候。請參閱Rene Girard, *Violence and the Sacred*（Baltimore, Md.: Johns Hopkins University Press, 1979）。

    當代德裔美國學者馬丁・里斯布羅特（Martin Riesebrodt）寫道，宗教的承諾是要「擺脫不幸、幫助因應危機並提供救贖」。Martin Riesebrodt, *The Promise of Salvation: A Theory of Religion*（Chicago: University of Chicago Press, 2010），第13頁。

13. 紀爾茲根據目的來定義宗教：宗教讓人們相信宇宙是有意義且有一貫的道理的，從而鼓勵並激勵他們的積極性。Clifford Geertz, *The Interpretation of Cultures*（New York: Basic Books, 1973），第87-125頁。同理，阿爾弗雷德・雷金納德・拉德克利夫—布朗（A. R. Radcliffe-Brown）寫道：「有一種人類學張時。由此，任何可以用在談論「超越實存」(Transcendence Reality)的觀點，也可以用來說「空」。請參閱J. G. Arapura, "Transcendent Brahman or Transcendent Void: Which Is Ultimately Real? Transcendence and the Sacred," in *Transcendence and the Sacred*, ed. A. M. Olson and L. S. Rouner (Notre Dame, Ind.: University of Notre Dame Press, 1981)，第83-99頁。

9. 艾彌爾・涂爾幹的《宗教生活的基本形式》(*The Elementary Forms of Religious Life*)(New York: Free Press, 1995)，第227頁。另外可參閱W. Robertson Smith, *Lectures on the Religion of the Semites: The Fundamental Institutions* (New York: Ktav Publishers, 1969)。
10. 我們如今可已在繼承涂爾幹觀點的學者當中聽到涂爾幹理論的回音。例如，社會學家彼得・柏格(Peter Burger)認為，宗教將宇宙秩序的意義賦予人類活動時，不僅為社會創造出意義和目的，也讓社會用律法的方式運作。柏格寫道，宗教是「透過人類活動建立起的一套全面的神聖秩序，也就是，建立一個在混亂失序永遠存在的情況下，還能夠維持的神聖宇宙。」Peter Burger, *The Sacred Canopy: Elements of a Sociological Theory of Religion* (New York: Doubleday, 1967)，第51頁。
11. 佛洛伊德對宗教的觀點，參閱《圖騰與禁忌：野蠻人與神經病精神生活之間的相似之處》(*Totem and Taboo: Resemblances Between the Psychic Lives of Savages and Neurotics*)，亞伯拉罕・阿登・布里爾(Abraham Arden Brill)翻譯(New York: Moffat,

一個幽靈（phantom）。」Edward Burnett Tylor, *Primitive Culture*（London: J. Murray, 1889），第428頁。

6. 若想了解馬克斯・穆勒和「驚嘆於大自然」的說法，請參閱*Introduction to the Science of Religion*（London: Longmans, Green, 1873）和*Comparative Mythology*（London: Routledge and Sons, 1909）。值得一提的是，馬瑞特的書提出他所謂一個關於前泛靈論的理論（a theory of *preanimism*），是為了批判泰勒對泛靈論的理論。可同時參閱Robert Ranulph Marett, *The Threshold of Religion*（London: Methuen and Co., 1914），第14頁。
7. 關於宗教儀式會激發某種情感，使人具備適應環境的優勢，這個觀點出自Walter Burkert, *Creation of the Sacred: Tracks of Biology in Early Religions*（Cambridge, Mass.: Harvard University Press, 1996），第177頁。
8. 可能有人會說，「超越」這個詞本身暗指一種西方的哲學觀點，可能不適用於所謂東方的宗教。然而，若將超越定義為「俗世之外」（that which lies beyond），則我們會發現，例如，涅槃（nirvana）的概念就是從生之輪迴終極超脫，解 （moksha）的概念就是擺脫「業」的束縛以及不被現實幻象（摩耶〔maya〕）所蒙蔽，這兩種概念都呼應類似「超越」的觀點。同理，空性（Void / sunyata）的概念，作為一種「抓住（事物背後真正）意義的和諧努力」（a “concerted effort to grasp the meaning” underlying reality），也暗示著「超越」，特別是當我們思考龍樹（Nagarjuna）一切法空（there is no “non-Void entity”）的主

Aubert et al., "Pleistocene Cave Art from Sulawesi, Indonesia"，第226頁。

3. 若想更深入了解馬拉加的洞穴，請參閱Alistair Pike et al., "U-Series Dating of Paleolithic Art in 11 Caves in Spain," *Nature* 336（2012）：第1409-1413頁。有關更多亞維宏山谷的發現，請參閱Jacques Jaubert, "Early Neanderthal Constructions Deep in Bruniquel Cave in Southwestern France," *Nature* 534（2016）：第111-127頁。
4. 若想了解在北京周口店的一系列洞穴中發現的「直立人」（亦即通稱的北京猿人〔Peking Man〕）頭骨，請參閱Brian M. Fagan and Charlotte Beck, eds., *The Oxford Companion to Archaeology*（London: Oxford University Press, 1996），第774頁。周口店遺骨的定年大致是在公元前七十萬年到二十萬年之間，但學界的共識是應不可能晚於距今五十萬年前。參閱Peter Peregrine and Melvin Ember, eds., *Encyclopedia of Prehistory,* vol. 3: *East Asia and Oceania*（New York: Springer, 2001），第352頁。
5. 泰勒指出：「靈魂的教義對於較低等的種族有何意義，或許可以用泛靈理論的發展來解釋。會思考的人類處於文化水平較低的階段時，會對於兩組生物問題特別印象深刻。首先，是什麼造成活著的身體與屍體的不同？是什麼造成甦醒、睡眠、出神、患病和死亡？其次，夢境和幻象中出現的人類形體是什麼？……古代尚未開化的哲學家可能會跨出一步去做出一個明顯的推論，每個人都有兩種屬於他的東西，一個生命，和

（London: Routledge, 2000），第11-12頁。

2. 最近印尼蘇拉威西島（island of Sulawesi）上九個洞穴的鈾系法分析結果顯示，該區洞穴中的負像手印製作時間早至距今三萬九千九百年以前。甚至，印尼「黎安．廷普森一號與二號」（Leang Timpuseng I and II）洞穴的兩幅具象藝術圖案（一頭雌性鹿豚，和一頭長得像豬的不明動物）經鈾系法檢測顯示，繪製年代分別為三萬五千四百年前與三萬五千七百年前。若想更深入了解印尼蘇拉威西島有壁畫的洞穴發現與年代斷定，請參閱M. Aubert, A. Brumm, M. Ramli, T. Sutikna, E. W. Saptomo, B. Hakim, M. J. Morwood, G. D. van den Bergh, L. Kinsley and A. Dosseto, "Pleistocene Cave Art from Sulawesi, Indonesiam," *Nature* 514（2014）：第223-227頁。

　　奧伯特等人指出：「根據我們在蘇拉威西島的定年結果，遠在四萬多年以前，具象藝術便已經是第一批遷徙到該區的現代人種的文化活動項目之一。有可能岩石藝術是在大約同時，在現代人類分布的地理空間的兩個遠端同時獨立出現。然而還有一種可能，就是早數萬年以前第一批離開非洲的『智人』已經極為普遍地繪製洞穴壁畫，因此無論是黎安．廷普森與黎安．巴魯吉亞二號（Leang Barugayya 2）洞穴的自然主義式動物藝術，或者法國的肖維岩洞，其更深的起源都有可能是在西歐與蘇拉威西島以外。假使真的如此，我們可以期待未來繼續發現人類手掌、具象藝術圖樣或其他形式的圖案，有可能可以追溯到人類物種剛開始全球遷徙的最早的時期。」Maxime

Morris-Kay, "The Evolution of Human Artistic Creativity"，第169頁。

貝蒂娜・阿諾德（Bettina Arnold）和德里克・考斯（Derek Counts）將萬獸之主描述為「動物的主宰，祂的力量從以神力掌控野生（例如獅子和野豬）和家畜（好比騾、牛和羊）動物，到守護狩獵。」Bettina Arnold and Derek Counts, eds., *The Master of Animals in Old World Iconography*（Budapest: Archaeolingua Alapítvány, 2010），第9頁。

根據雅克塔・霍克斯和倫納德・伍利爵士的看法：「洞穴藝術（以及在某種程度上居家藝術〔home art〕也一樣）毫無疑問是為動物崇拜而服務，一方面是巫術的，一方面也真正是宗教的。個人地位和部落延續完全仰賴作為獵物的獸群能否繁衍，以及能否順利獵捕牠們，而藝術便回應這兩個重大需求的急迫性。洞穴藝術本身是功利實用的，無法和人類想要以某種形式與動物及大自然溝通的宗教衝動分離開來，是一種神祕的參與。」Jacquetta Hawkes and Sir Leonard Wooley, *Prehistory and the Beginnings of Civilization*（New York: Harper and Row, 1963），第204-205頁。

若想更深入探討萬獸之主／動物主宰，請參閱Jacqueline Chittenden, "The Master of Animals," *Hesperia: The Journal of the American School of Classical Studies at Athens* 16／2（1947）：第89-114頁，以及Nanno Marinatos, *The Goddess and the Warrior: The Naked Goddess and Mistress of the Animals in Early Greek Religion*

布勒伊神父率先翻轉他自己先前的觀點，早在一九三一年便清楚指出，先前被他稱為『巫師』的這個形象必定是代表一個神秘的超自然存在，配備著部落狩獵動物的屬性……其他舊石器時代晚期藝術中所謂的『面具人物』（masked figure）很可能代表相似的神或靈。」請參閱Alberto C. Blanc, "Some Evidence for the Ideologies of Early Man," in *Social Life of Early Man*, ed. Sherwood Washburn, rev. ed.（London: Routledge, 2004），第121頁。

「起初這個人物被詮釋為代表一位跳舞的巫師。在進一步思索後，布勒伊做出結論，認為祂不是一位巫師，而是一位神祇，代表現今所謂的動物主宰……然而，『巫師』這個名字已經和這個形象聯繫在一起，祂的名字從未被文學裡的『角神』一詞取代。需要注意的是，對於布勒伊來說，這位神祇『和祂的人類使者一樣，裝飾著同樣象徵魔法力量的符號（面具）』（Begouen and Breuil, 1958:54）。因此，祂是一位戴著面具的神祇。」Henry Pernetm, *Ritual Masks: Deceptions and Revelations*（Eugene, Ore.: Wipf and Stock, 1992），第26頁。

阿爾比・斯通（Alby Stone）贊同布勒伊後來轉向萬獸之主的觀點，他寫道：「三兄弟洞窟的巫師有可能是在描繪某位身穿儀式用動物服裝的人，但也同樣有可能是在描繪一位神祇或一位力量強大的靈。它甚至可能是某位備受尊敬或具有力量的人的隱喻畫像。」Alby Stone, *Explore Shamanism*（Loughborough: Explore Books, 2003），第130頁。也請參閱的真確性，以及布勒伊描摹的準確性。更多內容請參閱Oscar Moro Abadia and Manuel R. Gonzalez Morales, "Paleolithic Art: A Cultural History," *Journal of Archaeological Research* 21（2013）：第269-306頁；Margaret Conky, "A Century of Paleolithic Cave Art," *Archaeology* 43 / 4（1981）：第20-28頁；Paul Bahn, *The Cambridge Illustrated History of Prehistoric Art*（Cambridge: Cambridge University Press, 1998），第62-63頁；Ronald Hutton, *Witches, Druids, and King Arthur*（New York: Bloomsbury Academic, 2003），第33-35頁；Peter Ucko, "Subjectivity and the Recording of Palaeolithic Cave Art," in *The Limitations of Archaeological Knowledge*, ed. T. Shay and J. Clottes（Liege: University of Liege Press, 1992），第141-180頁；Robert Bégouën and Jean Clottes, "Les Trois-Frères After Breuil," *Antiquity* 61（1987）：第180-187頁；以及Jean Clottes and David Lewis-Williams, *The Shamans of Prehistory: Trance Magic and the Painted Caves*（New York: Abrams, 1998）。

第二章：萬獸之王

1. 阿爾貝托・C・布蘭克（Alberto C. Blanc）指出：「法國阿列日省（Ariège）三兄弟洞窟裡那幅雕刻加上繪畫、通稱『巫師』的形象，最早被布勒伊神父描述成一位巫師穿著由各種動物軀體部位（鹿的角、熊的爪、貓頭鷹的眼睛，以及狼或馬的尾巴）拼湊而成的服裝，實際上明顯是一位神或狩獵守護靈的形象。

圖像上偶爾被留下的切口或標記，似乎是用尖銳的工具切鑿，暗示某種戲劇（pantomime）或巫術狩獵（magical hunt）。布勒伊對於舊石器時代壁畫藝術與「交感巫術」的理論到一九六〇年代都是學界的共識，在許多史前藝術的入門書籍中都能看到。

然而，從一九六〇年代起，批評布勒伊的聲浪此起彼落。值得注意的是，有些學者觀察到洞穴壁畫不可能是用於「交感巫術」，因為許多被描繪的生物並非舊石器時代人類食用的動物。其他學者則認為，布勒伊傾向於將洞穴視為神聖的空間，是因為他自己是懷抱「高教會派」（high-church[1]）思想的法國神父，而且他的研究有方法論上的問題，例如他依賴對南非桑族（San）叢林人過度簡化的人誌學解釋（ethnographic interpretation）。除了這些指控，也有人批評布勒伊以歐洲中心論和殖民主義的觀點理解洞穴藝術，認定壁畫藝術優於可移動的藝術品，而分別將其稱為「高等藝術」（high art）和「低等藝術」（low art）。

就連布勒伊對圖像的描摹也受到批評，比如羅納德・赫頓（Ronald Hutton）質疑布勒伊在描摹「三兄弟洞窟」的「巫師」時添加了鹿角。然而，儘管有這些負面評價，而且布勒伊的某些畫作也被人發現有錯誤，但讓・克洛特斯（少數曾經得到許可進入「三兄弟洞窟」的人之一）一再保證「巫師」圖像

1　譯注：指基督新教中的一種信仰模式和教會傳統，崇高古老繁複的儀式美學。

15（New York: Peter Lang, 1992）；Henri Breuil and Raymond Lantier, *The Men of the Old Stone Age*（New York: St. Martin' s Press, 1965），第263-264頁；以及Jacquetta Hawkes and Sir Leonard Woolley, *Prehistory and the Beginnings of Civilization*（New York: Harper and Row, 1963），第204-205頁。

或許舊石器時代最著名的人類與動物混合是「獅子人」（德語：Löwenmensch／英語：Lion-Human），這是一尊有三萬年歷史的象牙雕像，雕刻了一個四肢修長的人，長著一個雕刻精緻的獅頭，在德國西南部的隆河（Lone River）河谷地區的一個洞穴中被發現。雕像高二十八公分，右臂和右腳殘缺；沿著左臂和耳朵周圍均勻分布著切口，其作用成謎。「獅子人」不僅是我們目前所有最古老和最著名的獸人形象，也是最早的可移動的藝術品（mobiliary art／portable art）。請參閱Joachim Hahn, *Kraft und Aggression: Die Botschaft der Eiszeitkunst in Aurignacien Suddeutschlands?*（Tübingen: Verlag Archaeologica Venatoria, 1986），以及Thomas Wynn, Frederick Coolidge and Martha Bright, "Hohlenstein-Stadel and the Evolution of Human Conceptual Thought," Cambridge Archaeological Journal, 19／1（2009）：第73-84頁。

22. 布勒伊認為，舊石器時代的人類把動物圖像刻繪在岩壁或岩頂上，是在試圖保障成功的狩獵，以及保護他們的打獵者不要受傷。根據布勒伊的說法，這種理論可解釋為何洞穴內的圖像會隨意分布，這僅僅反映出這些圖像創作的隨性本質，而在明顯的現實——這些現實就在我們周圍，是我們隨時看見的現實。這些聖事主持者／創作者或薩滿會在岩頂地勢中發現阿爾塔米拉的野牛、鹿和馬，牠們會把聖事主持者／創作者或薩滿連接到牠們所代表的事物。舊石器時代藝術有一種特別的，與口述傳統有關的動物寓言，其中包含有些特別普遍的故事（神話），可以解釋這些舊石器時代藝術何以上千年來在廣闊的歐洲保有一定的一貫性且持續流傳。」Jose Antonio Lasheras, "The Cave of Altamira: 22,000 Years of History," *Andoranten*（2009）：第32頁。

21. 拉斯科洞窟被稱作「鳥頭人」的圖像描繪一個人類在一頭猛衝的野牛前面向後倒下或者倒臥。這頭攻擊中的動物，牛角向下朝著男人胸部的方向攻擊，似乎已經被帶倒鉤的箭桿或長矛刺中胃部。男人的右邊有一根棍棒或手杖，上頭裝飾著一隻鳥。在野牛的下方，亦即箭桿刺穿牠身體之處，可以看到有個圓形突起物從這隻動物的肚子表現出來。由於男人的面部特徵和手杖上的鳥很類似，有些人將這幅標誌性的圖像解釋為薩滿教教存在的證據。請參閱Matt Rossano, "Ritual Behaviour and the Origins of Modern Cognition," *Cambridge Archaeological Journal*，19／2（2009）：第249-250頁；Jean Clottes and David Lewis-Williams, *The Shamans of Prehistory: Trance and Magic In the Painted Caves*（New York: Harry Abrams, 1998），第94-95頁；Noel Smith, *An Analysis of Ice Age Art: Its Psychology and Belief System, American University Studies*, Series XX, "Fine Arts," vol. 15, book

概略描摩眼睛、鼻子、前額和右耳。頭部是整張臉和有瞳孔的圓眼睛；眼睛中間有一條線，代表鼻子，線條的末端還勾了起來。突出的耳朵像是雄鹿的耳朵。畫過前額的一條黑色色帶上冒出兩根粗厚的鹿角，沒有數根前角叉，但在鹿角分枝的基部高處上有一根短分叉，先向外彎曲，然後再向右或向左分開。這幅圖像沒有嘴巴，但有用線條描摹的長鬍鬚垂落於胸前。兩隻前臂舉起，水平併在一起，兩手緊緊靠攏，短短的手指向前伸；這部分是無色的，幾乎看不見。一條寬闊的黑色帶勾勒出整個身軀，色帶到了腰際變窄，並沿著彎曲腿部的周圍展開。一顆黑色圓點表示左膝關節。腳和大腳趾描繪得相當仔細，呈現出類似於『步態舞』（Cakewalk）舞步的動作。雄性器官被強調地描繪出來，但沒有勃起，方向朝後但發育良好，位於野狼或馬匹濃密的尾巴之下，末端還有一小綹毛髮。這幅馬格達連時期的圖像，被認為是全洞穴中最重要的一幅，而我們審慎思考之後，認為祂是控制獵物繁衍和狩獵活動的『靈』（Spirit）。」Breuil, *Four Hundred Centuries of Cave Art*，第176-177頁。

20. 與動物的關係使薩滿擁有一種掌控動物的力量。他可以透過動物的眼睛看事物。動物引導薩滿解決問題、解讀徵兆或治癒病人。安東尼奧・拉什拉斯（Antonio Lasheras）指出：「在現實的不同層面之間建立的溝通，需要一位聖事主持者（celebrant）、中保（intercessor）、薩滿或祭司（priest），他們和賦予事物生命的小靈體（small spirits）建立連結，干預或影響

論點引用自 *Totemism,* trans. Rodney Needham (London: Merlin Press, 1991), 第89頁。

正如懷特所述：「有另一個觀察可以駁斥深邃洞穴繪畫是狩獵巫術的說法，即是這些動物幾乎沒有表現出痛苦和受苦的姿勢（可移動的工藝品上的圖案也一樣）。沒錯，暴力和明確的狩獵行為幾乎完全付之闕如。像在拉斯科洞窟的井中所繪被開膛剖肚的野牛，以及雕刻在母牛洞穴（La Vache）一支穿洞的棍棒上的弓箭狩獵場景，是少數例外。」Randall White, *Prehistoric Art*，第119頁。

18. 勒羅—古漢認為：「洞穴本身被整合到基礎架構圖示之中，因為洞穴的天然特徵會被創作者加以運用。這些特徵分為兩類。第一種是天然的地勢，形狀可被用來當作動物的背部、頸部或大腿，由繪畫者加以完成；第二種是裂縫或通道，簡略添加符號或點狀便可將其同化成女性的象徵。洞穴因此是『積極的參與者』。」André Leroi-Gourhan, "The Religion of the Caves"，第16頁。

19. 布勒伊對「巫師」的描述特別吸引人：「首先，這幅起初被貝高恩伯爵和我稱為『巫師』的『神』，是聖所內所有的雕鑿圖像中唯一一幅使用黑色的創作，這幅畫在地面上方四公尺處，在一個明顯難以觸及的位置，只能從一條秘密走道向上螺旋地攀爬之後才能到達。很明顯，祂主導著底下數量龐大、紊亂雜陳的動物。祂高七十五公分，寬五十公分，全身都是被雕刻出來的，但使用顏料的地方分布不均：頭部僅幾筆帶過，

（Cambridge: Cambridge University Press, 1982），第45頁。

勒羅—古漢還有第二本書，再次重回到這個主題：「把這個動物的名單，和大多數定居遺址中出土骨骼殘骸的動物相比較，會令人思考藝術中出現的動物的象徵本質。我們首先會發現洞穴藝術與整個歐洲的創作傳統有類似之處，譬如獅子和老鷹很少被人當作食物，而且肉質也普通，這兩種動物卻比小牛或豬隻更常出現於西方的紋章中。我們之後還會再回來談這個問題，但我們有充分的理由認為，舊石器時代的動物繪畫構成的是動物寓言（bestiary），而非可食用動物的集合。」André Leroi-Gourhan, *Treasures of Prehistoric Art*,（New York: Harry Abrams, 1967），第111頁。

最後，瑪格麗特．康基發現，「特定動物被描繪的頻率，經常與牠們容易被獲得的程度構成鮮明的反比，也與牠們多常出現在挖掘出的食物殘骸中形成強烈的反比。」帕特里夏．維尼科貝在（Patricia Vinnicombe）《伊蘭之人》（*People of the Eland*），一本研究南非孔族（the Kung）岩石藝術的優雅著作中，所下的結論可能與李維—史陀的觀察相同，亦即某些自然物種被挑選為岩石藝術的主題時，不是因為牠們『美味可口』，而是因為牠們『益於思考』。」Margaret W. Conkey, "A Century of Palaeolithic Cave Art," *Archaeology* 34 / 4（1981）：第23頁。也請參閱Patricia Vinnicombe, *People of Eland: Rock Paintings of the Drakensburg Bushmen as a Reflection of Their Life and Thought*, 2nd ed.（Johannesburg: Wits University Press, 2009）。李維—史陀的

頁；Ali Sahly, *Les Mains mutilées dans l'art préhistorique*（Toulouse: privately published, 1966）；Breuil, *Four Hundred Centuries of Cave Art,* 第246-257頁；以及Émile Cartailhac, "Les mains inscrites de rouge ou de noir de Gargas," *L'anthropologie* 17（1906）：第624-625頁。

16. 關於舊石器時代晚期藝術的象徵本質，劉易士—威廉斯指出：「這些圖像不是在洞穴外看見的動物的圖畫，如一般普遍看法以為的那樣：沒有任何筆觸表示地面……也沒有草地、樹木、河流或其他自然界的事物。反而是畫出來的部分經常與岩石的外形合一，例如把一個天然的岩瘤當作動物的眼睛。還有一些看起來好像是在進入或離開岩石表面，有的是透過裂痕或裂縫，還有其他的是只畫了部分，剩下的圖像是藉著有人舉著火光從某個位置照射後產生陰影來完成。」David Lewis-Williams, *Inside the Neolithic Mind*（London: Thames and Hudson, 2009），第83-84頁。

17. 舊石器時代晚期的考古證據顯示，這個時期洞穴藝術描繪的動物與「智人」主要食用的動物幾乎沒有任何關聯。勒羅—古漢針對舊石器時代晚期藝術中所描繪的動物種類如此說道：「從統計的角度來看，（舊石器時代晚期藝術之中）再現的物種遠少於已知當時生存的物種。舊石器時代的創作者不是任何動物都畫，而是只畫某些特定物種，而且這些物種並不一定是在他們日常生活中扮演重要角色的。」André Leroi-Gourhan, *The Dawn of European Art: An Introduction to Palaeolithic Cave Painting*）

印不同，加爾加斯洞穴的許多手印都沒有手指。不意外，自從這些手印第一次由法國史前史學家埃米爾·卡塔哈克（Émile Cartailhac）在出版品中提到之後，它們就成了各方許多揣測的主題，詮釋五花八門，但可總結為三大類：（1）「藝術家」的手指因為獻祭的理由而被移除（例如：穿越的儀式、「交感巫術」，或群體內／群體外的身分識別）；（2）因意外或自然因素喪失手指（例如：凍傷、受傷、疾病或先天缺陷）；（3）手指被故意彎曲以創造出不同的手形和圖像配置（或許是狩獵／採集者表示特定的動物的「手語」）。雖然第三種假設或許是三者當中最有可能的，但其實上述沒有任何一個推論特別有說服力。

首先，如果是為了獻祭的目的切斷手指，應該能從加爾加斯洞穴殘缺的手印中找出標準化的模式，不過卻看不出這種模式。同樣地，如果是故意自殘，或者如果手指是刻意彎曲來代表特定的動物，我們應該能在其他洞穴看到這種做法，但只有兩處其他的洞穴有被記錄到可以相比的圖像。此外，刻意切斷手指不合邏輯，因為這樣會犧牲個人及其所屬群體的安全和生產力，而群體為了生存需要仰賴他們的每位成員。最後，加爾加斯洞穴中有幾個手印似乎是同一人所創作，但不同的手印卻會缺少不同的手指，這就表示創作者彎曲手指，出於調皮搗蛋，或是技術欠佳，而不是獻祭致殘，或自然或意外失去手指。請參閱André Leroi-Gourhan, “The Hands of Gargas: Toward a General Study,” *October* 37（1986）：第18-34

壁的瘤（boss）上，呈現的方式看起來彷彿在『抓住』岩壁，就像是探險者在洞穴中前進時用他們的手抓住岩壁來穩定身體。」Paul Pettitt et al., "New Views on Old Hands"，第53頁。

迪恩・斯諾（Dean Snow）在兩篇文章中主張舊石器時代晚期的大多數負像手印是出自於女性。斯諾分析了西班牙和法國的八個洞穴之後下了結論，認為在他研究的三十二個史前手印之中，有二十四個是女性的手印（亦即百分之七十五）。不過，雖然斯諾的演算法在分辨現代男性和女性的手印時，答對的機率只有六成，但他主張早期「智人」的兩性異型（sexual dimorphism）在舊石器時代晚期比在現代更明顯。姑且不論外界如何批判斯諾，這項新的假設對舊石器時代晚期藝術提出一個有趣的問題，亦即，在這個時期，創作藝術的主要是男人還是女人？如果洞穴藝術主要是由女性創作，這會如何影響布勒伊和劉易士—威廉斯的理論，即洞穴繪畫和圖像與「交感巫術」或者薩滿所經歷的意識變化狀態有關？最後，洞穴藝術創作者的性別和舊石器時代晚期藝術的意義、意圖或目的是否有任何關係？請參閱Dean Snow, “Sexual Dimorphism in Upper Palaeolithic Hand Stencils,” *Antiquity* 80（2006）：第390-404頁，以及“Sexual Dimorphism in European Upper Paleolithic Cave Art,” *Antiquity* 4（2013）：第746-761頁。

在法國南部庇里牛斯山脈加爾加斯洞穴（Gargas，發現於一九〇六年）中，發現了一百五十多個手印，時代在距今二萬七千年和二萬五千年之間。然而，和其他舊石器時代遺址的手象藝術〔figurative art〕)，可能會對我們了解舊石器時代晚期藝術的起源發展及其所代表的意義，產生廣泛的影響。請參閱Paul Pettitt, A. Maximiano Castillejo, Pablo Arias, Roberto Peredo and Rebecca Harrison, "New Views on Old Hands: The Context of Stencils in El Castillo and La Garma Caves (Cantabria, Spain)," *Antiquity* 88(2014)：第48頁；M. Aubert, A. Brumm, M. Ramli, T. Sutikna, E. W. Saptomo, B. Hakim, M. J. Morwood, G. D. van den Bergh, L. Kinsley and A. Dosseto, "Pleistocene Cave Art from Sulawesi, Indonesia," *Nature*(2014)：第223-237頁；以及Michel Lorblanchet, "Claw Marks and Ritual Traces in the Paleolithic Sanctuaries of the Quercy," in *An Enquiring Mind: Studies in Honour of Alexander Marshack*, ed. Paul Bahn(Oxford：Oxbow Books, 2009)，第165-170頁。

大多數手印是左手，而不是右手。這似乎與製作手印的方法有關(亦即，用右手握住一個裝有顏料的貝殼、容器，或類似吸管的裝置)。此外，手印與穴內的裂縫、凹陷和凸起處之間形成鄰近的關係，似乎有相當強烈的關聯。佩蒂特等人指出，手印「出現的地方與自然特徵明顯有關，特別是裂縫、凸起和凹陷……嘎爾瑪洞穴百分之八十的手印，以及卡斯堤悠洞穴百分之七十四的手印，不是跟岩壁裂縫，就是與凹凸起伏之處有關。由於各個洞穴的『平滑』岩石區很容易接觸到，而且也位在靠近手印的地方，這種關聯不可能完全是偶然的。有些手印似乎很『合』岩壁的微妙地勢特徵，有些則位於岩地板更光滑、抛光骨珠，也可當作收斂劑或防腐劑，甚至可用來減緩腐敗……。因此，赭石出現在墳墓中有可能只是代表遠古人類從知道這種有用的物質，到逐漸在整個舊石器時代晚期為它加上美學和／或儀式的屬性。赭石出現在卡夫扎的某些葬地之中，表示舊石器時代中期的人類已經知道（並且或許使用）赭石。赭石更廣泛被使用的時間可能還要再更晚，或許在距今二萬年前以後。」Julien Riel-Salvatore and Geoffrey A. Clark "Grave Markers: Middle and Early Upper Paleolithic Burials and the Use of Chronotypology in Contemporary Paleolithic Research," *Current Anthropology* 42 / 4（2001）：第449-479頁。也請參閱Erella Hovers, Shimon Ilani, Ofer Bar-Yosef and Bernard Vandermeersch, "An Early Case of Color Symbolism: Ochre Use by Modern Humans in Qafzeh Cave," *Current Anthropology* 44 / 4（2003）：第491-522頁。

15. 舊石器時代最古老的藝術表達形式之一，是正像和負像手印，有紅色（最常見）、黑色、白色和黃色（最罕見）。製作正像手印的做法是將手放進濕顏料，然後印壓牆壁，而製作負像手印時，可能是用嘴含著顏料沿手形噴出，從而在手指、手腕和手背周圍產生光暈效果。法國南部、西班牙北部和義大利有許多洞穴都有正像和負像手印，但這種特殊的表現手法絕不只出現於西歐的洞穴之中。

    在印尼發現的與西班牙卡斯堤悠洞穴和阿爾塔米拉洞穴同時期的負像手印（更遑論還發現了與肖維岩洞同樣古老的具

列狀的點）；最後，還有印在岩壁上的手印，或用色彩勾勒外形的手印。比較每一種系列符號的主題之後，我們認為它們是性的象徵，纖細符號代表男性，飽滿符號表示女性。」David Lewis-Williams, "Debating Rock Art: Myth and Ritual, Theories and Facts," *South African Archaeological Bulletin*, 61 / 183（2006）：第105-111頁，與 *The Mind in the Cave: Consciousness and the Origins of Art*（London: Thames and Hudson, 2004），以及Leroi-Gourhan, "The Religion of the Caves"，第12-13頁。

14. 伊加・扎戈斯卡（Ilga Zagorska）曾撰文討論石器時代喪葬儀式中紅色赭土的象徵意義。「紅色會讓人想起擁有相同顏色的天然物質，好比血液。在葬禮中紅色的出現被認為是連結到死亡的概念，以及連結到生命能量的保存，為通往彼岸世界的道路提供魔法的力量。從更廣的角度來看，赭土的使用係與人類的精神世界和擴展知識連結在一起，在葬禮的場合使用赭土與象徵性思維的開端有關……。然而，研究人員也強調，赭石並非在時間與空間當中都以相同的方式被人類使用，它的出現或不在並非總是可以理解或加以解釋的。」Ilga Zagorska, "The Use of Ochre in Stone Age Burials of the East Baltic," in Fredrik Fahlander and Terje Oestigaard eds., *The Materiality of Death: Bodies, Burials, Beliefs*（Oxford: Archaeopress, 2008），第115頁。

朱利安・瑞爾—薩爾瓦多（Julien Riel-Salvatore）和杰弗里・A・克拉克（Geoffrey A. Clark）指出，赭石的廣泛使用可以從功用而非象徵的角度去解釋。「赭石可以用來抗冷和防潮、讓三兄弟才又繼續他們在洞穴中的童年冒險。不過，那時他們的父親貝高恩伯爵已經知道這個發現至關重要，於是聯絡他的友人，亦即法國考古學家亨利・布勒伊「神父」。本書對於沃爾普岩洞群的描述大都取材自布勒伊本人在《四萬年洞穴藝術》第153-177頁的說明。

12. 若想更深入了解舊石器時代的「樂器」，請參閱Ian Tattersall, *Becoming Human*，第13-14頁，以及第213頁。根據藍道爾・懷特（Randal White）指出：「愈來愈多證據指出，在洞穴內繪圖位置的選擇也受到聲學的影響。米歇爾・多瓦（Michel Dauvois）對三個洞穴（馮達奈〔Fontanet〕、波特爾〔Le Portal〕和尼奧〔Niaux〕）的研究顯示……高品質聲音的區域與繪畫和雕刻的密度有強烈的對應關係。這種研究才剛起步，但是不難想像聲音品質會被考慮在內，特別是當洞穴內的活動還會有笛子或石板琴的音樂、歌唱或吟誦時。」Randal White, *Prehistorical Art*，第16頁。

13. 劉易士─威廉斯主張，這些圓點是一種異象的紀錄（意即，一位薩滿在進入另一個世界時所見的奇異、他界的圖像），史前人類在進入一種「意識的變化狀態」後把這些異象抓下來定住。勒羅伊─古漢和邁克爾生的看法不同，他們認為圓點的幾何圖像代表性器官：「構成（這些圖案）的是男性形象和女性形象；外生殖器的代表；各種非常不同類型的符號可分為兩個系列：第一種是『飽滿』的符號（橢圓形、三角形和矩形），第二種是『纖細』符號（直線、鉤線或分岔線，還有系

Michel Lorblanchet, "The Origin of Art," *Diogenes* 214（2007）：第98-109頁；Paul Pettitt and Alistair Pike, "Dating European Palaeolithic Cave Art: Progress, Prospects, Problems," *Journal of Archaeological Method and Theory* 14 / 1（2007）：第27-47頁；Curtis Gregory, *The Cave Painters: Probing the Mysteries of the World's First Artists*（New York: Alfred A. Knopf, 2006）；Gunter Berghaus, *New Perspectives on Prehistoric Art*（Westport, Conn.: Praeger, 2004）；Randall White, *Prehistoric Art: The Symbolic Journey of Humankind*（New York: Harry N. Abrams, 2003）；Paul Bahn, *The Cambridge Illustrated History of Prehistoric Art*（Cambridge: Cambridge University Press, 1998）；以及Margaret W. Conkey, "A Century of Palaeolithic Cave Art," *Archaeology* 34 / 4（1981）：第21-22頁。

11. 最先探索沃爾普岩洞群的是土魯斯大學（University of Toulouse）史前歷史教授亨利・貝高恩伯爵（Count Henri Bégouën）的三個兒子（因此被命名為三兄弟洞窟）。在一九一二年某個慵懶的夏日，這三兄弟用廢棄箱子和空汽油桶自造了一艘船，然後划著這條船沿沃爾普河狹窄的支流航行，進入這些洞穴當中一個半被淹沒在河水中的洞穴入口。即使在洞穴中的幽隱昏暗之中，三兄弟仍可瞧見洞穴岩壁上模糊的蝕刻，不過他們當時對眼前所見事物的重要性渾然不知。第一次世界大戰爆發，三兄弟一個接著一個被徵召到前線作戰，他們的洞穴探險也暫時中止。直到戰爭於一九一八年結束後，而牆壁、地面和洞頂都是薄『膜』，這層薄膜可以被刺破而觸及到在薄膜之外的事物。因此洞穴的活動區域是下層冥界的一部份。」David Lewis-Williams, *Conceiving God: The Cognitive Origin and Evolution of Religion*（London: Thames and Hudson, 2010），第210頁。

10. 其他完好保存洞穴藝術的地點還有西班牙的阿爾塔米拉洞（Altamira）和蒂托．巴斯蒂羅洞（Tito Bustillo）。卡斯堤悠的圖像是一個在「手掌岩板」（Panel de las Manos）上的「紅色大型斑點圓盤」。請參閱Pike et al., "U-Series Dating of Paleolithic Art in 11 Caves in Spain," *Science* 336 / 6016（2010）：第1411-1412頁。也請參閱M. Garcia-Diez, D. L. Hoffman, J. Zilhao, C. de las Heras, J. A. Lasheras, R. Montes and A.W.G. Pike, "Uranium Series Dating Reveals a Long Sequence of Rock Art at Altamira Cave (Santilana del Mar, Cantabria)," *Journal of Archaeological Science* 40（2013）：第4098-4106頁。

若想更深入了解舊石器時代晚期洞穴內壁畫與流動藝術（mobile art）及其地理分布、年代和多樣性，請參閱Oscar Moro Abadia and Manuel R. Gonzalez Morales, "Paleolithic Art: A Cultural History," *Journal of Archaeological Science* 21（2013）：第269-306頁；Paul Bahn, Natalie Franklin, and Matthias Stecker eds., *Rock Art Studies: News of the World IV*（Oxford: Oxbow Books, 2010）；Gillian M. Morris-Kay, "The Evolution of Human Artistic Creativity," *Journal of Anatomy* 216（2010）：第158-176頁；

Uniqueness and Upper Paleolithic 'Art' : An Archaeologist' s Reaction to Wentzel van Huyssteen' s Gifford Lectures," *American Journal of Theology and Philosophy* 28 / 3（2007）：第313-314頁。

我當然不認同這種分析，我要簡單引用劉易士—威廉斯的說法來回應：「雖然（法國洞穴內壁藝術）種類繁多，我們可以辨別出一些一致性。最明顯的是，遠古人類是非常驚人地深入到地底去繪製圖像，這些地點通常一次只容一個人去看他們的創作；許多壁畫甚至只有創作者本人看過。若非那些遠古藝術家相信有個下層冥界（nether realm），其中充滿超自然動物，可能也有靈性的存在（spiritual beings）在其中，我們很難想像他們為何要深入洞穴去繪製這些圖案。舊石器時代晚期的人類，跟全世界各地的社群一樣，可能認為宇宙是分層的：分為一個下界（an underworld），人類生活的那一層，和天空之上的領域。至於舊石器時代晚期的人類相信有哪些存有居住在精神的層面裡，又會如何影響人類，這是可供大家猜測的問題。」David Lewis-Williams, "Into the Dark: Upper Palaeolithic Caves in Western Europe," *Digging Stick* 27 / 2（2010）：第5頁。也請參閱Kevin Sharpe and Leslie Van Gelder, "Human Uniqueness and Upper Paleolithic 'Art' : An Archaeologist' s Reaction to Wentzel van Huyssteen' s Gifford Lectures"，第311-345頁。

9. 劉易士—威廉斯精闢闡述了此處提到的「分層宇宙」論點，他指出：「舊石器時代晚期的人類可能了解到，進入這些洞穴就等於進入一個下界……洞穴通道是下界的『內臟』（entrails），德（Leslie Van Gelder）挑戰這個視洞穴繪畫和圖像為宗教「藝術」的觀點。根據夏普和格爾德：「薩滿假說是從一個解釋西南歐洞穴『藝術』的正統說法（grand tradition）中衍生出來，這個正統說法把宗教的意義和意圖加到舊石器時代晚期『藝術』創作者的身上。（請注意，我們替『藝術』這個詞加上雙引號，因為這些人造物當中雖然包含了某些藝術的圖像，卻並非全部都明顯如此，而且創作者可能也沒有把它們當作藝術來創作）。率先發現、記錄和詮釋西南歐史前『藝術』的關鍵人物是亨利．布勒伊神父……布勒伊和承繼他論點的學者安德烈．革羅里（André Glory）都是羅馬天主教神父（耶穌會考古學家兼神學家皮埃爾．泰亞爾．德．夏爾丹〔Pierre Teilhard de Chardin〕亦是如此），因此當他們面對著這『藝術』的莊嚴、其古老而令人敬畏的本質時，很自然地會往其中去解讀宗教意義和意圖。同樣地他們靠近這些內含這『藝術』的洞穴時，會將它們命名為『聖所』（sanctuary）、『大教堂』（cathedral）和『小教堂』（chapel）等等。他們開創了一種傳統，這傳統反映的是法國和西班牙於十九世紀晚期和二十世紀很長時間的文化精神，而這種傳統一直延續至今；只要粗略瀏覽討論史前藝術或主要探討新紀元文學（new age literature）的網站，就會明瞭這一點。劉易士—威廉斯堅定擁抱這種傳統。這類『藝術』感覺既浪漫又神祕。由此幾乎膝反應產生了宗教角度的詮釋。這樣可以說個好故事。甚至不需要推論者親自進入洞穴中把自己弄得髒兮兮。」Kevin Sharpe and Leslie Van Gelder, "Human

護獵人不受傷害，成果豐碩。這個理論的主要論據是認為許多舊石器時代的洞穴藝術描繪了似乎是被長矛刺傷的動物，流淌著血，以及／或者圖像上有切割標記——然而，我認為這種說法是錯誤的，也已在本書中說明這點。

最鼎力支持「藝術作為交感巫術」理論的人是法國考古學家兼神父亨利・布勒伊神父。他認為史前繪畫是在神祕的地球深處創作，乃是當時的人試圖去控制自然界。這些遠古藝術家往下深入到地球的腸道（或許跟生殖／懷孕有關？），在最黑暗／最難抵達的洞穴中用巫術捕捉特定動物的靈魂，藉此確保狩獵成功，獵物持續繁衍豐饒。Henri Breuil, *Four Hundred Centuries of Cave Art*, trans. Mary Boyle (New York: Hacker Art Books, 1979）。

最後，還有一些學者（包含我在內）主張，舊石器時代的洞穴藝術是一種宗教衝動的表達，因此散發著精神面的意義。大衛・劉易士—威廉斯（David Lewis-Williams）認為這些藝術是薩滿於類似出神的狀態中（可能是由藥物所引起）創造出來的，洞穴本身就是一片面紗，或一道分界線，隔開這個世界與精神的世界。請參閱 Jean Clottes and David Lewis-Williams, *The Shamans of Prehistory: Trance Magic and the Painted Caves*（New York: Harry N. Abrams, 1998），以及 David Lewis-Williams and David Pearce, *Inside the Neolithic Mind: Consciousness, Cosmos, and the Realm of the God*)（London: Thames and Hudson, 2005）。

然而，凱文・夏普（Kevin Sharpe）和萊斯里・范・格爾

Palaeolithic Settlement of Europe（Cambridge: Cambridge University Press, 1986），以及Michael Jochim "Palaeolithic Cave Art in Ecological Perspective," in *Hunter-Gatherer Economy in Prehistory*, ed. G. N. Bailey（Cambridge: Cambridge University Press, 1983），第212-219頁。

贊同結構主義論點的人認為，舊石器時代的洞穴藝術表達的是一種比較大的世界觀、宇宙論或思想體系，這種世界觀或思想體系將舊石器時代的生活和文化嚴謹地組織成一種普遍的意義模式。最早提出、同時也最鼎力支持這個理論的人是法國考古學家安德烈・勒羅伊—古漢（André Leroi-Gourhan），但是他反對洞穴壁畫有任何宗教意義。勒羅伊—古漢和邁克爾生（Michelson）指出：「在這方面，我們現在所擁有的，並非是如上一代史前歷史學家認為的習俗做法的遺跡，甚至也不是一種宗教或形而上學，反而是一種基礎框架，可以用作無數詳細的道德符號和操作型運作的基礎……舊石器時代藝術中浮現的主題更直接吸引到的是精神分析的研究，和宗教歷史的關係反而沒那麼直接。」André Leroi-Gourhan and Annette Michelson, "The Religion of the Caves: Magic or Metaphysics?," *October* 37（1986）：第16頁。

或許舊石器時代洞穴藝術最著名的理論是有關「交感巫術」（sympathetic magic）的概念。簡言之，根據這個理論，洞穴藝術旨在從巫術／精神層面幫助狩獵成功。洞穴藝術藉著賦予藝術家／獵人凌駕於其獵物之上的精神與肉體力量，保森（John Halverson）。哈爾森曾撰文指出：「論者或謂洞穴藝術沒有任何在一般定義中稱得上是『意義』的東西，沒有宗教、神話，或形而上的指涉，沒有魔法也沒有實用的目的。反而，我們應該把它理解為一種早期認知發展階段的反映，亦即人類用再現圖像的形式來進行抽象化的開端。這種活動本身自有其目的（autotelic），算是一種遊戲，特別是一種能指（signifier）的自由發揮。因此，舊石器時代的藝術很有可能，在一種相當精準和有啟發性的意義上，真的是為藝術而藝術。」John Halverson, "Art for Art's Sake in the Paleolithic," *Current Anthropology* 28／1（1987）：第63頁。另有不少學者將舊石器時代的洞穴藝術視為交換訊息的手段。例如，洞穴藝術可能反映了「人口壓力」，「人口密度不斷增加的情況下，關閉社會網絡（social network）」而創造出洞穴藝術。巴頓（Barton）、克拉克（Clark）和科恩（Cohen）指出，舊石器時代人類繪製的洞穴壁畫可能與宣示財產權有關。「財產權的宣示可以透過藝術被象徵性地表達。我們可以想像，雖然可移動的藝術品（portable art）也有這種功能，但洞穴內壁的藝術藉由明顯可見（且「永久」）地改變地貌，能更有效傳達對顯著領域的所有權宣示。」請參閱C. Michael Barton, G. A. Clark and Allison E. Cohen, "Art as Information: Explaining Upper Palaeolithic Art in Western Europe," *World Archaeology* 26／2（1994）：第199-200頁。也請參閱Clive Gamble, "Interaction and Alliance in Palaeolithic Society," *Man* 17／1（1982）：第92-107頁，以及*The*

Supporting an Intentional Neandertal Burial at La Chapelle-aux-Saints," *Proceedings of the National Academy of Sciences of the United States of America*，111／1（2014）：第81頁。

證明尼安德塔人會舉辦葬禮的最早且爭議最少的物質證據來自以色列的斯虎爾和卡夫扎埋葬場址，可追溯至大約十萬年前。然而，歐洲和亞洲各地都曾挖掘到尼安德塔人的骨頭，譬如中亞的特錫克塔什（Teshik Tash）洞穴，以及伊拉克的沙尼達爾（Shanidar），考古學家在該場址發現一個巨大洞穴，裡頭埋著幾位尼安德塔人。這些墓葬當中有的顯示有食人的活動。請參閱Rainer Grun, "U-series and ESR Analyses of Bones and Teeth Relating to the Human Burials from Skhul," *Journal of Human Evolution* 49／3（2005）：第316-334頁，以及André Leroi-Gourhan, *The Hunters of Prehistory,* trans. Claire Jacobson（New York: Atheneum, 1989），第52頁。

7. 泛靈論當然不是真正的宗教；在人類演化的那個時期，還沒有出現所謂真正的宗教。不妨將泛靈論視為一種信仰體系，一副透鏡，亞當和夏娃透過它去觀察世界、和他們在世界中的位置。

8. 討論舊石器時代洞穴藝術（cave art）的意義和用途的理論非常多。有的遵循「為藝術而藝術」（art for art's sake）的解釋模型，認為洞穴藝術不蘊含固有的意義。雖然這個論述，主要是因為它低估了史前人類的認知能力，已經有點被現代學術界拋棄了，不過在當代還是有一些支持者，比如約翰·哈爾

Excavations at Zincirli Höyük in Turkey (Ancient Sam' al) and the Discovery of an Inscribed Mortuary Stele," *Bulletin of the American Schools of Oriental Research* 356（2009）：第1頁到第13頁；以及Eudora J. Struble and Virginia Rimmer Herrmann, "An Eternal Feast at Sam' al: The New Iron Age Mortuary Stele from Zincirli in Context," *Bulletin of the American Schools of Oriental Research* 356（2009）：第15頁-49頁。

6. 學者都同意人類在舊石器時代晚期會埋葬死者，但舊石器時代中期和前期的人類是否舉行葬禮仍有許多爭論。請參閱Julien Riel-Salvatore and Geoffrey A. Clark, "Grave Markers: Middle and Early Upper Paleolithic Burials and the Use of Chronotypology in Contemporary Paleolithic Research," *Current Anthropology* 42 / 4（2001）：第449-479頁。

威廉・倫杜（William Rendu）指出：「數十年以來，學者對於在解剖學上的現代人類人種出現以前，西歐是否舉行過埋葬儀式，一直存疑。因此，在尼安德塔人曾舉行葬禮這個假說首度被提出的地點----（法國）聖沙拜爾（La Chapelle-aux-Saints）當地，展開了一項結合全球田野恢復與重新檢視先前發現的尼安德塔人遺骸的計畫。這項計畫的結論是，聖沙拜爾的尼安德塔人被置於一個由其群體的其他成員所挖掘的坑洞裡，而且快速掩埋以保護屍體不受任何干擾。這些發現證明了西歐的尼安德塔人確實存在埋葬死者的行為，而且尼安德塔人具有進行埋葬行為的認知能力。」William Rendu, "Evidence

突然發展出對死亡的意識。反而埋葬很明顯是象徵性的。需要特別花費精力去處理，而且經常使用火焰或象徵性的獻祭，或特別挑選的石頭。」Brian Hayden, *Shamans, Sorcerers and Saints*（Washington D.C.: Smithsonian, 2003），第115頁。

我非常認同大衛・溫格羅（David Wengrow）的說法：「如果我們在早期狩獵—採集者中，尋找他們在文化中表現複合生物的持續興趣，很可能會在舊石器和中石器時代的社會喪葬記錄中找到——往前追溯到最早時期，在以色列的斯虎爾（Skhul）和卡夫扎（Qafzeh）洞穴（大約公元前十萬到八萬年），人和獸的遺體被人刻意組合，擺放成特定形式；再往前推進，則可在納圖芬（Natufian）時期所謂的『薩滿』墳墓群中發現——而不是在倖存的繪畫藝術之中。」David Wengrow, "Gods and Monsters: Image and Cognition in Neolithic Societies," Paléorien 37 / 1（2011）：第154-155頁。

5. 在此稍微解釋一下「靈魂」這個詞。這個「西方」詞語有特定的宗教內涵，不適合套用於所有的宗教信仰。但是，在這裡「靈魂」這個詞是「精神本質」的代名詞，如果願意也可以用「心靈」（mind）來代替。若想知道最早的「靈魂」用法，可見考古學家最近在現今土耳其加吉安特（Gaziantep）附近的辛塞爾利（Zincirli，古代的薩摩爾〔Sam' al〕）發現的一座石碑，見於Dennis Pardee, "A New Aramaic Inscription from Zincirli," *Bulletin of the American Schools of Oriental Research* 356（2009）：第51-71頁；J. David Schloen and Amir S. Fink, "New

Morris-Kay, "The Evolution of Human Artistic Creativity," *Journal of Anatomy* 216（2010）：第161頁。

4. 在法國西南部勒馬斯—達濟勒（Le Mas-d' Azil）的洞穴中發現了一名女子的顱骨，她的空眼窩裝飾著雕刻的骨頭，藉此模擬其向前凝視，而她的下顎也似乎被替換成馴鹿的下顎。這顆顱骨的年代被測定在馬格達連（Magdalenian）時期，大約是公元前一萬二千年。

   考古學家保羅・佩蒂特（Paul Pettitt）說道：「距今三萬年之後（可能還更早），喪葬活動充分完整的象徵性便已經被架構起來；而還不完整但已有一定程度的象徵性支撐則更可回溯到十萬年前，在舊石器時代中期的喪葬中便已經很明顯。」Paul Pettitt, *The Palaeolithic Origins of Human Burial*（New York: Routledge, 2011），第269頁。

   布萊恩・海登（Brian Hayden）說道：「舊石器時代的埋葬一方面明確顯示當時的人已經具備來世（afterlife）的概念，同時也透露出可能已經有最早形式的祖先崇拜（ancestral cult）。早過大約十五萬年之前，似乎還沒有任何形式的埋葬。人死後被留在地面上任其腐爛，或者任憑動物啃食屍體，就像西藏人將屍身留在空曠處供動物食用……早期的人類也可能將屍身置於高台或樹上，讓鳥類或昆蟲（而非食肉動物）去吃屍體……最重要的是當埋葬開始出現於考古記錄時，這種傳統儀式並沒有巨幅的改變。並不是好似有新的信仰和喪葬儀式取代了舊時做法，也不是人類突然更注重衛生……他們也沒有明，這兩個物種之間存在著雜交（所有活著的非非洲人都擁有大約百分之二的尼安德塔人DNA）。對這項發現的一種可能解釋是，尼安德塔人和智人在舊石器時代雜交。然而，最近西伯利亞一條河流的河岸發現了一根人類骨頭，被追溯出屬於一位生活在四萬五千年之前的人所有，而他和人類和尼安德塔人都有親緣關係。由於研究人員估計那場與尼安德塔人的雜交，發生在這名西伯利亞人生活時代的七千到一萬年之前，這使得人類／尼安德塔人的雜交可被推回到六萬年以前。請參閱Richard E. Green et al, "A Draft Sequence of the Neanderthal Genome," *Science* 328（2010）：第701-722頁，以及Jennifer Viegas, "45,000-Year-Old Man Was Human-Neanderthal Mix," 網址: abc.net.au/science/articles/2014/10/23/4113107.htm。

2. 講述我們「智人」祖先生活的優良入門讀物是美國古人類學家Ian Tattersall, *Becoming Human: Evolution and Human Uniqueness*（New York: Harvest, 1999）；討論舊石器時代婦女角色的最佳和最淺顯易懂的入門書籍是J. M. Adovasio、Olga Soffer和Jake Page所寫的 *The Invisible Sex*（New York：HarperCollins, 2007）。
3. 吉莉安．莫里斯—凱（Gillian Morris-Kay）指出：「軀體裝飾（body decoration）很可能是一種重要的前導，爾後衍生出與身體分離的別種藝術創作。使用顏料裝飾皮膚、骨頭和珠子，表示喜愛欣賞形式和色澤。穿鑿牙齒、貝殼和骨頭，將它們串起來（無論單獨串或是好幾個串在一起），做成墜飾或項鍊，乃是在軀體彩繪之後已知最古老的個人裝飾形式。」Gillian

等。歐洲智人有時被稱為克羅馬儂人，係因一八六八年在法國萊賽濟（Les Eyzies）村附近的克羅馬儂（Cro-Magnon）洞穴中發現的五具智人骸骨而得名。根據泛稱「晚近單一起源假說」的理論主張，解剖學上的現代人類是大約在二十萬年前於非洲演化出來，而大約在十二萬五千年以前，這些早期人類的某個分支「智人」開始遷移到歐亞大陸並定居下來，在當地取代了一支更早期的人類物種尼安德塔人。這個理論最近獲得DNA證據的佐證。然而，最近在摩洛哥耶貝伊羅（Jebel Irhoud）遺址出土的「智人」化石，其定年為至少距今三十萬年前，表示我們所屬的這支物種可能比原先想像的更為古老。請參閱Jean-Jacques Hublin et al, "New Fossils from Jebel Irhoud, Morocco, and the Pan-African Origin of *Homo sapiens,*" *Nature* 546（June 8, 2017）：第289-292頁。

有些研究人員提出令人信服的證據，指出「智人」的起源不在學界經常認定的東非或南非，而是在北非，起源時間也比先前預估的六萬到七萬年前還要早五萬年。關於這點，請參閱Jean-Jacques Hublin and Shannon P. McPherron, eds., *Modern Origins: A North African Perspective*（New York: Springer, 2012），以及Simon J. Armitage et al., "The Southern Route 'Out of Africa' : Evidence for an Early Expansion of Modern Humans into Arabia," *Science* 331 / 6016（2011）：第453-56頁。

學界普遍認為，智人和尼安德塔人至少在歐洲共存了一萬年，大約在公元前四萬年與三萬年之間。有充分的證據證

（dharma）的示現，不過是法以人的形式顯露。有關天神就是人性化、像神般的靈（humanized godlike spirit）的論述，請參閱Ninian Smar, *Dimensions of the Sacred: An Anatomy of the World's Beliefs*（Berkeley：University of California Press, 1966）。

5. 根據認知心理學家賈斯汀．巴雷特（Justin Barrett）的研究，當參與研究的虔誠信仰者收到問卷，被問到他們認為神具備哪些屬性時，經常會提出「神學正確」（theologically correct）的答案，如神無處不在或無所不知，具有絕對正確的觀點，或者能夠給予人無限關注。然而，如果和他們對話，便會發現它們也同樣樂於將某些屬性歸給神，比如關注焦點有限、有錯誤的觀點，或者並非無所不知，而這些和他們填寫的答案相互矛盾。請參閱Justin Barrett, "Theological Correctness: Cognitive Constraint and the Study of Religion," *Method and Theory in the Study of Religion* 11（1998）：第325-339頁，以及"Cognitive Constraints on Hindu Concepts of the Divine," *Journal for the Scientific Study of Religion* 37（1998）：第608-619頁。

第一章：在伊甸園的亞當和夏娃

1. 人類最早大約是二百五十萬年前在東非從猿（南方古猿人〔Australopithecus〕）演化成人類，從東非他們遷徙到北非、歐洲和亞洲定居。在後續的兩百萬年間，有各種不同的人屬（Homo）物種盤據了地球，包括尼安德塔人、直立人、梭羅亞種（Homo soloensis）、丹尼索瓦人和匠人（Homo ergaster）等形式的擬人化（anthropomorphism）。根據這項理論，這是因為人類天生的認知結構中具有一種心理的偏見傾向，會往自然、社會和宇宙環境中去尋找人（person）。格思里指出，將世界擬人化「是個好選擇，因為這個世界模糊、不確定，而且需要詮釋。這是個好選擇，因為通常最有價值的詮釋，是那些能夠揭露對我們而言最重要事物的存在的詮釋。而那通常是其他的人類。」（3）。

格思里的論點可以概括為三個層面。首先，他替自己的論點奠定理論基礎，指出宗教包含將世界看成像人一樣。他提出民族誌資料作為論述依據，引述泛靈論對靈魂和精神的概念，認為眾神、神話生物，甚至像鳥類飛翔、地震和其他災害等自然現象都有靈魂和精神在其中。其次，格思里指出為什麼將宗教在本質上看作是「擬人化這個世界」是合理的。他提出四個理由：（1）我們的世界模棱兩可，永遠都是未完成。（2）我們首先的需要是要詮釋這個世界。（3）詮釋時把賭注下在最重要的可能性上。（4）最重要的可能性是「像人類」。第三，他提供認知科學和發展心理學的證據來支持上述主張。總之，格思里認為宗教熱忱（religiosity）是人們察覺自然界不穩定時所下的賭注。他關切的不是闡述或記錄宗教對社會何等重要，而是提出一種理論來解釋宗教行為的起源。

4. 在佛教較大且較主流的分支大乘佛教（Mahayana Buddhism，對比於小眾且較不談論神的上座部佛教〔Theravada Buddhism〕）中，佛陀現身塵世在傳統上被視為純粹的「法」

註解

前言：按照我們的形象造神

1. 隨後對孩童的研究指出：幼童確實是根據自己對一般人（尤其是父母）的理解來建構對神的概念，但他們認為神不同於人，祂的法力無窮。例如，四歲孩童被問到巨岩或山脈來自何處時，會認為創造這些自然物體的是神，而不是人。請參閱讓·皮亞傑（Jean Piaget），《兒童的世界觀》（*The Child's Conception of the World*）（Paterson, N.J.: Littlefield, Adams, 1960），以及 Nicola Knight, Paulo Sousa, Justin L. Barrett and Scott Atran, "Children's Attributions of Beliefs to Humans and God: Cross-Cultural Evidence，*Cognitive Science* 28（2004）: 第117-126頁。
2. 路德維希·費爾巴哈，《基督教的本質》（*The Essence of Christianity*）（New York: Pantheon, 1957)，第58頁。
3. 人類學家斯圖爾特·格思里（Stewart Guthrie）是神祇人性化領域中最重要的理論家之一，而我是參照他的理論來提出多數的論述。格思里在《雲中面孔：新的宗教理論》（*Faces in the Clouds: A New Theory of Religion*）（New York: Oxford University Press, 1995）書中指出，各種形式的宗教信仰皆可追溯至某種

世界的啟迪

造神：人類探索信仰與宗教的歷史

God: A Human History

作者　雷薩．阿斯蘭 (Reza Aslan)
譯者　吳煒聲
執行長　陳蕙慧
總編輯　張惠菁
責任編輯　張惠菁
行銷總監　陳雅雯
行銷企劃　尹子麟、余一霞
封面設計　楊啟巽工作室
內頁排版　宸遠彩藝

社長　郭重興
發行人兼出版總監　曾大福
出版　衛城出版／遠足文化事業股份有限公司
發行　遠足文化事業股份有限公司
地址　23141 新北市新店區民權路 108-2 號 9 樓
電話　02-22181417
傳真　02-22180727
法律顧問　華洋法律事務所蘇文生律師
印刷　呈靖彩藝有限公司

初版一刷　2020 年 9 月
一版二刷　2020 年 11 月
Printed in Taiwan
定價　450 元

歡迎團體訂購，另有優惠，請洽 02-22181417，分機 1124、1135

ACRO POLIS
衛城出版

Email　acropolismde@gmail.com
Facebook　www.facebook.com/acrolispublish

● 親愛的讀者你好，非常感謝你購買衛城出版品。
我們非常需要你的意見，請於回函中告訴我們你對此書的意見，
我們會針對你的意見加強改進。

若不方便郵寄回函，歡迎傳真回函給我們。傳真電話—— 02-2218-0727

或上網搜尋「衛城出版FACEBOOK」
http://www.facebook.com/acropolispublish

● 讀者資料

你的性別是 ☐ 男性 ☐ 女性 ☐ 其他

你的職業是 ____________________ 你的最高學歷是 ____________________

年齡 ☐ 20 歲以下 ☐ 21-30 歲 ☐ 31-40 歲 ☐ 41-50 歲 ☐ 51-60 歲 ☐ 61 歲以上

若你願意留下 e-mail，我們將優先寄送 ____________________ 衛城出版相關活動訊息與優惠活動

● 購書資料

● 請問你是從哪裡得知本書出版訊息？（可複選）
☐ 實體書店 ☐ 網路書店 ☐ 報紙 ☐ 電視 ☐ 網路 ☐ 廣播 ☐ 雜誌 ☐ 朋友介紹
☐ 參加講座活動 ☐ 其他 __________

● 是在哪裡購買的呢？（單選）
☐ 實體連鎖書店 ☐ 網路書店 ☐ 獨立書店 ☐ 傳統書店 ☐ 團購 ☐ 其他 __________

● 讓你燃起購買慾的主要原因是？（可複選）
☐ 對此類主題感興趣 ☐ 參加講座後，覺得好像不賴
☐ 覺得書籍設計好美，看起來好有質感！ ☐ 價格優惠吸引我
☐ 議題好熱，好像很多人都在看，我也想知道裡面在寫什麼 ☐ 其實我沒有買書啦！這是送（借）的
☐ 其他 __________

● 如果你覺得這本書還不錯，那它的優點是？（可複選）
☐ 內容主題具參考價值 ☐ 文筆流暢 ☐ 書籍整體設計優美 ☐ 價格實在 ☐ 其他 __________

● 如果你覺得這本書讓你好失望，請務必告訴我們它的缺點（可複選）
☐ 內容與想像中不符 ☐ 文筆不流暢 ☐ 印刷品質差 ☐ 版面設計影響閱讀 ☐ 價格偏高 ☐ 其他 __________

● 大都經由哪些管道得到書籍出版訊息？（可複選）
☐ 實體書店 ☐ 網路書店 ☐ 報紙 ☐ 電視 ☐ 網路 ☐ 廣播 ☐ 親友介紹 ☐ 圖書館 ☐ 其他 ______

● 習慣購書的地方是？（可複選）
☐ 實體連鎖書店 ☐ 網路書店 ☐ 獨立書店 ☐ 傳統書店 ☐ 學校團購 ☐ 其他 __________

● 如果你發現書中錯字或是內文有任何需要改進之處，請不吝給我們指教，我們將於再版時更正錯誤

請

沿

虛

線

剪

下

廣　告　回　信
臺灣北區郵政管理局登記證
第 1 4 4 3 7 號

請直接投郵•郵資由本公司支付

23141
新北市新店區民權路108-2號9樓

衛城出版 收

● 請沿虛線對折裝訂後寄回，謝謝！

Beyond

世界的啟迪